播音主持自备稿件朗诵
（第二版）

编委会

主　编：谢伦浩

副主编：王　艳　谢　欣　林昆山
白　莹　廖　嫔

编　委：刘昭君　汤丝敏　方　言
刘　琼　潘嘉伟　肖　丽
邹　燕　黄　锦　朱立平
黄　灿　肖介祥

播音与主持艺术专业
考前辅导丛书
BOYIN YU ZHUCHI
YISHU ZHUANYE KAOQIAN
FUDAO CONGSHU

播音主持自备稿件朗诵 第二版

BOYIN ZHUCHI
ZIBEI GAOJIAN
LANGSONG
(DI-ER BAN)

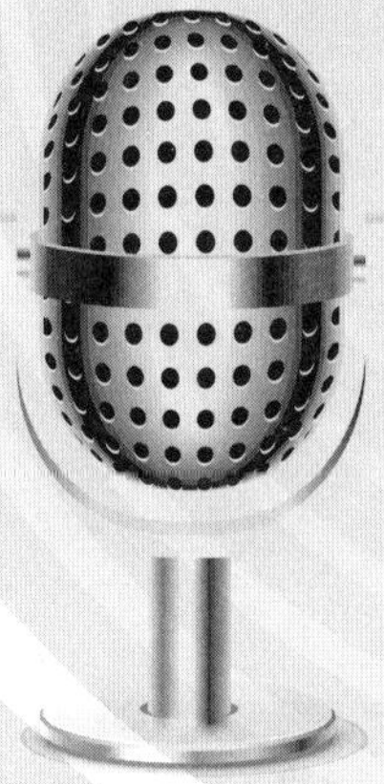

谢伦浩◎主编

CUCP 中国传媒大学出版社
·北京·

图书在版编目(CIP)数据

播音主持自备稿件朗诵／谢伦浩主编. -- 2版. --北京：中国传媒大学出版社，2020.10(2024.1重印)
(播音与主持艺术专业考前辅导丛书)
ISBN 978-7-5657-2779-5

Ⅰ. ①播… Ⅱ. ①谢… Ⅲ. ①朗诵—语言艺术—高等学校—入学考试—自学参考资料 Ⅳ. ①H019

中国版本图书馆 CIP 数据核字(2020)第171287号

播音主持自备稿件朗诵(第二版)
BOYIN ZHUCHI ZIBEI GAOJIAN LANGSONG(DI-ER BAN)

主　　编	谢伦浩
策划编辑	赵　欣
责任编辑	张　笛　赵　欣
责任印制	阳金洲
封面设计	拓美设计

出版发行	中国传媒大学出版社		
社　　址	北京市朝阳区定福庄东街1号	**邮　　编**	100024
电　　话	86-10-65450528　65450532	**传　　真**	65779405
网　　址	http://cucp.cuc.edu.cn		
经　　销	全国新华书店		

印　　刷	北京中科印刷有限公司
开　　本	787mm×1092mm　1/16
印　　张	13.75
字　　数	330千字
版　　次	2020年10月第2版
印　　次	2024年1月第3次印刷

书　　号	ISBN 978-7-5657-2779-5/H·2779	**定　　价**	48.00元

本社法律顾问:北京嘉润律师事务所　郭建平

第二版前言

自备稿件朗诵是播音主持艺术专业招生考试中的重要环节。它是一种把文字作品转化为有声语言的再创作活动，旨在考查考生的语音基础、声音条件、朗诵技巧、情感控制等语言表达能力。自备稿件一般都是文学作品，时间大概为2～3分钟。

为了给相关专业考生提供实用、全面的自备稿件朗诵范本与完整的训练技巧指导体系，我们在2015年7月出版了《播音主持自备稿件朗诵》一书，得到了学生、播音员主持人以及其他朗诵艺术爱好者的认可，书稿一再重印。为了紧跟时代发展，以及适应专业艺考变化的需求，我们对书稿进行了修订，以期以更好的面貌出现在读者面前。全书总的体例保持不变，分为上编、中编、下编三个部分。

上编为自备稿件朗诵应试策略，增加了一些实用的理论技巧，实操性更强，为考生提供更为全面的朗诵指导，使考生形成立体思维，科学备考。

中编是自备稿件的朗诵指导，新增了多篇优秀文学作品。按照古代诗文、现当代诗歌、散文、小说故事、寓言童话、台词等六大类详细介绍它们的朗诵方法与技巧指导，并针对这些作品为考生提供具体的朗诵指导。

下编是自备稿件朗诵范文精选，共收录近150篇优秀文学作品。每篇作品均从适合朗诵的角度精挑细选，考生可根据不同体裁、不同性别、不同声音条件以及不同的语言表达能力等，选择适合自己的范文。同时，本书对部分作品进行了节选或改编，以便考生在有限的时间内尽快进入表达高潮，更全面立体地展示自己的朗诵表现力。

希望各位读者能在本书中有所收获，从中找到自己喜欢的、合适的、能够充分展示朗诵能力的自备稿件。虽尽心修订，仍难免挂一漏万，不当之处恳请读者予以批评指正。

编　者

2020.8

目 录
contents

中编　自备稿件的朗诵指导

NO.1

上编

自备稿件朗诵应试策略

第一章　自备稿件朗诵的整体要求

自备稿件朗诵是很多院校播音与主持艺术专业考试的必考环节之一,要想在这个环节取得较好的成绩,我们首先就要了解什么是自备稿件朗诵。考官想通过这个环节考查考生的什么能力?如何选取适合自己的自备稿件?自备稿件朗诵需要什么样的准备工作?怎样从整体上设计自备稿件?本章将详细予以解答。

一、自备稿件朗诵考试要求及考查内容

自备稿件朗诵,顾名思义,就是指由考生朗诵自己考前准备好的稿件。稿件的体裁以及内容由考生自己选择,时间一般是 2～3 分钟。

自备稿件一般都是文学作品,按体裁分为诗词、小说、散文、报告文学、民间传说、童话、寓言、戏剧影视作品的台词等。

自备稿件朗诵作为语言艺术,具有审美性、形象性、情感性、虚拟性等特征,要求考生通过声音、眼神、表情、肢体语言等艺术手段,清晰、准确、响亮、生动、形象、有感情地把文章表达出来。这是一种把文字作品转化为有声语言的创作活动,属于再生性的口语艺术。

自备稿件朗诵这个考试环节,主要是考查考生的朗诵功底、声音的适应与驾驭能力、语言的变化能力、内容的感受能力、情感的表达能力以及现场的掌控能力等。所以在选取自备稿件时,我们一定要扬长避短,充分展现自己的语言表达能力。

二、如何选取自备稿件

考生要想在自备稿件朗诵这个环节取得优异的成绩,第一步要做的,就是选择一篇适合自己的朗诵稿件。

那么,如何选取自备稿件呢?我们可以从以下几个方面来考虑:

(一)主题鲜明、内容健康、情趣高雅

任何一篇自备稿件都会有一定的立意,也就是说,作者通过这篇作品歌颂、反对、赞扬或批判什么,告诉人们一个主题,让人们从中受到教育和启示。在选取自备稿件时,考生要反

复默读，认真分析、比较、揣摩，选取主题鲜明、内容健康、格调高雅的好稿件。同时，稿件蕴含的感情一定要丰富，一篇稿件如果缺少真挚而生动的情感，就等于失去了生命，无以打动受众。

（二）语言规范流畅、通俗易懂

所选稿件要用词优美，音律铿锵，悦耳动听，给人以“大珠小珠落玉盘”之美感。更重要的是，要明白浅显、通俗易懂，因为朗诵主要是作用于人的听觉和视觉，转瞬即逝。朗诵者应在短暂的过程中，唤起观众的思想感情，使之投入作品的情境中去。如果遣词造句深奥难懂、情节曲折、人物庞杂，听起来费神劳思，就难以引起受众的共鸣。

（三）符合特定要求

首先，在考场这一特殊的环境中面对评委老师，考生的题材要积极向上，符合学生的身份，展现一个学生应有的精神面貌。

其次，考试有时间限制，自备稿件的选择要考虑时间的问题。一般来说，大部分院校对自备稿件朗诵的时间要求是2～3分钟。所以，不宜选择朗诵了半天却还没有进入作品高潮的文章，因为这会在自己的情感还没有淋漓尽致地展现之前，就被考官叫停。

再次，情感的表现要有特色，不要太过于平淡和乏味。

最后，考生的人数很多，要尽量避开过于大众化的文章。评委老师同一篇作品听了多遍之后，就容易产生审美疲劳，也容易有比较。所以，考生在选取自备稿件时要花心思，选的作品不一定是名家名篇，但一定要流露真情实感。

（四）符合自身特点

考生有年龄、性别、兴趣、爱好、文化层次、语言能力等的不同，因此选材时要整体考虑，选择最能体现自己语言表达水平的作品。一般来说，男生可以选取起伏变化较大、感情激越、恢宏大气的作品；女生则可以选取起伏变化较小、感情稍平缓、平和亲切的作品。

三、自备稿件的理解和感受

（一）自备稿件的理解

选定好自备稿件之后，就必须对稿件进行阅读理解，可按以下步骤进行：

1.弄清字、词、句的含义

字、词、句是组成一篇稿件的基本单位，一篇稿件是字、词、句的有机组合。要想对稿件进行整体把握，必须弄清字、词、句等构成单位的基本意义和引申含义，对一些读不准、意义模棱两可的字和词要查字典，特别要注意多音字、多义字的发音与意义，朗诵时，在这方面一定不能出现任何错误。

2. 理清稿件的结构和线索

一篇好的稿件,它的文意是由精巧的构思、完整的结构一环紧扣一环、一层紧接一层体现出来的,只有理清结构思路,才能深入把握主题,使表达整体一致。因此,考生必须理清稿件的思路,剖析其内容结构,对文章的开头结尾、过渡照应、层次安排、文意推进或转折都了然于胸。

3. 把握稿件的主旨灵魂

主旨是稿件的灵魂和主题,它明确地表达着作者的人生观与世界观,表明作者的喜怒哀乐和对人情世态的看法与态度。应该说,朗诵的终极目的,就是要把作者的创作目的、作品的主题传达给受众。因此,考生必须认真分析稿件,通过文字材料领悟蕴含在其中的深刻主题,并以此把握稿件的感情基调,确定表达的情感倾向。

4. 分析稿件的重点与难点

不同的稿件有不同的侧重点和难点。比如:诗词重在语言,小说重在情节,古文难在词句表达,现代文难在意境体现。拿到稿件后,考生应深入理解稿件,分析其难点和重点,并根据其难点和重点运用不同的表达技巧,设计表达方式。如王之涣《登鹳雀楼》一诗的重点是充分表达出只有站得高才能看得远的主题思想;难点主要是第一、二句和第二、四句中的情感转折,以及由此产生的声音转折和变化。

5. 确定稿件的基调

基调是指稿件的基本情调,稿件总的态度、感情、色彩和分量。不同的稿件有着不同的感情基调,或庄重或诙谐,或欢快或悲哀,或沉郁或从容,或亲切或严肃,或颂扬或贬斥,不一而足。

把握稿件的基调要注意两点。

一是要认清基调的整体性。例如:《周总理,你在哪里?》一诗的感情基调是深沉、哀婉、思念;童话《卖火柴的小女孩》的基调则是同情、爱怜、愤懑交织在一起;而诗歌《风流歌》的基调是亲切、优美、深沉。把握基调主要是指把握稿件整体感情倾向,朗诵时一定要使之鲜明恰当,不可随心所欲地强加给稿件态度感情,也不能被动地应付。

二是要注意基调的变化性。朗诵稿件时,基调应贯穿始终,但并不意味着全篇稿件用一成不变的腔调来读。不同内容、人物、心情应用不同的语气来表达,只是异中有同,在生动丰富的语音表现之中有着内在的和谐色彩。例如:高尔基的《海燕》,这篇文章的基调是热情高昂、气势豪迈,它热情歌颂了英勇无畏、勇敢搏击的革命战士,这种基调应该贯穿表达的全过程。但文章也表达了对胆小怕事、畏缩不前的“海鸥”“海鸭”“企鹅”等的鄙视,这对基调起反衬作用,能更加深化主题。

总之,稿件的基调要有整体感,是部分、层次、段落、语句中具体思想感情的综合表现,把握基调要处理好整体性与变化性的关系,无论怎么变化,万变不离其宗,语言风格、主体感情自始至终要和谐统一。

(二)自备稿件的感受

在自备稿件准备的过程中,“感受”是关键的一环,也是最能拉开考生分数的环节。考生在准备稿件的时候,往往忽视这个环节,读稿件的时候不在意对稿件的感受,朗诵得很机械,自然就很难有大的提高和突破。所以,考生在准备稿件时,一定要不断加深感受,仔细体会、研究稿件所包含的情感,将稿件的二度创作很好地展现出来。

当我们对选定的稿件有了初步的理解之后,就要进一步对稿件进行深入感受,包括形象感受和逻辑感受两种。

在形象感受的过程中,考生可以通过联想和想象看到、听到、嗅到、尝到、触到客观世界中的种种事物,也可以通过时间发展、空间移动、事物运动,感知丰富多彩的形象世界。

逻辑感受主要是指通过作品中的逻辑关系,也就是全篇各层次、各段落、各语句之间的内在联系,理解和把握作品的主次感、整体感的过程。

那么,如何增强对作品的感受呢?我们可以从以下几个方面积累经验:热爱生活、亲身体验、了解目的、理解作品、分析基调、展开想象、大胆描绘。

祖国啊,我亲爱的祖国

舒　婷

我是你河边上破旧的老水车,
数百年来纺着疲惫的歌;
我是你额上熏黑的矿灯,
照你在历史的隧洞里蜗行摸索;
我是干瘪的稻穗,
是失修的路基,
是淤滩上的驳船,
把纤绳深深地,
勒进你的肩膊。
——祖国啊!

我是贫困,
我是悲哀。
我是你祖祖辈辈,
痛苦的希望啊!
是“飞天”袖间,
千百年来未落到地面的花朵。
——祖国啊!

我是你簇新的理想,
刚从神话的蛛网里挣脱。
我是你雪被下古莲的胚芽,
我是你挂着眼泪的笑涡。
我是新刷出的雪白的起跑线,
是绯红的黎明,
正在喷薄。
——祖国啊!

我是你的十亿分之一,
是你九百六十万平方公里的总和。
你以伤痕累累的乳房,
喂养了
迷惘的我、深思的我、沸腾的我,
那就从我的血肉之躯上
去取得
你的富饶、你的荣光、你的自由。
——祖国啊,
我亲爱的祖国!

【赏析】

《祖国啊,我亲爱的祖国》是当代诗人舒婷于 1979 年创作的一首抒情诗。诗中精选了一组组意象,描述了中国过去的贫穷和人民千百年来的苦难与梦想,展现了中国让人振奋的崛起和新生。前两节沉郁凝重,充满对祖国灾难历史、严峻现实的哀痛;后两节清新明快,流露出祖国摆脱苦难、正欲奋飞的欢悦。全诗交融着深沉的历史感与强烈的时代感,诵读时应该荡气回肠。

第一节,融个体的“我”于祖国的人形象里,表达了“我”与祖国生死相依、血肉相连的情感;第二节,人民在贫穷的境遇里始终保持着“痛苦的希望”,千百年来盼望着美好生活的花朵能“落到地面”,变成现实;第三节,在新的历史机遇面前,千年古国开始重生,显示出祖国摆脱束缚、蒸蒸日上的状态;第四节,“我”要与祖国融为一体,“我”要承担起振兴中华的重任,这是“我”的宣言。朗诵第一、二节时,注意“破旧的老水车”“失修的路基”等意象,表达出一种饱经风霜的心酸、痛楚和凝重,语调低沉、速度缓慢。朗诵第三、四节时,注意“眼泪的笑涡”“雪白的起跑线”等意象,语调上扬、充满激情,最后的直抒胸臆应该语气坚定、铿锵、昂扬。

这首诗构思新颖、立意深刻、想象奇特、比喻新颖、情真意切、感人肺腑,是很适合朗诵的抒情诗。

四、自备稿件朗诵的整体设计

所谓整体设计,是指对朗诵稿件的有声表达与无声表达的方式、方法做全面的设想,是考前的重要准备工作。

(一)设计朗诵基调

基调是指作品基本的、总体的感情模式,它贯穿作品始终,是朗诵表达的情感框架。朗诵前,考生心中一定要对稿件的整体基调有一个明确的认识。

(二)设计朗诵高潮

朗诵切忌平铺直叙,通篇读完如一潭死水。无论什么体裁或者格式的文章都应赋予其一定的表达高潮。在一篇文章中,朗诵的高潮可以有一个或多个。一个高潮的作品,高潮一般在文章的结尾。如舒婷的诗《祖国啊,我亲爱的祖国》,朗诵时,情感的展开应呈螺旋上升式,逐渐推进,不可与前面脱节。多个高潮的作品一般是按平行模式结构的,如裴多菲的诗《我愿意是急流》。此外,由于考试时间有限,考生要设计好自备稿件的长度,朗诵时要尽快进入能展现自己长处的部分,以防出现考试过程中读不完的情况。

(三)设计态势语言

态势语言是有声语言的良性辅助,是自备稿件朗诵考试成功的主要支撑。朗诵时,考生要对态势语言，如面部表情、手势动作、身体姿态、服装饰物等进行整体的考虑，使技巧表达立体全面。而且因为考试有一定的空间范围，面对着特定人群，所以考生要全面考虑环境因素，做到得体、大方。

五、自备稿件朗诵的综合能力训练

朗诵作为一门艺术有很多技巧和方法，需要考生认真准备。这些准备有些可以通过认真细致的前期备稿进行，而有些技能素养必须经过长期的刻苦训练习得和积累。自备稿件朗诵的训练需要我们长期坚持，才能有所突破。

(一)理论修养训练

朗诵是一门自有特点、可以独立存在的语言艺术，同时，它又与戏剧、电视、电影等表演艺术有着密切的联系。考生平时要认真研读有关朗诵方法、朗诵训练等方面的理论书籍，加强理论修养，同时还要进行声音、形体、造型等方面的训练。

(二)稿件分析能力训练

稿件是朗诵的材料，倘若没有选好作品，整个准备工作和朗诵表达都可能徒劳无功。因此，不妨平时处处留心，养成良好习惯，搜集整理一些好的朗诵稿件以备不时之需。考生要想把稿件的思想感情准确地表现出来，首先要清除文字障碍，搞清楚文中生字、生词、成语典故、语句等的含义，其次要把握作品创作的背景、作品的主题和情感的基调。这样才能准确地理解作品，不至于把作品朗诵得支离破碎，甚至歪曲原作的思想。

(三)想象力训练

在理解、感受稿件时只有伴随着丰富的想象，才能使稿件的内容在自己的心中、眼前活起来，就好像亲眼看到、亲身经历一样。只有通过深入的理解、真挚的感受和丰富的想象，才能使己动情，从而使人动情。所以，在平时生活中，我们要加强抽象思维的训练，在朗诵过程中快速地建立起立体的思维空间。

(四)前期模仿训练

朗诵需要模仿和借鉴，尤其是在初学阶段。那些声音洪亮、感情充沛、抑扬顿挫的朗诵常常在我们心中留下深刻的印象，经常模仿这些朗诵可以激发自己的表达欲望，提高自己的朗诵水平。

(五)语言张力训练

语言张力即声音弹性，是指声音随着情感变化产生的伸缩性与可变性，例如快与慢、虚与实、薄与厚等。朗诵者应在这样的动态平衡中为受众传递声音的审美享受。

训练方式:声音弹性除了与先天嗓音条件有关外,其他两个重要的影响因素便是气息与情感,所以考生可以在平时练声环节中加强对气息的训练,例如音阶练习、嘿哈练习等。另外还要多练习模仿,模仿小孩、青少年、中年人、老年人的语音形态,重在坚持。

(六)语言表现力训练

语言表现力是播音员主持人必备的技能之一,即通过语言来传递准确的信息、塑造鲜明的形象、调动受众积极的情绪等。语言表现力的艺术特征主要包括两个方面:第一,语言要规范化和标准化;第二,语言风格要具有独特性和吸引力。

训练方式:首先,加强基础语音训练,有了一口流利、标准的普通话才能锦上添花;其次,在大量练习中找到自己的特色,由此形成独特的语言风格;最后,锻炼自己的胆识,可以用在人群中演讲的方式检验自己的语言是否具有感召力、表现力。

第二章　自备稿件朗诵的表达技巧

朗诵是一门艺术，有自己独特的要求、规律和方法。本章自备稿件朗诵的表达技巧，主要从这几个方面来论述：气息控制、口腔控制、共鸣控制、停顿、重音、语速与节奏、语势与语调、语气色彩的表达、情声气的结合以及特殊的朗诵技巧。

一、气息控制

气息是声音的“原动力”，“气乃音之帅”“气不动则声不发”，这些观点均说明了气息控制在有声表达时的作用。唐代《乐府杂录》中说：“善歌者必先调其气，氤氲自脐间出，至喉乃噫其词，即分抗坠之音，既得其术，即可致遏云响谷之妙也。”更是形象地道出了气息的作用。

（一）呼吸方法

呼吸方法一般包括胸式呼吸法、腹式呼吸法和胸腹式联合呼吸法三种。

胸式呼吸法多见于女性。由于胸式呼吸时肩头上耸，胸部向上挺起，而肋骨下缘胸廓周围径基本不变，膈肌基本不参加呼吸运动，所以吸入及呼出气息量少，气流较弱且难于控制。从发声角度分析，胸式呼吸法由于气息浅、位置高，声音较尖细，声音强度不大且变化小，换气频繁。

腹式呼吸法主要由膈肌的上升与下降改变胸腔的上下径来控制。外部特征是随着呼吸的运动，腹部明显凸起收回，腹周变化明显，而胸廓周围径基本不变。腹式呼吸法吸入气息较多，气息较深，位置较低，声音往往比较低沉，缺少弹性变化。

胸腹式联合呼吸法并不是简单的胸式呼吸加腹式呼吸，而是指胸廓、膈膜及腹部肌肉共同合作，控制呼吸运动。这样不但能扩大胸腔的周围径，而且能扩大胸腔的上下径，使气息容量增大，呼出气流的强度变化明显，声音的弹性变化得以实现。

根据朗诵的发声特点和要求，我们一般采取胸腹式联合呼吸法来控制气息。这是因为胸腹式联合呼吸法可以使气息通畅均匀、深浅适中，发声时能保持较长时间的稳定性，能在相当大的幅度内对呼吸进行调整、控制，使表达灵活自如。

(二)呼吸状态

进行呼吸训练时,应保持良好的心理状态和生理状态。心理要积极热情、明朗向上、心态稳定。生理上可采取站姿和坐姿两种姿态,吸气时双肩放松,两肋张开,横膈膜下降,小腹内收;呼气时稳劲平实,均匀持久,变化自如。具体来说应注意:

(1)吸气:双肩垂平放松,肋骨向左右张开;横膈膜下降,胸腔容量扩大;小腹内收,后腰有向外扩张感,将气息贮存在两肋部;气息自然进入,不要太急太强,控制到七八成满即可,切忌耸肩扬头。

(2)呼气:收住小腹,两肋自然松弛,气息均匀,胸腔逐渐缩小,横膈膜上升。要注意避免气息的僵持和挤压,不可为了延长时间而刻意憋气,尽量放松自如。练习时可以与声音相配合,尽量节约呼气量。

(3)换气:呼气时,小腹由收紧到逐渐放松,两肋则由上提张开到慢慢下移回缩,此时气流排出冲击声带发出声音;吸气时,收小腹,张两肋,气流迅速由口腔或鼻腔吸入,完成换气过程。在整个换气过程中,两肋和小腹的控制是关键。一般情况下,自然呼吸即可。当朗诵节奏较快、句子较长的文字时,吸气需求量大,可以口鼻同时吸气,但要平稳,不出声音;遇到一些特殊停顿而不能换气时,需要屏气,屏气时注意贮气各部位不能放松,应保持屏气前的平稳状态。

(三)呼吸训练

1.呼吸训练要领

呼吸训练并非一日之功,必须长期坚持,并注意以下要领:

活于腹:腹肌依据声音变化的需要上下活动,腹肌是气息的支撑点。

赖于腰:气息要靠腰部的力量保持,腰部肌肉对气息的稳定性有重要作用。

出于胸:胸腔在呼吸过程中应保持稳定,不可忽张忽缩,以使气息均匀顺畅。

蓄于口:气息顺咽壁提到口腔,口腔处于均衡状态,然后运用咬字器官发出声音。

立于颈:颈为咽壁所在,颈不立则咽壁松弛无力,声音得不到有力的支持。

以上五点相互关联,相互影响,相互作用,五位一体,缺一不可。

2.呼吸训练方法

可用下列方法进行呼吸训练:

(1)闻花香:想象眼前有一朵花,深深地吸进香味,两肋渐开,控制一会儿,缓缓送出气。

(2)想象桌面有灰尘,缓慢、均匀地吹掉桌面上的灰尘。

(3)咬紧牙关,从牙缝里发出“呲——”声,平稳均匀。

(4)数数:“1、2、3、4、5、6、7、8、9、10。”循环往复,一口气能数多少就数多少,慢慢增多,注意吐字要清晰。

(5)数葫芦:清晰发出“一口气数不了二十个葫芦,一个葫芦、两个葫芦、三个葫芦、四个葫芦……”坚持练习，尽量一口气数更多葫芦。

(6)喊人，假设你熟悉的“小胡”站在远处，拖长腔喊他，尽量延长发声时间。

(7)一口气反复念：“吃葡萄不吐葡萄皮儿，不吃葡萄倒吐葡萄皮儿。”

(8)一口气诵读一首五言绝句或七言绝句，要求清晰、响亮，有感情。

(四)用气技巧

朗诵过程中，灵活自如地控制气息可以表达丰富多彩的感情色彩，下面介绍几种用气技巧：

1. 偷气

朗诵时，常常会遇到一些节奏较为紧凑、情绪比较连贯的语句，不容许有明显的停顿，也不适宜有明显的吸气动作，此时，运用偷气可以达到换气效果。偷气时，口鼻同时呼吸，口腔动作小，吸气少，无论从外形上还是声音上都不要让人觉得你在换气。偷气不仅是用气的需要，往往也是人物情绪、节奏处理的要求。

2. 续气

有些语句较长，感情连贯，节奏逐渐上升，语势不断加强，需要一气呵成，但不需要急促换气，便可以运用续气的方法，即换气时口中还有蓄气，不断消耗，不断补充。

3. 叹气

叹气是对事物感慨或哀叹而形成的一种气息状态。它要求先深吸一口气，然后长长地呼出，配合全身松弛、舒缓。叹气常常配合言语进行，常常表示不满、焦虑、思考等情感。

4. 托气

托气即屏住呼吸，形成音断声停气不动或声断意不断的状态。运用托气，可以生动、细腻地刻画出人物的心理状态，还可以配合朗诵的语言来渲染气氛、制造悬念，产生很好的艺术效果。

5. 倒吸气

俗称“倒吸一口凉气”，吸气时动作迅速，时间可长可短，一般伴随齿缝动作发出“咝”的声音，表示惊吓、意外等情感。

6. 揉气

吸气不太满，出气同字音糅合，气、声在口腔、咽腔、鼻腔等共鸣腔体中上下迂回运动，就像有某种力量在揉动，一般表示夸张的感情色彩。

7. 喘气

由于内心的冲击或形体的激烈运动而形成的急促呼吸方式。喘气一般呼吸量大，速度极快，有“上气不接下气”之感，表示慌乱、紧张、急促等感情色彩。

8. 哼气

自然吸气,口腔闭合,气息从鼻腔哼出,可伴有“哼”声,还可结合轻度的嘲笑声和面部表情,表示对事物的鄙视、轻视和嘲弄态度。

二、口腔控制

在自备稿件朗诵中,口腔控制是保证发声质量的关键,也是学习播音主持艺术的一项必备的基本功。灵活地控制口腔,能使发音准确清晰、圆润饱满、富于变化,能更细腻地表达出稿件中蕴含的丰富信息量和情感变化。

口腔控制与吐字归音密切相关,只有掌握吐字归音的要领,才能达到口腔控制的目的。吐字归音的方法源自我国传统说唱艺术,它根据汉语音节特点,把一个汉字的发音过程分为出字、立字和归音三个阶段,要求出字叼住弹出,立字拉开立起,归音收尾完整,整个发音轨迹貌似“枣核形”。

(一)出字

出字,是指吐字归音过程中对字头的处理。字头是一字之头,对它的处理影响整个音节的质量。字头有阻气、蓄气的作用。只有字头阻气有力,气息才能在成阻部位形成一定压力。叼住的意思是指咬字要有一定力度,成阻部位的肌肉要有一定的紧张度,同时,咬字的力量要集中在相应部位的中间而不是满口用力。叼要用巧劲,不可咬得过紧或过松,叼住才能弹出。只有出字有力,才能带动整个音节的发音,使之响亮清晰。

(二)立字

立字,是指吐字归音过程中对字腹的处理,要求字腹饱满,拉开立起。字腹一般是韵腹,即韵母中的主要元音。韵腹的口腔开度最大,泛音共鸣最丰富,声音最响亮。字腹发音时要圆润饱满,元音有明显的对比,口腔随字腹立起而拉开。

(三)归音

归音,是指吐字归音过程中对字尾的处理,要求弱收到位,趋势鲜明。弱收是指字尾的发音渐弱趋止的过程,到位则是指尾音归到相应的位置。在趋止的过程中,要保持发音动作的完整,保持字音结束的趋向。

注意,吐字归音是一个完整的过程。“枣核形”的发音轨迹是字音在发音过程中咬字器官互相协调完成的,而不是对字音的机械分割,整个发音过程要有滑动整体感。同时,枣核形也不是一成不变的,而是随着语流中音节的疏密、情感的变化而变化的。

有些考生朗诵时,受众听不清、听不明、听不准,主要原因就是吐字不清晰,归音不到位。因此,我们平时要加强吐字归音的基本功训练。

我们可以经常练习下面这套“口腔操”:

1. 唇舌练习

【操练目的】

训练说话时双唇和舌的灵活性及力度。

【操练步骤】

第一步：分读“噼——里——啪——啦”“密——密——麻——麻”（一遍）；

第二步：连读“噼里啪啦”“密密麻麻”（两遍）；

第三步：快读数遍。

2. 口齿练习

【操练目的】

克服方言障碍，纠正错误发音。

【操练步骤】

第一步：分读“叽——叽——喳——喳”“淅——淅——沥——沥”（一遍）；

第二步：连读“叽叽喳喳”“淅淅沥沥”（两遍）；

第三步：快读数遍。

3. 爆发力练习

【操练目的】

增强声音的爆发力。

【操练步骤】

第一步：分读“嘚儿——驾”（一遍）；

第二步：连读数遍。

三、共鸣控制

一般来说，声带发出的“喉原音”是单调乏力的，只有经过人体共鸣腔的配合才能发出洪亮悦耳的声音。人体的共鸣腔一般分为中、高、低音共鸣区三个部分。

中音共鸣区就是口腔共鸣，中音共鸣区是朗诵时主要的共鸣腔，可获得清晰、平缓、柔和的音色；高音共鸣区是指鼻腔共鸣、头腔共鸣，可获得高亢、华丽、明亮的音色；低音共鸣区主要指胸腔共鸣，可获得深沉、低缓的音色。

我们平时要加强共鸣腔的训练和应用，控制好各个共鸣腔并求得整体配合，以美化音色，使声音变化无穷。

（一）共鸣方式

1. 口腔共鸣

有声语言表达以口腔共鸣为主，我们应当充分发挥口腔共鸣的作用，以提高声音质量。

练习口腔共鸣可以从以下四点来进行。

第一,提颧肌。

提颧肌对增强口腔前部的共鸣,提高声音的明亮度和字音的清晰度有明显的作用。颧肌用力向上提起时,口腔前部有展宽的感觉,同时上唇与牙齿相贴,口腔前部开度加大,声音在硬腭前部能够得到比较充分的共鸣。提颧肌时,面部要呈微笑状,可以用微笑动作来体会。

第二,打牙关。

牙关打开,以增大口腔中部的容积,改善共鸣的效果。打牙关要使上下槽牙之间拉开一定的距离,尤其是两侧上后槽牙应保持向上提起的感觉,像嚼橡皮糖时的状态,可以发开口度较大的元音"ɑ"来寻找感觉。

第三,挺软腭。

将软腭向上挺起,它可以扩大口腔后部空间,使共鸣得以改善,缩小鼻咽的入口,使流向鼻腔的气流减少,避免产生大量鼻音。挺软腭时口腔后部打开,但嘴并不张大,像是哈欠打了一半的状态。挺软腭并非越高越好,过高容易使声音听起来不自然。

第四,松下巴。

松下巴就是放松下巴肌肉,也就是说下巴不用力,是轻松灵活的。有的人平时说话就有下巴用力的不良习惯,朗诵时更为明显。他们误以为只有这样才能咬字有力、字音清晰。其实,下巴用力会使舌根紧张、咽管变窄、口腔变扁,把字咬"横"、咬"死",这是错误的。松下巴的目的是让下巴保持松弛状态,口腔更灵活。

2. 鼻腔共鸣

鼻腔共鸣属于高音共鸣,它是通过软腭的活动来实现的。当软腭放松、鼻腔通路打开、口腔通道关闭时,声音在鼻腔中得到共鸣,就产生了标准的鼻辅音 m、n、ng 等;当鼻腔和口腔同时打开时,会产生元音鼻化现象,少量的元音鼻化可以使音色更加明亮,但过多的元音鼻化会形成"齉鼻"音,这是发音之大忌。使用鼻腔共鸣时要深呼吸,以保证发音时气柱的强度和密度,如果气流浅弱,声波到达口腔就难以产生较强的共振,难以形成鼻腔共鸣。同时,要稳住喉头,避免喉头上下频繁运动,可以通过自然舒适的呼吸状态保证喉头稳定。

3. 胸腔共鸣

胸腔共鸣属于低音共鸣,使用胸腔共鸣发出的声音有一定的深度和宽度,听起来深厚、宽广,给受众以庄严、深沉、真实、信任感。胸腔是由肋骨支撑的胸廓,是不可调节的共鸣器,由于胸腔容积大,因此对低频声波共鸣作用明显。胸腔共鸣不参与语音的制作,但可以扩大音量,并增加低泛音,使声音听起来洪亮厚实、结实有力。要想获得良好的胸腔共鸣,首先应该使声音在喉、咽、口、鼻各腔体得到很好的共鸣。由于发低音时声带是整体振动的,且变长变厚,所以应该尽量放松声带,两肋打开、撑住,以保持胸廓的积极状态,产生较好的共鸣效果。

（二）共鸣要领

朗诵发声的特点，决定了其采取以口腔共鸣为主，以胸腔共鸣为辅，以混合共鸣为后备的声道共鸣方式。发声时，要通过调节、控制口腔共鸣和胸腔共鸣，以胸腔共鸣这个扎实的基础作为“基座”，使声音结实有力。同时要感觉经口腔发出的声束沿上腭中纵线前行，向硬腭前部冲击，声音有如“挂”在硬腭穹窿上。

朗诵时，要尽量扩大共鸣腔，放松口腔、咽腔，使整个声道通畅无阻。同时灵活控制舌头，因为舌头的变化可以改变口腔的形状，对共鸣产生重大影响：如果舌头前部抬得过高，声音会十分单薄；如果舌根过度下压，发音通道向前延伸，声音则会浑浊不清。另外，要保持肌肉的均衡紧张状态：肌肉过紧，声音僵硬没有弹性；肌肉过松，声音不集中，缺乏力度。

（三）共鸣训练

（1）哼鸣训练：放松喉头，提起舌根，深深呼吸，发后鼻音，把“哼”的感觉置于叹气的呼吸状态上。检验方法：哼鸣时看嘴巴能否灵活动作，可以则为正确。

（2）闭口打一个哈欠，喉咙呈打开状，软腭上提。

（3）气泡音训练：嘴闭，用轻匀的气流冲击声带，使之发出细小的抖动声，如自然地发出“e”声，而且调值偏向第三声。

（4）模拟汽笛长鸣“di——”，可平行发音，也可由小到大或由大到小变化进行。

（5）模拟声乐节奏发“mi——mi——mi，ma——ma——ma”。

（6）假设一个对象分别处在 50 米、100 米或更远的地方，大声拖喊：“××——等——等。”

（7）由低到高、由高到低、由高到低到中变化的音阶训练。如：

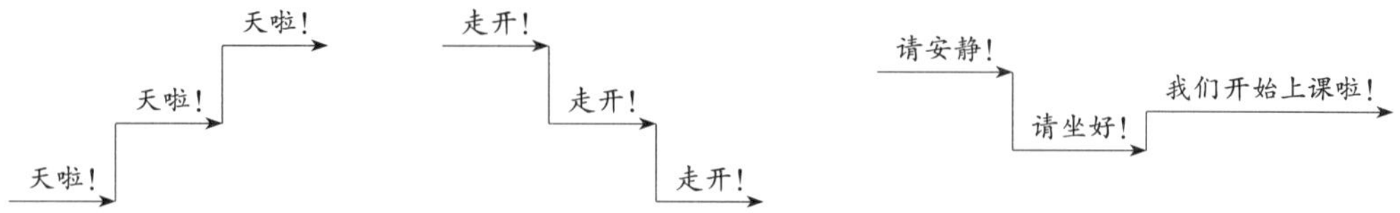

（8）夸张四声，要求声音连贯、吐字有力，咬字头、拉字腹、收字尾。如：

山——明——水——秀

风——调——雨——顺

阴——阳——上——去

胸——怀——广——阔

鲲——鹏——展——翅

逆——水——行——舟

刻——骨——铭——心

需要注意的是，共鸣控制不单是技巧问题，日常生活习惯对嗓音也有很大的影响。因此考生平时要注意饮食起居习惯，少吃刺激性食物，保证充足的睡眠，坚持体育锻炼，坚持练声，持之以恒，方见效果。

四、停顿

停顿是指朗诵中语流的顿歇。停顿首先是生理方面的需要，人们朗诵时要换气，这便形成了语音的自然间隙；停顿也是表情达意方面的需要，通过停顿可以更清晰、更有效地表达内容，更鲜明、更强烈地体现情感；停顿又是表达上的需要，得体的停顿可以显示语言的节奏，增强表达的力度。

概括起来说，停顿在朗诵中的作用有以下几个方面：利用停顿让受众平静下来，可提高开场的吸引力；利用停顿控制呼吸，利于喘息和换气；利用停顿区分语法关系，可显示结构层次；利用停顿突出重点，可提高表达力度；利用停顿调节旋律，可产生节奏感；利用停顿造成悬念，可给受众思考空间；利用停顿增强幽默感，可吸引受众的注意力；利用停顿结尾，可使气势长久停留。

(一)停顿的类型

1. 语法停顿

语法停顿是指句子间语法关系的停顿，如句中主谓之间、动宾之间、修饰或限制词与中心词之间的停顿，还有分句之间、句子之间、段落层次之间的停顿等。例如：

冬天/已经来了，春天/还会远吗？(主谓之间的停顿)

远远的/街灯明了。(限制词与中心词之间的停顿)

夜深了，/他急急忙忙地赶路。(句子之间的停顿)

标点符号是语法停顿的主要表征，语法停顿应与标点、层次、段落相一致，语法停顿的时间由短到长可根据下列关系区分：顿号＜逗号＜分号、冒号＜句号＜句间＜层间。注意，这里的停顿时间长短是相对而言的，并不是固定不变的。

2. 逻辑停顿

逻辑停顿是指为准确表达语意、揭示语言内在联系而形成的语流中声音的顿歇。例如：

白杨树/实在是/不平凡的，我/赞美/白杨树。

逻辑停顿不受语法停顿的限制，没有明确的符号标记，往往是根据表达的内容与语境的需要来决定停顿的地方和停顿的时间。

如语句“北京人多”有两种停顿：

北京/人多

北京人/多

停顿的地方不同，意思完全不一样，如何停顿，要视上下文而定。逻辑停顿被称为无形的“标点符号”，包括并列性停顿、照应性停顿、强调性停顿等多种方式。

3. 感情停顿

感情停顿是为了突出某种感情而作出的顿歇。这种停顿通常出现在感情强烈处，如悲痛欲绝、恼怒至极、兴奋异常等，常常与感情重音、急促呼吸或屏住气息等方法配合，以表现强烈的情感色彩。例如：

一脚踏进昆明，心/都醉了。（表示高兴）

他如此/欺人太甚，他/太不像话了。（表示气愤）

多么可爱的小生灵啊！对人/无所求，给人的/却是极好的东西。（表示赞颂）

（二）停顿的方法

1. 慢停法

停顿缓缓而来，且声断气连、音断意不断。

风流啊，/风流啊，/什么/是风流？

【提示】缓缓停顿，表示对“风流”含义的探寻。

2. 快停法

迅速收声敛气，快速停顿。

快看/蛇/在那儿！

【提示】急快停顿，表示恐惧惊吓。

3. 强停法

屏住呼吸，中断气息，一字一顿将字词送出。

医生强忍住悲痛说：“焦裕禄同志/恐怕最多/只有二十几天了。”

【提示】强停处理，表达了对焦裕禄同志的无比尊敬和惋惜之情。

4. 拖停法

停顿节拍相对拖长，停顿小节与前一个字由高到低缓缓收敛，直至声、气全停，造成一种空谷回音之气。

北国/风光，

千里/冰封，

万里/雪飘。

【提示】长停后续起，停后第一个音节起声响亮，表现出雄浑、豪放的气势。

清代郑燮在《潍县竹枝词》里有两句诗：“水流曲曲树重重，树里青山一两峰。”描绘溪水因山石的阻隔而急急缓缓、弯弯曲曲，从两峰繁茂的树缝中望去，一两山峰若隐若现的迷人景色。用这两句诗来比喻朗诵中的停顿技巧是很形象的，我们在运用停顿技巧时，不妨反复揣摩这两句诗的含义。

五、重音

重音，是指在朗诵过程中刻意强调的某些词或词组。重音的确定，是以语句表达目的和情意色彩为依据的,哪个地方最集中、最强烈地体现了语句目的、情意色彩,它就是朗诵者应着力强调的对象。重音是正确表达思想、真切抒发感情的重要手段。

(一)重音的类型

1.语法重音

语法重音是根据语法结构的特点表现出来的重音,它是由语法结构本身决定的,一般位置固定。

(1)谓语动词

水开了,他来了。

(2)修饰成分与限制成分

这是一片明朗的天空。

(3)补语成分

累坏了。

打得稀巴烂。

(4)疑问代词、指示代词

这是什么?

什么是理想?

(5)数量结构

王大爷有五只羊。

(6)并列关系、对比关系、转折关系中的关键词

桂林的山真奇啊,桂林的山真秀啊,桂林的山真险啊。

人固有一死,或重于泰山,或轻于鸿毛。

小花很聪明,但很任性。

(7)拟声词

山羊多起来了,咩咩地叫。

2.逻辑重音

根据上下文内容的提示或其他语言环境,对一些词或词组进行重读,这些词或词组就叫逻辑重音。逻辑重音不是由句子的自身结构,而是由句子的表达意图和具体语境决定的。如:

我是20级播音系的学生。(回答"谁是20级播音系的学生?")

我是20级播音系的学生。(回答"你到底是不是播音系的学生?")

我是20级播音系的学生。(回答"你是播音系哪一级的学生?")

我是20级播音系的学生。(回答"你是20级什么系的学生?")

我是20级播音系的学生。(回答"你是20级播音系的学生还是老师?")

以上句子的语境不同,表达目的不同,逻辑重音位置也不同。

3.感情重音

为了表达强烈的感情而着重强调的词或词组叫感情重音。感情重音大都出现在情绪激

动高昂、朗诵节奏强烈的地方，比如兴奋、激动、欣喜、愤怒、恐惧等。感情重音的作用在于使语言色彩丰富，语势强烈。

这难道是真的？

【提示】感情重音表示惊讶、恐惧之情。

你这个人不是东西！

【提示】感情重音表示愤怒之极，充满厌恶憎恨之情。

感情重音的位置比较灵活，不像语法重音和逻辑重音那样稳定。有时感情重音与语法重音或逻辑重音相重合，这种双重重音在朗诵时要特别注意。

确定语句重音，要结合上下文，把这个句子摆到文章中去考察，不能孤立地看一句话。另外，重音切忌太多，如果到处都是重音，反而就没有重音了。

（二）重音的表达方式

在实际朗诵中，重音的表达不仅仅是重读，还有很多方式。比如：

1. 加大音量

增加发音力度，造成强有力的声音，通常用于表达饱满、高涨的情绪。

让暴风雨来得更猛烈些吧！

【提示】重读“更猛烈些”，突出呼唤革命风暴到来的高昂情绪。

2. 重音轻读

对重点词语进行弱化处理，音量减小，语气柔弱，非重点词语反而响亮明朗。这种方式常用来烘托意境，表达深沉凝重、含蓄内敛的细腻感情。

军港的夜啊静悄悄，

海浪把战舰轻轻地摇。

【提示】重音轻读，烘托出军港之夜静谧温馨的氛围。

3. 拖长读音

将感情饱满、格调深沉的语调延长。拖长字音一般用于渲染内在情绪，表达深挚的情意，富有浓烈的抒情色彩。

周——总——理——，

我们的好——总——理，

你在哪里啊，

你——在——哪——里——？

4. 变换音色

运用颤音、破嗓音和沙哑声等读法表示特殊的情感。一般来说，颤音表示激动或恐惧；破嗓音或尖叫声表示歇斯底里；沙哑声表示疲劳、老练等。

你……你说什么？他回来了？

5. 一字一顿

在要强调的字词之前作必要的顿歇,使感情深沉动人,有强调突出的作用。

你可知道,
我们想念你,
你的人民想/念/你。

六、语速与节奏

(一)语速

语速是指朗诵语流的速度,即单位时间内读出音节的数量。语速受作品内容和形式的影响,也受朗诵者心境的影响。比如:表现平静、沉郁、失望的语句或描写气氛庄严、行动迟缓的语句,语速要慢一些;表现沉思、悲哀、压抑的语句,要读得更慢;而体现热烈、兴奋、愉快、愤慨、反抗、驳斥、紧张等意义的句子要快读。语体形式不同,语速也不一样。一般来说,演讲、朗诵等独语形式和论辩等话语交锋形式语速较快,而对话、交谈等对话形式较慢。

(二)节奏

节奏是语速的具体体现与运用,它"是由全篇稿件生发出来的播音员思想感情的波澜起伏造成的抑扬顿挫、轻重缓急的声音形式的回环往复"①。常见的节奏形式有六种:

1. 轻快型

多连少停,多轻少重,多扬少抑,语节少而词的密度大,语流显得轻快。如朱自清的散文《春》、孙犁的散文《荷花淀》等。

2. 凝重型

多停少连,多重少轻,多抑少扬,语流平稳凝重,语言强而有力。如鲁迅的小说《藤野先生》、海涅的诗《西里西亚的纺织工人》等。

3. 低沉型

停顿多而长,语调多抑,节拍较长,声音偏暗,句尾沉重,语流沉缓。如安徒生的童话《卖火柴的小女孩》、柯岩的诗《周总理,你在哪里?》等。

4. 高亢型

多连少停,多重少轻,扬而不抑,语气高昂,语流畅达,语速稍快,节奏较紧。如郭沫若的诗《雷电颂》、茅盾的散文《白杨礼赞》等。

---

① 张颂. 播音创作基础[M]. 3版. 北京:中国传媒大学出版社,2011:110.

5. 舒缓型

多连少停，声音清亮，声音较高但不着力，气长音清，语气舒展开阔。如戴望舒的诗《雨巷》、毛泽东的诗《沁园春·雪》等。

6. 紧张型

多连少停，多重少轻，多扬少抑，节奏拖长，语气紧张。如闻一多的演讲《最后一次讲演》、贺敬之的诗《回延安》等。

讨论节奏，要纵观全面、整体，一句话、一个词、一个短语无所谓节奏，节奏只有在段落篇章中才能体现出来。另外，节奏应体现在运动之中，体现在时间的行进中。因此，对节奏的分析不可死板，要具体作品具体分析，灵活运用。

七、语势与语调

俗话说“文似看山不喜平”，文章如此，朗诵亦然。朗诵是一个动态过程，要求抑扬顿挫、起伏变化，有声语言在语句的发展和行进中只有形成一种趋向和态势，才能呈现出一种旺盛的生命力，如山巅瀑布飞流直下，似幽谷溪流汩汩流淌。

（一）语势

语势是在运动的过程中产生的，从语句的起首，经过句腰到句尾，在朗诵时形成语峰和语谷，并且根据语峰和语谷的不同位置形成不同类型的语势，积极地影响朗诵者的心理节奏和情感幅度，推动朗诵的进行。

语势的变化是通过声音的高低、强弱、长短来综合表现的，张颂先生在《朗读学》一书中将语势分为五种类型，下面逐一阐释：

1. 波峰类

全句语势像一座山峰，句子首尾轻低，句腰突起成峰，整个句子的朗诵往往有一个较完整的情绪起伏。一般来说，波峰处应重读。

明天我一定来！

2. 波谷类

与波峰类相反，语势如波谷，句首句尾高，句腰在谷底。朗诵时一般重读句首或句尾，表达时要徐缓、低弱。

这就是你的杰作。

3. 起潮类

语势由低向高层层突起，形成一座或几座逐渐高升的峰峦。起潮类的语势并不是字字高、词词高，而是“逐浪高”，如步步登山。

反动派，你看见一个倒下去，可也看得见千百个继起的！

4. 落潮类

语势逐步下行,情感的动势渐趋平稳。下行趋势并非字字下行、词词下行,而是曲折进行的。

天渐渐暗下来,北风刮得更紧了,我们默默地离开了天安门广场。

5. 半起类

有一些语句,在语势起峰的中途便停止行进,欲行又止,空悬不坠,引而不发,声音好像被拦腰截断,但推进的趋向已形成,气息也未送完,在心理和情感上使人产生期待的意味。这种语势以疑问句和感叹句为多。

先生,你找谁?

朗诵中语势的运动起伏是克服呆板、平淡的重要技巧。语势的类型需根据文字作品的具体内容而灵活设计,切忌几个相连的语句做同类型的语势处理。还要注意的是:语无定势,作品、语言环境、词语序列、词语色调、朗诵者的不同都可呈现出有声语言语势的独特性。

(二)语调

语调,是指朗诵时声音的高低升降的变化。这种高低升降的变化不仅是准确传递句子思想感情的需要,也是实现句子的交际功用不可缺少的语音手段。语调是情感的产物,具有明显的感情色彩。语调不能片面地理解成句末的一个音节,它是指整个语句甚至是语段的起伏变化。语调与语速、重音、停顿等表达技巧相结合,显示着话语的节奏感。

语调的形式包括四种:

1. 上扬调

语流运动状态由低向高升起,句尾音强且向上扬起。一般表现疑问、激动、号召、呼唤等语气。

你以前做过吗?

啊!你说什么呀,奶奶!

理想使忠厚者常遭不幸,使不幸者绝处逢生。

2. 下抑调

语流运动状态由高向低,句尾音下降。一般表现陈述、感叹、请求、痛苦、愤怒等语气。

老爷爷,您行行好吧!

韶山是多少人心驰神往的地方啊!

对他的要求,我们不答应!

3. 平直调

语流运动状态是平稳直线型,一般表现叙述、庄严、冷漠、麻木等语气。

人民英雄纪念碑矗立在天安门广场中央。

想在这里弄个金娃娃，没门。

一个说：“这孩子将来是要死的。”

4. 曲折调

语流运动状态起伏曲折，由高到低再扬起，或由低到高再降下，全句表现为上升和下降的曲折变化，一般表示讽刺、暗示、反语、双关等语气。

你真是了不起啊！

这事啊，不容易啊！

注意，起风啦！

当然，朗诵的语调不是一成不变的，粗略地可分为：轻度、中度和重度。轻度语调停顿较短，重音较轻，感情色彩一般化，作品中次要的语句属此类；中度语调停顿稍长，重音稍突出，感情色彩较鲜明，作品中比较重要的语句属此类；重度语调停顿较长，重音较重，感情色彩鲜明，作品中的主要语句、核心语句属此类。

八、语气色彩的表达

“感人心者，莫先乎情。”朗诵要使受众产生一种“爱之欲其生，恨之欲其死”的心灵共振。考生本身的情感应是炽热的，要情动于衷，把握好自备稿件表达感情的阀门，控制好朗诵感情的流量。通过语言的停连、轻重、快慢、升降技巧和副语言表达的眼神、表情、动作的变化去表达不同的感情色彩。

一般来说，喜悦、激动、亢奋、紧迫等感情可运用快速、重音、升调、停顿、短句、轻松的方式来表现；而悲伤、思索、从容、深沉、庄严等感情可以运用轻读、降调、慢速、长句、沉稳等方式来表现。具体来说，不同的情感状态有不同的表达技巧：

喜：气息充足，声音甜润，速度偏快，声音略重，笑肌提起，发音靠前，给人以兴奋感。

怒：气息粗重，音量增大，语速偏快，声音沉重，给人以震慑感。

爱：气息柔缓，声音自如，语速平和，快慢适中，轻重平稳，给人以亲切感。

恨：气息粗重，出声生硬，语速偏快，发音气猛而多阻塞，有忍无可忍之气，有挤压感。

悲：气息沉重，出声缓慢，语速先快后慢，轻重交错，以气托声，欲言又止，有阻滞感。

急：气息短促，出声紧迫，语速快，停顿突然，吐字有力，给人以催逼感。

惧：气息上提，出声不顺，语速不匀，轻重无规律，给人以衰竭感。

疑：气息断连，语速先快后慢，语调下降，给人以踌躇感。

语气的运用对情感的表现作用很大。比如：平心静气表示陈述、慰问、教育；高声大气表示强调、鼓励、愤怒、威胁；粗声粗气表示不满、怨恨、驳斥；冷声冷气表示蔑视、敌对、挖苦、制止；唉声叹气表示苦恼、发泄、悲痛；吞声忍气表示恐惧、遗憾、紧张、无奈；冷声悲气表示伤感、凄清、哀愁。“感有万端之异，言有万态之殊。”考生要巧妙地运用语气、语调，根据稿件的主题、情理、逻辑表达出丰富多彩的感情来。

为了使感情表达到位，朗诵前可利用“情境展示法”来调动自己的情绪。通过回忆、联想一些与朗诵主题相关的故事、情节、场景与画面,使自己的情绪过渡到主题情感方面来。

总之,我们要让自己时刻保持积极的状态,使自己快速进入情境,将情感表达得更加充分真实。

九、情、声、气的结合

语言是人们日常传递信息和交流思想感情的工具,情感、声音和气息是语言系统中的三大要素,也就是我们通常所说的播音发声当中的情、声、气。

情,是指在播音过程中播音员服务于播讲目的,由具体稿件或话题引发并且由有声语言表达出来的始终运动着的情感。“情”是播音创作的依托。

声,是指播音员依据稿件或话题使用发声器官、运用播音技巧所发出的表达思想感情、包含大量信息的规范化、艺术化的有声语言。

气,是指在播音过程中,为了使有声语言顺畅地传情达意,播音员自如使用胸腹联合式呼吸法所获得的发声动力。

“情”是内涵,是依托;“声”是形式,是载体;“气”是基础,是动力。其中,“情”起着主导性作用,只有通过思想感情的变化指导气息的流动,同时组织发声器官的协同动作,才能发出表情达意的声音来。气随情动,声随情出,气生于情而融于声,这就是情、声、气的关系。“情”要取其高,“声”要取其中,“气”要取其深,以达到字正腔圆、清晰持久、刚柔自如、声情并茂的境界。在播音发声当中要以情带声,以声传情,不能本末倒置,以声造情。

(一)情、声、气结合的方法

情、声、气的完美结合需要大量的训练,要求考生的生理、心理都很协调,在自然的状态下找到正确的发声方法。在自备稿件朗诵考试中,要真正做到情、声、气的完美结合,我们需要注意几个问题:

1.控制气息

运动的气息来源于不断地变换的控制,我们平时应多加强体育锻炼并进行相关的气息控制练习。具体练习方法参见第二章第一节的“气息控制”。

2.活用声音

注意声音的色彩对比,一定要用足、用够、用活。考生要客观地认识自己的声音,抓住自己声音的特色,逐步建立自己的声音形象。另外,要坚持练声,训练声音的弹性,让自己的声音有更强的变换能力。

3.注重实践

从自备稿件的准备到考试的过程中,考生应根据稿件提供的文字不断地挖掘新内容,找出新感受,以促进思想感情的运动,避免在考试时读成定式,毫无发挥。

要做到这些就一定要动真感情,对自备稿件有自己的理解和感受。注意,动之以情并非随便什么情感的注入或气息的表露都是好的。表面的强烈并不等于真情实感，离开内心感情支撑的朗诵是无病呻吟、扭捏作态、毫无感染力的。

情感的激起与一个人的感受能力、知识文化水平与阅历都有很大关系，在自备稿件朗诵考试中，我们要积极调动自己的情感，与文章内容产生思想碰撞，通过想象、联想等来提高自己的感触，达到与文章感情的高度融合。

（二）情、声、气结合的误区

第一，以为感情越激烈越好，甚至出现声音失控的问题。的确，感情要感染人，必须有一定的起伏，但并不是比谁的声音大，比谁的声音高。

第二，考前训练太多次，读成了固定的模式，形成了惯性，毫无发挥。其实，不论文章读多少次，每次都要加入更深的理解和感情，把每一次都当成第一次读。

第三，对稿件只是简单的模仿，缺少自己更深的感情挖掘。自备稿件作品朗诵大部分都有范例，尤其是经过老师指导后，有的学生会过多地模仿而没有自己的思想。这样的模仿无法有更大的突破，因此一定要自己去认真感受理解。

十、特殊的朗诵技巧

朗诵时除了轻重、停连、快慢、升降、长短等基本技巧外，还有诸多特殊技巧，综合运用、得体表达才能使朗诵更加生动传神。

下面介绍七种特殊的朗诵技巧。

（一）拖音

有意把字音拖长，延长发音时间，可表示回忆、领悟、惊讶、呼唤等感情。

如果我的阿毛还在，也有你这么大了！

【提示】利用拖音表示祥林嫂对儿子阿毛的深深怀念。

（二）颤音

在发音过程中让声音开阻交替，气息较强，咬字有力，使声音微微颤抖，就会产生颤音。颤音可表示特别激动的情绪与悲哀、痛苦等感情。

这里有没有特务？你站出来，是好汉的站出来！

【提示】用颤音读出“站”和“站出来”两处，表现出闻一多先生对国民党特务杀害革命战士的无比愤慨之情。

（三）拟声

用口语形象地模拟人、动物或事物发出的声响，如模拟虎啸、马嘶、枪响、雷鸣等。拟声用象声词表达，可以营造情境，烘托气氛，增强表现力。

(四)泣诉

朗诵时,为了表示哀伤、惨痛、悲苦等感情,可使声音带上一种呜咽、哭泣的感觉,从而使表达真切、生动。泣诉时的气息运动主要是抽气,即用鼻或嘴有节奏地往里吸气。抽气的节奏和腹部的紧缩、膈肌的颤动、两肋的张弛在动作上要协调一致。

(五)笑语

笑语是为了表示欣喜欢快的心情而使话语的声音带上笑意,或是模拟作品中的人物发出笑声,从而使表达更有感染力。运用笑语时口腔、喉、胸要放松,小腹膈肌弹动气息直射软腭,随之发出“哈”“哼”等声音。表达时要气息饱满,送气集中,顺畅轻快,大笑时最好不要发“哈”的声音,因为这样容易一下子把气漏尽。我们平时可以从“ɑ”“i”的顿音练习开始,引发出笑声。方法是提起笑肌,深深呼吸,一口气单独断续发出“ɑ”或“i”音。

(六)气音

气音是一种气多声轻的发音方法,类似耳语、嘘声,一般用来表达紧张、惊异、恐惧的心理活动或静谧、幽静、神秘的环境氛围等。发气音时吸气放慢速度,加强深度,吐字时除实音外可伴随一定的出气声、虚声,将气缓缓送出。

太可怕了。

【提示】运用气音体现紧张、恐惧的心理状态,使朗诵更加真实,具有现场感。

(七)喷口

喷口是指朗诵者无法控制自己激动的心情,需要突然爆发的一种修饰用气。使用喷口时先将口腔里的气息蓄满,而后突然有力地喷出,由此可大大加强语言力度,强化感情色彩。

死去元知万事空,
但悲不见九州同。

【提示】在“悲”字后停顿吸气,然后有力地喷出“不见”二字,表达出悲愤之情。

第三章 自备稿件朗诵的应试技巧

大部分院校的播音与主持艺术、影视表演专业在初试时都会考自备稿件朗诵，而且有的院校复试时还会要求考生朗诵一篇与初试不同风格的作品。所以，考试时的发挥是非常关键的，如果发挥不好，考前的所有准备工作就会付诸东流，直接影响考生的最终成绩。本章从自备稿件朗诵时的心理调控、状态调整、态势语运用和着装技巧等方面来讲述考生在考场上如何克服一些常见的问题并发挥出自己的最佳水平。

一、心理调控

考试的时候身处特殊的环境之中，考生容易产生一种胆怯害怕的心理。要么担心自己表达不好，表现出自卑；要么对朗诵文稿不能整体把握，出现前后不协调的情况；要么对朗诵环境不适应，表现出紧张。

造成这些现象的主要原因是考生过分地渴望考试成功，产生了很大的压力，因此，心理调控是消除紧张的关键。可以尝试运用以下方法：

（一）自我暗示法

科学研究表明，百分之九十以上的人都因自卑而苦恼。“金无足赤，人无完人”，任何人都有自卑的原因：容貌、身材、地位、阅历、环境、能力、体力等。考生也一样，尤其是身临考试的氛围，面对专业的评委，自卑感会加剧，并不自觉地把这种自卑感带入朗诵中而增加紧张的程度。克服这种心理障碍的方法是做强烈的鼓励自己的暗示。

美国俄克拉荷马州参议员汤姆斯小时候是一个瘦瘦高高、弱不禁风的人，他感到十分苦恼。考上大学后受命参加一次演讲比赛，这个平时连面对一个陌生人都不敢开口的人，突然之间要面对众多的观众，他感到焦急万分。但他在母亲的指导下，进行自我暗示：“病弱的身体可能会一辈子跟着你，所以你要用头脑来取胜啊！好好努力吧！会成功的！”结果，他取得了第一名。

自我暗示法虽然很简单，但运用得当确实很有效。它能使表达者立刻“热起来”，也能立刻“冷下去”，因此心理学家奥尔波特称此法为“短循环反应法”。下面介绍几个例句供大家参考。如：

“只要勇敢地表达就没事了!”

“我已做好充分的准备,不会出错的。”

“自信地去表达吧,我能成功。”

“紧张是胆小鬼的行为。”

(二)场景演习法

日本著名心理学家高桥铁先生在给一些患者治疗恐惧症时,总是首先要这些患者到他为他们设计的“恐怖的地方”体验一下可怕的生活,然后要他们述说可怕的心情,再做轻松治疗。这种方法在高桥铁的治疗方案中取得了很好的效果。

考试紧张也可以算是一种“恐惧体验”。如果之前能演习一下考试时的情形,考试时就可以缓解各种紧张,减轻心理压力,容易恢复到自然状态。

这种演习就像体育活动中的热身赛,或者是戏剧表演中的彩排,既是正式朗诵前的模拟训练,也是朗诵准备工作的最后一道“工序”。

我们可以模仿考试环境,把房间布置一下,按朗诵考试的要求打扮自己,来一次模拟考试,请自己的老师充当评委,体会考试的感觉。通过这样的强化训练,可以发现缺点,锻炼胆量,在考试时发挥出最佳水平。

(三)熟悉因素法

知己知彼,百战不殆。要想真正不怯场,考试取得成功,必须充分熟悉自备稿件。如果对自己的朗诵稿件已经背得滚瓜烂熟了,就能形成稳定的心理情感,朗诵时不用担心忘词、打磕巴,这样就可以把全部的心思放在对朗诵的情感表达、态势语运用上。因此,考生一定要充分备好稿、记好稿,从字、词到句、篇,从发音到表情再到风格,都要心中有数,胸有成竹。

(四)物理支撑法

考试时,如果很紧张,还可以运用一些简单的物理方法来克服。

1. 深呼吸法

找一个比较安静的地方,站立,眼微闭,全身放松,深呼吸,同时默念“1——2——……”这样可以使血液循环减慢,心神安定下来,全身有一种轻松感。

2. 扮怪脸法

找一个比较偏僻的地方扮怪脸,歪嘴扭唇,抬鼻斜眼,放松脸部肌肉。如能面对小镜子看到自己的古怪神态,一定会忍俊不禁地发出笑声,一切紧张的情绪都消失了。

3. 临场活动法

由于紧张情绪会使体内产生大量的热能,所以可以在朗诵前稍稍活动活动,使热量散发。可走动、小跑、摇摆、踢腿；可双手握紧再放开，让全身肌肉缩紧再放松；可在表达过程中用力拧一下身体的某一部位，注意力就立即转移到其他地方了。

4.饮料摄入法

可在朗诵前准备一小杯温水或淡茶水，夏天可选用淡盐水，断续饮用。每次不要喝太多，也可吃几片梨或苹果。最好不要吃橘子，也不要喝橘子汁等含糖量高的饮料。

5.闭目养神法

闭目，舌抵上腭，以鼻吸气，安定神情，可以想象一个人走在幽静的森林里，恬然自得。

6.凝视物件法

确定一个距离较远的物体，凝视并细心地去分析，琢磨其特点与距离。

7.漫画消遣法

可以翻看一些有趣的漫画作品，促使心情开朗、情绪高涨，恢复自信心，但注意不要沉迷其中。

二、状态调整

考生对自备稿件有了全面的理解，而且对稿件作了精心设计并反复练习后，就可以应试了。当然，充分的准备只是成功的一半，良好的朗诵状态是朗诵成功的另一半。

朗诵状态是考生在朗诵过程中表现出来的心理状态和生理状态。朗诵状态不好，会导致朗诵前对作品的理解、感受、构思、设计等付诸东流。由此可见，正确的朗诵状态，是朗诵成功的关键所在。

那么，考生应该从哪些方面调整自己的朗诵状态呢？

（一）树立信心，充满希望

考生要树立积极向上的自信心，充满希望，走进考场。因为自信是意志与力量的体现，是人们对自我认识感到满意时的心理倾向。遗憾的是，有的考生缺乏自信，考试时思维紊乱、表情僵硬，既不能自如地表达感情，又不能准确地传递声音。这种不自信引发的怯场与表达欲相伴相生是正常的。要克服怯场的心理，平时就要加强练习，勇于实践，增强自信。

（二）欲望强烈，全神贯注

在朗诵过程中，考生要充满表达欲，有“时刻准备着”的心态，让自己充满创作的热情，使自己处于一种兴奋、冲动的创作情绪之中。唯有如此，情感才能真实丰富，表达才能积极到位，才能排除朗诵现场的一切干扰，不因为受众、场地等客观因素而分心。在考试过程中，考生不必过分在乎评委的反应，不要受评委影响而分散自己的注意力。此外，虽然自备稿件在考前就已经读过很多次了，但仍然要保持对稿件的新鲜感，切不可模式化，要尽量使表达更加真实，更打动人心。

(三)注重对象,加强交流

朗诵虽然是一种单向的语言表达方式,但目的是将作品的思想情感传递给受众,引起受众思想情感上的共鸣,使受众获得美的享受,得到思想启迪。因此,考生朗诵时必须时刻注意把握对象感,对朗诵表达的内外部技巧进行调控,绝不能只顾自己朗诵,心中没有受众,眼中没有场景,忽略与受众心灵上的交流。这就要求我们朗诵时善于观察和分析,适时调整朗诵的状态。

(四)把握技巧,克服模式化

朗诵水平要借助内外部技巧的全面设计立体展现出来,但朗诵切不可模式化,或者有很明显的技巧外露痕迹,要尽量做到不勉强、不做作、不虚声假气、不嗲声嗲气。朗诵时要把握好基调,加强韵味,但不可一味夸张、渲染腔调。不顾内容和场合,只追求表面上语调铿锵、激情洋溢的表达只会让人觉得空洞虚假、枯燥乏味。因此,我们要加强对作品的理解与分析,领悟作品的主旨情感;加强内外部技巧的训练,刻苦学习名家经验;及时总结,及时反省,努力提高。

三、态势语运用

态势语是身体语言、心理语言的外露,从另一个层面反映着人的思想境界和精神面貌。在自备稿件朗诵中,态势语一般分为情态语言和身势语言两大类。

(一)情态语言

情态语言是指人的面部动作构成的表情语言,如目光语、脸部表情等。

1. 目光语

心理学研究表明,在人的各种感觉器官获得的信息总量中,眼睛获得的占百分之七十以上。东晋顾恺之说:“传神写照,尽在阿堵之中。”(阿堵此处指眼睛)的确,眼神凝聚着一个人的神韵气质。因此朗诵时,用好目光语很有必要,下面介绍运用目光语的7种方法:

(1)前视法

考生视线平直向前而弧形流转,立足中心线,以中心线为中心,弧形照顾两边,直到视线落到最后的观众头顶上。视线推进时要按语句和情感有节奏地进行,顾及边上的观众。

(2)环视法

有节奏或周期性地把视线从受众的左方扫到右方,从右方扫到左方或从前排扫到后排,从后排扫到前排。视线每移一步都是弧形,弧形又构成一个整体——环形。这种方法要注意中间的过渡,由于视线的跨度大,表达时要注意衔接。

(3)侧视法

运用“Z”形或“S”形视线。

(4)点视法

在处理很特殊的情感时或考官出现不良反应时，可大胆运用此法。

(5)虚视法

即“眼中无听众，心中有听众”。这种方法在朗诵中使用的频率很高，考生可以用它来克服紧张与分神的毛病，避免自己因看到台下的眼神而害怕。这种方法还可以用来表达朗诵时的愤怒、悲伤、怀疑等感情。

(6)闭目法

人的眨眼频率一般是每分钟十几次，每次眨眼要用0.2至0.4秒，若眨眼时间超过1秒钟就成了闭眼。当朗诵稿件需要表达一些悲伤、思念、愤怒等极度情感时可用闭目法。

(7)仰视、俯视法

朗诵时，不要总是注视着考官，可以根据稿件内容运用仰视和俯视。如表现长者对后辈的爱护、怜悯与宽容时可把视线向下移；表示尊敬、撒娇、思索或回忆时可把视线向上移。

要特别说明的是，视线的运用是各种方法综合考虑的结果，考生要根据稿件内容的需要，押着感情的节拍，配合有声语言，与手势、身姿等立体进行，协同体现。

2. 脸部表情

人的脸部是一张千变万化、丰富多彩的“情感晴雨表”，细心的考官可以从中读懂考生的感情世界。因此，在朗诵自备稿件时一定要按照作品内容与情感的需要来调整脸部表情。以下是一些常见的脸部表情：

突出下颚表示攻击性行为；

缩紧下颚表示畏惧和驯服；

抚弄下巴表示掩饰不安或胸有成竹；

下颚上抬，把鼻子挺出，是傲慢、自大、倔强的表现；

伤心时嘴角下撇，欢快时嘴角提升，委屈时噘起嘴巴，惊讶时张口结舌，仇恨时咬牙切齿，忍耐时咬住下唇。

如果它们互相配合，综合运用，就能表达愤怒、害怕、高兴、妒忌、喜爱、紧张、骄傲、悲伤、满足、同情等感情。应该注意的是，脸部表情的运用要适度、适事、适情、适时，切忌呆滞麻木、情不由衷、晦涩不明或矫揉造作。

(二)身势语言

身势语言亦称动作语言，是指人们身体的部位(包括手、肩、臂、腰、腹、背、腿、足等)做出的表现某种具体含义的动作。

人的动作与姿态是人的思想感情和文化教养的外在体现。

1. 姿态调整

自备稿件朗诵时，考生不可能纹丝不动，形体应有活动和变化，构成不同姿态，从而表达出不同的情感指向。姿态可以说是自备稿件朗诵时副语言的“指示器”。

自备稿件朗诵时，考生一般采取站立姿态，但朗诵一些台词时也可运用坐式或其他姿态。

自备稿件朗诵站姿的规范：挺胸收腹，精神饱满，气下沉；两肩放松，重心主要支撑于脚掌脚弓上；脊椎、后背挺直；腿绷直，重心位置稳定。

站姿有以下几种：

前进式——这种姿势是自备稿件朗诵时用得最多、使用最灵活的一种站姿。右脚在前，左脚在后，前脚脚尖指向正前方或稍向外侧斜，两脚延长线的夹角呈45度左右，脚跟距离15厘米左右。这种姿势重心不固定，可以随着上身前倾或后移的变化而分别定在前脚与后脚上，不会因时间长、身体无变化而影响美观。另外，采用前进式能使手势动作灵活多变。由于上身可前可后，可左可右，还可转动，这样能保证手做出不同的姿势，表达出不同的感情。

稍息式——一只脚自然站立，另一只脚向前迈出半步，两脚跟之间相距12厘米左右，两脚之间形成75度夹角。采用这种姿势，形象比较单一，重心总是落在后脚上。适宜于长时间站着朗诵中的短时间更换姿势，使身体在短时间里得到放松。一般不宜长时间单独使用，因为它给人一种不严肃之感。

自然式——两脚自然分开、平行相距与肩同宽，约20厘米为宜。

此外还有立正式、丁字式等。

运用坐姿要文雅、大方，落座时要轻盈、和缓，切忌急急忙忙，人未站稳就将屁股重重地坐在椅子上。落座后要保持上身正直，头部平稳。力戒歪斜肩膀、半躺半坐，或两手交叉在胸前等不良姿态。

2. 手势表达

自备稿件朗诵时，得体的手势运用能使考生的主体形象更丰满，使朗诵更富有感染力。急剧而有力的手势，可以帮助考生升华感情；稳健而含蓄的手势，可以帮助考生表明心迹。下面我们了解一下手势的类型。

(1)指示手势

这种手势是用来指示具体对象的，分为实指和虚指两大类。实指是表达者的手势确指，它指的人、事、方向均是在场的人视线所及的。如“我”“你”“我们”“你们”“咱们”“这边”“上面”“地下”“这些”“这一个”等，其中以“我”为中心的动作居多。虚指是指表达者和观众不能看到的，比如“很久很久以前”“在那遥远的地方”等。常用的虚指可伴随“他的”“那时”“后面”等词出现。

(2)模拟手势

用来摹形状物的手势，其特点是“求神似，不求形似”，因此有一定的夸张色彩。比如在一次演讲比赛中，一个演讲者讲述自己由于身患重病没钱医治，一个个素不相识的朋友给他寄来汇款单、物品的故事。在讲到一个年仅五岁的小女孩到医院给他送来一个大梨子时，他热泪盈眶，双手合抱，虚拟出一个大球形，好像这梨子就代表了人们的真情实意。这个手势的信息含量很大，升华了感情。

(3)抒情手势

一种感情强烈的手势，在自备稿件朗诵中运用频率最高。比如：兴奋时拍手称快，恼怒时挥舞拳头，急躁时双手相搓，果断时猛力砍下。

(4)习惯手势

任何一位考生都有一些只有自己才有而别人没有的习惯手势。习惯手势的含义不明确、不固定，有些大方优美，有些则不适宜自备稿件朗诵表达，考生要加强训练，去粗取精。

总之，自备稿件朗诵手势贵在自然，切忌造作；贵在协调，切忌脱节；贵在精简，切忌泛滥；贵在变化，切忌死板；贵在通盘考虑，切忌前多后少或前少后多。

四、着装技巧

参加自备稿件朗诵考试时，考生的着装要体现出良好的精神状态和文明层次，要根据自己的身体形态、个性爱好、年龄、素养等做到大方得体、匀称和谐、新颖独特。基本要求可借用严范孙先生在南开中学亲笔写下的“容止格言”来衡量：“面必净，发必理，衣必整，纽必结；头容正，肩容平，胸容宽，背容直。气象：勿傲，勿暴，勿怠；颜色：宜和，宜静，宜庄。”

(一)款式的选择

考生朗诵时必须全方位地展示自己，要善于通过服装掩盖外形上的缺陷，扬长避短。着装不宜过于成熟，可以选择稍微正式一点、质感好、面料好的衣服。下面我们从体形角度谈谈不同考生服装款式的选择。

矮胖型：着装原则是低领、宽松、深色、轻软。女生注意最好不要穿下摆印花的裙子，上衣或外套可以短一些，穿中跟鞋与深色丝袜可以使两腿修长。要避免上身与下身的颜色反差太大，冬天可根据朗诵内容选戴围巾等配饰。裙子不宜太长，质地要柔软，上衣以 V 领为佳，袖口宜小。男生适合穿西裤，给人以优雅、稳重之感。

矮小瘦弱型：不能穿太宽大的上衣，可选穿浅灰色、浅黄、卡其色、白色等有膨胀感颜色的衣服，穿直筒型裤子遮盖略高的鞋跟。

高长消瘦型：这种类型的男生穿夹克很合适，内搭可选择有膨胀感的色调，或带有细格条纹和大方格的上衣，裤子不宜过于肥大。女生不要穿窄腰或领口很深的连衣裙，图案不宜选直线条的。胸部瘦小者，不要穿紧身服装。

特型：主要指与一般体形有较大差异的体形，比如驼背、臀围特大等。驼背者最好不要在服装背后开口，可用大领子起遮掩作用。臀部外翘者男生要少束腰带在裤外。臀部过于肥大者宜穿浅色上衣，深色裤子或裙子，以达到上下和谐的目的。臀部过小者宜穿宽松的裤子和裙子，不适合穿紧身衣裤。

(二)颜色的搭配

考生衣着打扮的颜色与自备稿件朗诵的主题相协调，能激发积极的情感。不同的色彩能引起人们不同的联想，产生不同的心理感受。比如朗诵一篇基调严肃、沉重的文章，身着红色的衣物就显得有些突兀。因此，自备稿件朗诵时应根据朗诵内容、环境等因素来进行衣着、饰物方面的搭配。

白色给人纯真、洁净的感觉，黑色给人文雅、庄重的感觉，紫色给人神秘、轻佻的感觉，绿色给人恬静、新鲜的感觉，红色给人热情、喜庆的感觉，蓝色给人冷静、睿智的感觉。

自备稿件朗诵时不宜仅以单色调打扮，应在某一色调的基础上求得变化。但配色时也不要太杂，一般不超过三个颜色。黑色和白色几乎可以和任何颜色搭配。常见的服装配色方法有亲近色调组合法与对比色调组合法两种。

亲近色调组合法：将颜色相似，但深浅浓淡不同的颜色组合在一起，这是一种常用的、比较安全的配色方法。如深蓝色与浅蓝色、黄色与黄橙色、水蓝色与烟灰色等。

对比色调组合法：以一色衬托另一色，互相陪衬，相映成趣。如黄色配深绿色、樱桃色配天蓝色、黄绿色配红紫色等。

另外，还要强调的一点是，考生的衣物配色要考虑到上镜的效果。现在大部分播音与主持艺术专业和影视表演专业在考试时都有上镜的要求，有的衣服上镜会显得很不和谐，比如条纹图案的衣服就不适合上镜。

(三)鞋子的选择

自备稿件朗诵时，鞋子对考生的情绪影响很大。当我们穿上一双合适的鞋子，自信地走上考场时，自然胸有成竹。选择鞋子不宜盲目追求式样的新潮，而要适合自己的脚形，还要考虑到整体造型与朗诵内容的契合。

脚大的人不宜穿白色的鞋子，白色有一种膨胀感，灯光一照更是显眼。

朗诵时，考生穿皮鞋的较多。无论是男生穿西装、夹克，还是女生穿裙装、裤装都可以穿皮鞋。穿皮鞋朗诵显得端庄、高雅、大方。要注意鞋子与衣物颜色相配，并保证皮鞋的清亮。女生如果穿高跟鞋，要注意走路声音不能太响，以免上场时不协调的响声影响考官的情绪。另外，高跟鞋的鞋跟不能太高，太高不利于运气发声。

选好鞋子后还要注意袜子的搭配，女生穿裙子宜穿裤袜，裤袜的颜色一般与肤色接近即可。男生一般穿深色袜子为宜。

除此之外，考试时不适合戴配饰，项链、戒指、耳环、手链等都不宜佩戴。

NO.2

中编

自备稿件的朗诵指导

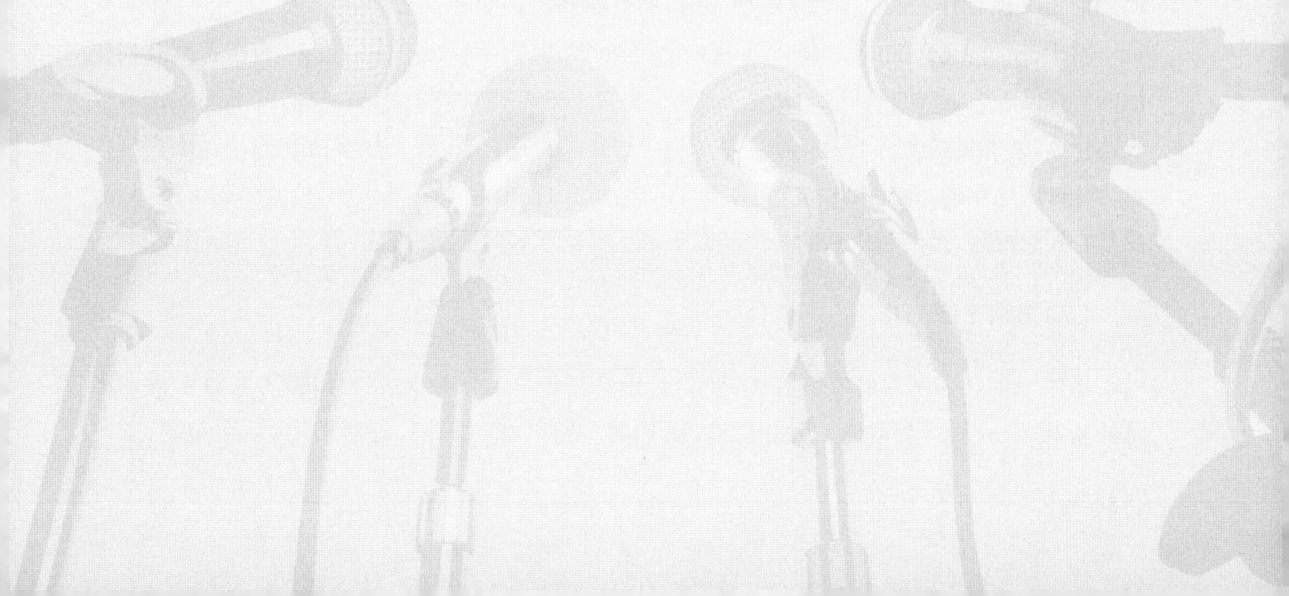

第四章　古代诗文的朗诵指导

古代诗文相对于其他一些现代作品而言，难度较大，稿件选择的范围偏少，而且考官一般对这些稿件也比较熟悉。所以，古代诗文是自备稿件朗诵考试时考生使用较少的一种体裁。但是，如果有自己非常喜欢，又很适合自己的音色，而且也能够驾驭得了的古代诗文，我们也可以选取它为自备稿件。

一、古代诗文的朗诵方法与技巧

古代诗文是一种有声韵、有歌咏的文学体裁，是我国最早出现的文学样式，它源于原始人的劳动呼声。在艺术类专业考试自备稿件朗诵这个环节，考生可以根据自己的文体爱好、音色特征、情感倾向、技巧把握等因素，适当地考虑古代诗文。古代诗文的语言凝练，节奏铿锵，主题鲜明，想象丰富，意境深邃，朗诵时要把握好以下几点：

(一)理解准确

理解准确是指准确理解作者的创作意图、写作背景以及要表达的思想感情等。语言是人类传情达意的工具，要想朗诵好一个作品，准确地理解作品是前提条件。在准确理解作品的基础上，还要根据本人直接或间接的生活经验有自己独特的理解。因为作者是一度创作，而朗诵是二度创作，要想让朗诵生动，就必须给作品以灵魂和生命力。

对于古代诗文来说，理解是否准确对于朗诵的好坏起着决定性作用。因为作者离我们生活的年代已经久远，而且使用的又是文言文，如果不能准确地理解作品，我们就不知道作者要表达什么，朗诵也就无从下手。除了要准确理解作品全篇之外，我们还要逐句逐字地去理解作者为什么用这个词，为什么用这个字。语言表达就是这样，越形象越生动，越具体越可感，只有反复去揣摩推敲，做到对作品的全局和细节都了如指掌，才能真正准确而独特地理解作品。

(二)感情充沛

格律诗词具有巨大的情感容量，凝聚着作者在创作上的巨大艰辛和感情上对生活的丰富体验，所以一般思想明确、感情充沛。朗诵时一定要深刻理解，有感而发，字斟句酌，反复推敲。例如苏轼的《念奴娇·赤壁怀古》，这首词以磅礴的气魄、雄浑的格调，塑造了一个英姿勃发的人物形象，流露出作者有志报国、壮志难酬的感慨。文章境界宏大、气魄空前，朗诵时要热情饱满，语调昂扬，音域开阔。

（三）分好音步

音步是指一句诗用停顿分成的段落，音步确定后就会产生节奏。分析诗词的音步，是格律诗词朗诵最基本的一环。例如王之涣的《登鹳雀楼》一诗，节奏稳定，音步划分整齐。

白日/依/山/尽，黄河/入/海/流，

欲穷/千里/目，更上/一层/楼。

分好音步、掌握节拍后，可以把诗句中极其短暂的间歇和较短的拖音表现出来，使人感觉到句式的变化，产生强烈的节奏感。

（四）合辙押韵

格律诗要求押韵，即同韵的字在适当的地方有规律地重复出现，从而使作品音响联结而成一个和谐的整体，既能增加音韵之美，也能加深感情的浓度。押韵的尾音叫韵脚，韵脚是调节节奏的一种手段。韵脚密，节奏就急促；韵脚疏，节奏就缓慢。表达时要注意：节奏快时，要把韵脚读得响亮、清晰；节奏慢时，要把韵脚的音节稍稍拖长，平仄分明。

（五）平仄相对

格律诗的每个字的声调、平仄搭配很有规律。平声包括阴平和阳平两个声调，仄声包括上声和去声两个声调。平声字声调高昂而舒徐，仄声字声调降抑而急促，平仄相间，高低升降，互为映衬，使音韵铿锵，语气优美。朗诵时，平声悠扬绵长，仄声顿挫收敛，表现出一咏三叹的情调，听起来整齐优美、和谐悦耳。自备稿件一般不选五言绝句、七言绝句等太短的格律诗，要选篇幅长一些的。

二、古代诗文朗诵作品指导

短歌行

〔三国〕曹 操

对酒当歌，人生几何！譬如朝露，去日苦多。慨当以慷，忧思难忘。何以解忧？唯有杜康。青青子衿，悠悠我心。但为君故，沉吟至今。呦呦鹿鸣，食野之苹。我有嘉宾，鼓瑟吹笙。

明明如月，何时可掇？忧从中来，不可断绝。越陌度阡，枉用相存。契阔谈讌，心念旧恩。月明星稀，乌鹊南飞。绕树三匝，何枝可依？山不厌高，海不厌深。周公吐哺，天下归心。

朗诵指导

曹操(公元155—220年),字孟德,“建安文学”开创者之一。其散文简约质朴、清俊洒脱,诗歌慷慨悲凉、气势雄伟。在其政治活动中,曹操曾大力强调“唯才是举”,为此先后发布了“求贤令”“举士令”“求逸才令”等,而《短歌行》实际上就是一曲“求贤歌”。正因为运用了诗歌的形式,含有丰富的抒情成分,所以起到了独特的感染作用,有力地宣传了曹操的主张,配合了他颁发的政令。

此诗紧扣“忧思”二字落笔,曲曲折折,意曲情密。生命的短促和事业的艰难、求贤若渴和贤士难得等矛盾错综交织,形成跌宕悠扬、苍凉深沉的旋律。全诗一共三十二句,我们可以把每八句分为一小节,总共分成四个小节来理解。

第一小节表达了曹操对人生苦短、时不我待的感慨。朗诵时,宜微吟低唱,略带伤感。在诗的第二、三小节,诗人流露出求贤不得的忧虑。朗诵时,语气要真诚,节奏比第一小节稍快。诗的第四小节,诗人进一步表达了希望招揽天下贤才的迫切愿望。朗诵时,结尾情感高涨处应读得慷慨激越,特别是“周公吐哺,天下归心”这句,力求掷地有声,字字千钧,从而显现出一代政治家的雄才伟略。

此文适合音色浑厚的男生朗诵。

蜀道难

〔唐〕李 白

噫吁嚱,危乎高哉!蜀道之难,难于上青天!蚕丛及鱼凫,开国何茫然!尔来四万八千岁,不与秦塞通人烟。西当太白有鸟道,可以横绝峨眉巅。地崩山摧壮士死,然后天梯石栈相钩连。上有六龙回日之高标,下有冲波逆折之回川。黄鹤之飞尚不得过,猿猱欲度愁攀缘。青泥何盘盘,百步九折萦岩峦。扪参历井仰胁息,以手抚膺坐长叹。

问君西游何时还?畏途巉岩不可攀。但见悲鸟号古木,雄飞雌从绕林间。又闻子规啼夜月,愁空山。蜀道之难,难于上青天,使人听此凋朱颜!连峰去天不盈尺,枯松倒挂倚绝壁。飞湍瀑流争喧豗,砯崖转石万壑雷。其险也如此,嗟尔远道之人胡为乎来哉!

剑阁峥嵘而崔嵬,一夫当关,万夫莫开。所守或匪亲,化为狼与豺。朝避猛虎,夕避长蛇,磨牙吮血,杀人如麻。锦城虽云乐,不如早还家。蜀道之难,难于上青天,侧身西望长咨嗟!

朗诵指导

李白的《蜀道难》是一篇脍炙人口的杰作,诗人以奔放酣畅的语言,表现了蜀道上奇丽惊险的山川,感情炽烈、想象丰富、动人心魄。

诗篇一开始“噫吁嚱,危乎高哉!蜀道之难,难于上青天!”以强烈的咏叹语气表达了诗人对蜀道艰难的总体感觉。可用强气音读前面三字,“危乎高哉”语调高昂,一字一顿,两个“难”字要着意强调。开篇三句,应为全篇奠定高远的基调。

从“上有六龙回日之高标”至“使人听此凋朱颜”，着重描写山势的高危——逶迤、峥嵘、高峻、崎岖。而这一险势是由山下冲波激浪的河川，人们艰难的行走、惶悚的神情来表达的。因此朗诵这些诗句时要揣摩感受，符合现实。如“扪参历井仰胁息，以手抚膺坐长叹”两句均可按“四三”式处理音步，每句前四个字快速朗诵，后三个字慢慢送出，以快慢的强烈对比表达蜀道的惊险之感。

从“连峰去天不盈尺”至全篇结束，主要渲染惊险的气氛——风光变幻、险象丛生。朗诵时，要承接以上内容与情感基调而来，并按螺旋递进的方式层层推进，语调慢慢上扬，语速逐渐加快，音量增大，表情达意之中，不仅仅是描摹山川景致，更是寄情山水、慨叹人生，抒发自己的理想感受。

要特别提及的是，这首诗大量运用散文化诗句，字数从三言、四言、五言、七言到十一言不等，参差错落，奔放热烈。诗的用韵也一改一韵到底的程式，极尽变化。朗诵时要丢开程式化的拘囿，快慢得体，升降灵活，轻重有致，以此反映蜀道的险峻难逾和诗人寄情山水、放浪形骸的浪漫主义激情。

此文适合音色高亢、音域宽广的男生朗诵。

水调歌头

〔宋〕苏 轼

丙辰中秋，欢饮达旦，大醉，作此篇，兼怀子由。

明月几时有？把酒问青天。不知天上宫阙，今夕是何年。我欲乘风归去，又恐琼楼玉宇，高处不胜寒。起舞弄清影，何似在人间。

转朱阁，低绮户，照无眠。不应有恨，何事长向别时圆？人有悲欢离合，月有阴晴圆缺，此事古难全。但愿人长久，千里共婵娟。

朗诵指导

苏轼，豪放派大家。在《水调歌头》一词中，苏轼运用形象描绘的手法，营造出一种皓月当空、美人千里、孤高旷远的境界氛围，把自己遗世独立的情绪和往昔的神话传说融合一处，在月的阴晴圆缺中，渗透进浓厚的哲学意味。此词通篇咏月，却处处涉人。因此，朗诵时要充分体会作者的情感变化，把握好写景与抒情之间的关系，设身处地地融入作者营造的氛围当中，去想象画面，并体会作者的所思所想。

在上阕中，作者借明月自喻清高，因此朗诵时不能太深沉缓慢，应高昂坚定，读出清高、浪漫的气势。“几时”“把酒”“乘风”“起舞”等词要重读，以充分反映其浪漫主义色彩。在下阕中，作者用圆月衬托别情，在朗诵“转朱阁，低绮户，照无眠”时，语调要低沉、缓慢，体现其思念亲人之情。但作为豪放派词人，作者是不会长时间沉湎于思念之情中的，因此在“何事长向别时圆”后，语调应提升，语势强烈，直到最后一句“但愿人长久，千里共婵娟”达到情境融合的高潮。

这首词适合音色浑厚的男生或者声音厚实的女生朗诵。

声声慢

〔宋〕李清照

寻寻觅觅,冷冷清清,凄凄惨惨戚戚。乍暖还寒时候,最难将息。三杯两盏淡酒,怎敌他、晚来风急!雁过也,正伤心,却是旧时相识。

满地黄花堆积,憔悴损,如今有谁堪摘?守着窗儿,独自怎生得黑?梧桐更兼细雨,到黄昏、点点滴滴。这次第,怎一个愁字了得!

朗诵指导

李清照,南宋著名女词人。《声声慢》为李清照晚年名作,此时的作者经历了国家危亡,故乡沦陷,丈夫病逝,金石书画全部散失。自己流落在逃难的队伍中,饱经离乱。这首词主要抒发了她饱经忧患、孤独无依的悲愁。朗诵时必须深刻体会到作者的情感,表达出如泣如诉的效果。

词的起句创意出奇,连叠十四字“寻寻觅觅,冷冷清清,凄凄惨惨戚戚”与后面“点点滴滴”四叠字相呼应,用齿音以加强叮咛的声乐感,表达时声调稍低沉,最后“戚戚”用下降调吐气以突出诗人百无聊赖、心神不定的神志,表现诗人悲伤愁绝的心情。正是因为这种心情,使作者感到“乍暖还寒时候,最难将息”,读此句时语速稍缓,且略有停顿,将作者的无奈与苦闷表达出来。在这万般无奈之下,作者以“三杯两盏淡酒”御寒,“三”“两”“淡”这三字应重读,以突出“晚来风急”,肯定地回答“怎敌”二字。接着由强烈的反问语气降到低缓的语气,感情陷入回忆的深思中,徐徐道出:“雁过也,正伤心,却是旧时相识。”

下阕,作者更是寓情于景,连用两个问句,答案其实就蕴藏在问句里面。所以“满地黄花堆积,憔悴损,如今有谁堪摘?”中的“满”“堆积”“损”应重读,以渲染一种悲凉心酸的意境,从而生发强烈感慨“如今有谁堪摘”。而承上文的“守”字也同样需加重语气,“独自怎生得黑”一句,语速加快,语调上扬,最后落在“黑”的重音上。接着,随着作者感情波浪的起伏,用平缓、低沉的语调刻画出一幅“梧桐、细雨、黄昏”的秋景,这愁的树、愁的雨、愁的夜,最终激起作者强烈的感慨,“这次第,怎一个愁字了得!”“愁”字应重读且音稍长,“怎一个”较重,语速放慢,最后“了得”则一语带过,留给读者回味、遐想的空间。

这首词适合女生朗诵。

满江红

〔宋〕岳 飞

怒发冲冠,凭栏处、潇潇雨歇。抬望眼,仰天长啸,壮怀激烈。三十功名尘与土,八千里路云和月。莫等闲、白了少年头,空悲切!

靖康耻，犹未雪。臣子恨，何时灭！驾长车，踏破贺兰山缺。壮志饥餐胡虏肉，笑谈渴饮匈奴血。待从头、收拾旧山河，朝天阙。

朗诵指导

民族英雄岳飞的事迹家喻户晓，这首词更是人人皆知的英雄礼赞。当时，女真族奴隶主统治集团发动掠夺战争，给中原人民带来了深重的灾难，破坏了国家的统一和完整。面对破碎的山河，词人心中充满深仇大恨，决心以实际行动收复中原大地，这首词就是他用生命和鲜血写下的豪迈誓言。朗诵这首词要高昂、壮烈，充满悲愤豪迈之气概。

词的起句悲壮，一个“怒”字奠定基调，应突然爆发，气壮山河。起句要重读，“潇潇”二句延长轻缓，表达凄清之感；“抬望眼，仰天长啸，壮怀激烈”三句悲不能已，朗诵时，气势强劲，惊天动地。接下来，三十功名、八千里路，不愿等闲白了少年头，报国壮志激情满怀，流露出辛苦报国、时不我待之感，朗诵时应一气呵成。

词的下阕直言报仇雪耻之壮志，气若长虹。“靖康耻，犹未雪，臣子恨，何时灭”四句语速放慢，语调沉重，要咬住牙，字字用力，表达出国耻未洗的沉痛心情。后面几句表现了作者的英雄主义气概，朗诵时要有气冲霄汉的气势，也要带着对敌人的蔑视。最后两句可转为相对平和但很坚决的语调，表达作者报效国家的一片赤子之心，朗诵时应如江河直泻，气势磅礴。

这首词适合音色高亢、音域宽广的男生朗诵。

沁园春·雪

毛泽东

北国风光，千里冰封，万里雪飘。望长城内外，惟余莽莽；大河上下，顿失滔滔。山舞银蛇，原驰蜡象，欲与天公试比高。须晴日，看红装素裹，分外妖娆。

江山如此多娇，引无数英雄竞折腰。惜秦皇汉武，略输文采；唐宗宋祖，稍逊风骚。一代天骄，成吉思汗，只识弯弓射大雕。俱往矣，数风流人物，还看今朝。

朗诵指导

《沁园春·雪》这首词是毛泽东于1936年2月所作的。当时，毛泽东率领红军长征部队胜利到达陕北，准备渡河东征，开赴抗日前线。为了视察地形，毛泽东登上白雪覆盖的塬上，当“千里冰封”的大好河山和白雪皑皑的塬地展现在他眼前时，不禁感慨万千，诗兴大发，欣然提笔，写下了这首豪放之词。这首词内容深广，含量巨大，上下五千年，纵横数万里。朗诵时速度要慢，语调要高，气势要强。

上阕开篇三句，缓缓起诵，逐渐升高，“北国”“千里”后停顿，“冰”“万”“雪”加重，“飘”延长，在观众面前展示出茫茫北国、白雪皑皑之景。接下来从不同角度描写了北国冰天雪地的景致，“望”要延长一拍读，并音断意连，统领下文。接连几句均可按“二二式”划分音步，“长城内外”速度减慢,“大河”“滔滔”音量提高,“试比高”用升调缓缓诵出。“须晴日,看红装素裹,分外妖娆”,想象祖国美景如画,前途辉煌。朗诵时应气满声高,速度徐缓,“看”字延长,“分外”重读。

下阕开始两句意连上阕,启引下文,要注意语气。“如此”重读,“引”放慢延长后停顿。接下来评说历史,语调平直,“惜”停顿,“略输”“稍逊”“只识”三处稍稍加重,以曲折调式诵出。“俱往矣,数风流人物,还看今朝”三句感叹过去,瞩目现在,向往未来。第一句要用强气音体现,后两句语调高昂,感情奔放,“看”后停顿,“今朝”延长重读。

这首词考生均可朗诵。

小石潭记

〔唐〕柳宗元

从小丘西行百二十步,隔篁竹,闻水声,如鸣珮环,心乐之。伐竹取道,下见小潭,水尤清洌。全石以为底,近岸,卷石底以出,为坻,为屿,为嵁,为岩。青树翠蔓,蒙络摇缀,参差披拂。

潭中鱼可百许头,皆若空游无所依,日光下澈,影布石上。佁然不动,俶尔远逝,往来翕忽,似与游者相乐。

潭西南而望,斗折蛇行,明灭可见。其岸势犬牙差互,不可知其源。

坐潭上,四面竹树环合,寂寥无人,凄神寒骨,悄怆幽邃。以其境过清,不可久居,乃记之而去。

同游者:吴武陵,龚古,余弟宗玄。隶而从者,崔氏二小生,曰恕己,曰奉壹。

朗诵指导

《小石潭记》是唐朝诗人柳宗元的作品,记叙了作者游玩小石潭的整个过程。作者在写景中传达出他贬居生活中孤凄冷寂的心境,是一篇情景交融的佳作。

朗诵时要把握情感的阶段性变化,“隔篁竹,闻水声……心乐之”,此时作者的心情是比较开心的,因为听见了如佩环撞击的水声。而后“伐竹取道,下见小潭……参差披拂”,描写了小潭周围清冷的环境。“潭中鱼可百许头……乃记之而去”,小鱼、清水、岸势、竹树等意象,无不渗透着作者的感受和情怀:这远离尘世的小石潭虽然充满了生机,但和“我”一样无人赏识。欢乐只是暂时的,一经凄凉环境的触发,作者忧伤悲怆的心情又不自觉地流露出来。朗诵时应用娓娓道来的语气描述景色,声音中透露出些许凄苦和无奈。

本文画面感较强,情感较为单一,相对来说比较容易把握,考生均可朗诵。

第五章　现当代诗歌的朗诵指导

诗歌是大众喜闻乐见的一种朗诵体裁，无论是在电视、广播里，还是舞台上和生活中，诗歌朗诵都广泛存在。在自备稿件朗诵这个环节，诗歌也是考生最常选择的体裁之一。

一、诗歌的朗诵方法与技巧

诗歌是一种常见的文学样式，它以凝练的语言、强烈的感情、飞腾的想象、和谐的节律、深邃的意境来高度集中地反映现实生活。诗歌的篇幅一般不长，而且较古代诗文而言，朗诵者更容易理解，也更容易抒发感情，展现自己的语言表达能力，因此很多考生选择诗歌作为考试的自备稿件。

从内容角度看，诗歌包括叙事诗和抒情诗两大类。叙事诗一般有比较完整的故事情节和人物形象，通过对具体生活的描写来表达作者的思想感情，包括史诗、诗剧、故事诗、童话诗、寓言诗等；抒情诗一般直接抒发作者的思想感情，反映社会生活，包括颂诗、挽歌、情歌、讽刺诗等。虽然现代诗在结构、节奏、韵律方面没有古典格律诗要求那么严格，但也要有一定的节奏，押大致相近的韵。另外，还有一种诗体——散文诗，它是一种用散文形式写的诗篇，兼有散文与诗歌的特点，一般篇幅短小，有诗的意境，但不分行，不押韵。

在选取诗歌作为自备稿件时，篇幅太短的一般不作考虑，篇幅太长的作品，如果情感鲜明、层次清晰、语言表现力强，我们可以用节选或删改的方式把它作为自备稿件。

诗歌有自身独特的朗诵方法与技巧。

（一）把握情感基调

诗歌一般饱含着充沛而丰富的激情。艾青说："对生活所引起的丰富的、强烈的感情是写诗的第一条件，缺少了它，便不能开始写诗。"诗的感情总有一定的倾向性，要么雄浑、豪迈，要么哀婉、悲伤，要么喜悦、欢乐，要么愤慨、恼恨……这就形成了诗歌的情感基调。如台湾诗人余光中的《乡愁》是一首怀念祖国、渴望回归大陆的爱国诗篇，它以一种民谣的形式，倾吐了诗人渴望祖国统一的强烈愿望，基调是深沉而忧郁的。

(二)理清结构层次

把握好基调后,要进一步对诗歌的内容与结构进行分析,理清其情感变化的层次。如《乡愁》这首诗采用了我国民歌层层递进、对比互衬的写作方法,“小小”“窄窄”“矮矮”“浅浅”分别修饰邮票、船票、坟墓、海峡,短短的十六行诗就有八个“头”字作结尾,显示出鲜明的节奏感。

(三)充分想象并展示意境

诗歌以简洁的形式反映社会生活,并通过典型画面激发读者想象的方式来完成艺术形象的塑造。朗诵时要借助丰富的想象力和饱满的激情,展现出“借景抒情,景中有情,情景交融,诗情画意”的生动形象。如徐志摩的《再别康桥》,意境柔美朦胧。朗诵时,我们要通过或轻或重、或抑或扬、迂回缓荡的技巧,声声传情,步步入境,从而把诗歌中那种美妙的意境和缤纷的形象展示给受众。

(四)朗诵出节奏和韵律

节奏是诗歌的生命,富于音韵美的诗歌节奏是由舒展的音节、恰当的停连、变化多样的语气共同构成的。正确把握节奏就是对诗中的音节进行恰当的划分,用有规律又充满变化的语调表现丰富的感情色彩。

远远的/街灯/明了,
好像/天上的/明星,
天上的/明星/亮了,
好像/点着/无数的/街灯。

优美的语句展示出美妙无比的空中幻景,轻松而舒缓的节奏给受众带来无比美好的遐想。朗诵前要细细品味,划分好音节,渐入意境。

注意,有些诗歌的节奏体现在层次与层次、诗节与诗节之间的停顿和节拍的对称上,有的则体现在几个大的情节的回环往复上,如《渔夫和金鱼的故事》,朗诵时要整体把握,唯其如此,才能读出鲜明的节奏来。

二、诗歌朗诵作品指导

乡 愁

余光中

小时候
乡愁是一枚小小的邮票
我在这头
母亲在那头

长大后
乡愁是一张窄窄的船票
我在这头
新娘在那头

后来啊
乡愁是一方矮矮的坟墓
我在外头
母亲在里头

而现在
乡愁是一湾浅浅的海峡
我在这头
大陆在那头

【朗诵指导】

余光中，台湾诗人，1928 年生于江苏南京，1948 年随父母迁香港，次年赴台。多年来，余光中写了许多以乡愁为主题的诗篇，《乡愁》就是其中情深意长、音调动人的一曲。

全诗分为四个部分，诗人把成长历程中各个不同时期思乡的情感淋漓尽致地抒发在字里行间：从思念家乡的母亲、新娘写起，再升华到思念祖国，渴望祖国统一。因此，这首诗在今天仍有很强的现实意义。朗诵这首诗，要注意以下几个方面：

第一，层次分明。这首诗从“小时候”“长大后”“后来啊”“而现在”四个层次来写乡愁，要把握好不同时间、不同地点、不同对象的心态变化。

第二，情感真挚。俗话说：“言为心声。”作者把思乡、思亲、渴望祖国统一几种感情糅合在一起，使全诗充满了浓郁的感情色彩，这决定了朗诵者必须是个“有情人”，朗诵时不可感情平淡、言不由衷，更不能矫揉造作、拿腔拿调。

第三，节奏舒缓。朗诵时，语速不宜过快，节奏不可太急，要随着诗歌感情的变化而变化，做到抑扬顿挫、节奏鲜明。

第四，变化有致。这首诗表面上看来四部分差不多，其实不然。本诗的高潮在最后一部分，这部分是作者情感的升华，也是朗诵感情的最高点。因此，这部分要重点体现，特别是最后一句“大陆在那头”，要延长读音，引起人们无限的遐想。

此诗适合声音沉稳的考生选取为自备稿件。朗诵时，如果能配合一些背景知识介绍并正确运用一些艺术手段如音乐、音效，效果会更好。

天上的街市

郭沫若

远远的街灯明了，
好像是闪着无数的明星。
天上的明星现了，
好像是点着无数的街灯。

我想那缥缈的空中，
定然有美丽的街市。
街市上陈列的一些物品，
定然是世上没有的珍奇。

你看，那浅浅的天河，
定然是不甚宽广。
那隔着河的牛郎织女，
定能够骑着牛儿来往。

我想他们此刻，
定然在天街闲游。
不信，请看那朵流星，
是他们提着灯笼在走。

【朗诵指导】

《天上的街市》这首诗最初发表于 1922 年 3 月。这时,五四运动高潮已过,面对“冷酷如铁,黑暗如漆”的社会现实,郭沫若写下了这首诗。本诗形象鲜明,语言精练,洋溢着对革命的激情,深刻地表现了诗人虽然目睹当时社会的黑暗,思想上有些感伤,但并不绝望,仍执着寻求光明和理想的不屈不挠的精神。

诗的第一段写诗人幻想革命的灯火依然存在,并且不断地燃烧扩大,成燎原之势。因此,首句“远远的街灯明了”声音应比较柔和、深沉,接下来“好像是闪着无数的明星”应强调,给人一种不可抗拒的力量,“闪”字慢读,给人灵动之感,接下来两行语速可稍快。

第二段表明诗人想在超出世俗的空间里寻求和平。因此,朗诵时语调要平稳、深切,以幻想、思索的语气贯穿其中,第二句“定然有美丽的街市”,节奏稍快。

第三段与第四段拿牛郎织女来打比方,形象地说明中国革命事业会不断地蓬勃发展,光明一定会战胜黑暗。朗诵时,节奏要明快、一气呵成,特别是“定能够骑着牛儿来往”一句语调应沉着稳健,充满信心。最后两句是诗人浪漫的畅想,语调逐渐上扬,强调“看”字,整体上要读得亲切、舒张,然后逐渐放慢速度,缓缓收音。

本诗考生均可选取为自备稿件。

再别康桥

徐志摩

轻轻的我走了,
正如我轻轻的来;
我轻轻的招手,
作别西天的云彩。

那河畔的金柳,
是夕阳中的新娘;
波光里的艳影,
在我的心头荡漾。

软泥上的青荇,
油油的在水底招摇;
在康河的柔波里,
我甘心做一条水草!

那榆荫下的一潭,
不是清泉,是天上的虹;
揉碎在浮藻间,
沉淀着彩虹似的梦。

寻梦?撑一只长篙,
向青草更青处漫溯;
满载一船星辉,
在星辉斑斓里放歌。

但我不能放歌,
悄悄是别离的笙箫;
夏虫也为我沉默,
沉默是今晚的康桥!

悄悄的我走了,
正如我悄悄的来;
我挥一挥衣袖,
不带走一片云彩。

【朗诵指导】

徐志摩是中国现代文学史上“新月派”的灵魂人物,他擅长描写爱情,着意歌咏大自然,

《再别康桥》是徐志摩的代表作之一。作者把自己复杂的情感熔铸到各层的景色描绘中，寓情于景，情景交融，创造了优美的意境，诗的语言具有抑扬顿挫、轻盈委婉的音乐美。所以朗诵时，应以作者的情感变化为主线，运用停连、轻重、节奏、语调等技巧再现诗中的意境美和韵律美。

朗诵第一小节语速较慢，语气柔缓，“轻轻的”宜采用重音轻读的形式，加上适当的气音效果更好，把受众引入佳境。接下来三节，诗人执意寻找“彩虹似的梦”，选取“金柳”“青荇”“潭水”三个美丽的意象，呈现出理想之境，在寻梦的过程中重温少年意气。从“那河畔的金柳”开始，可采用稍稍上扬的语调，语气柔和，“荡漾”二字“荡”字拖长，“漾”字音量减弱，虚实相生，造成动感，令人犹如身临其境。“在康河的柔波里”音如字义，柔缓道出。“我甘心做一条水草！”加强语气，“甘心”重读，表现诗人愿意融入康河的眷恋之情。“寻梦？”用升调，“在星辉斑斓里放歌”节奏逐渐增快，“但”字后稍停顿，表明诗人重回现实，“沉默是今晚的康桥！”可用平直调，突出诗人的眷恋和无奈。诗的最后一节，语速极慢，“悄悄的”仍用气徐声柔的方法朗诵。最后一句语调、语气逐渐明朗。整首诗押韵合辙，极富韵律美，韵脚应重读，以突出音韵和谐、流畅动听的韵律感。

本诗适合音色优美、情感细腻的考生选取为自备稿件，其英文版也很适合朗诵，报考英汉双播专业的考生可以选用。

我的“自白”书

陈　然

任脚下响着沉重的铁镣，
任你把皮鞭举得高高，
我不需要什么自白，
哪怕胸口对着带血的刺刀！
人，不能低下高贵的头，
只有怕死鬼才乞求“自由”。
毒刑拷打算得了什么？
死亡也无法叫我开口！
对着死亡我放声大笑，
魔鬼的宫殿在笑声中动摇。
这就是我——一个共产党员的自白，
高唱凯歌埋葬蒋家王朝。

【朗诵指导】

1948 年 4 月，中共地下党员、《挺进报》特别支部书记陈然被捕。在狱中，陈然受尽种种酷刑，但始终只承认《挺进报》从编辑、印刷到发行，全部是他一人所为——他决心牺牲自己，保护组织和同志们。敌人用威胁利诱的办法要他写自白书，陈然拿起笔，写下了这首惊天动地的诗篇。

这是发自革命者心灵深处的豪言壮语，惊天地、泣鬼神。全诗基调慷慨激昂，既表达了对蒋家王朝的蔑视，又表达了自己绝不屈服的决心和对革命必将胜利的信心。

朗诵时，语气要高亢、雄浑。但这种高亢不是任感情无限泛滥，而是一种充满悲壮美的高亢。诗人戴着枷锁，困在牢笼，饱受折磨，这种深沉的情感一定要表现出来。

另外,朗诵这首诗时,要注意停顿和连接的技巧。比如,同样是写面对敌人的酷刑,“任脚下/响着/沉重的铁镣,任你把皮鞭/举得/高高”这两句心理的停顿可稍长,以显示共产党人面对敌人毒刑拷打时的从容镇定;而“毒刑拷打算得了什么?死亡也无法叫我开口!”这两句则可以使用连接的技巧(两句不换气,或快吸气连在一起读),这样可以真切表达出一名共产党员坚定的革命信仰以及对敌人威逼利诱的不屑。

此诗适合音色高亢的男生或声音厚实的女生选取为自备稿件。

有的人

——纪念鲁迅有感

臧克家

有的人活着,
他已经死了;
有的人死了,
他还活着。

有的人
骑在人民头上:“呵,我多伟大!”
有的人
俯下身子给人民当牛马。

有的人
把名字刻入石头想“不朽”;
有的人
情愿作野草,等着地下的火烧。

有的人
他活着别人就不能活;
有的人
他活着为了多数人更好地活。

骑在人民头上的,
人民把他摔垮;
给人民作牛马的,
人民永远记住他!

把名字刻入石头的,
名字比尸首烂得更早;
只要春风吹到的地方,
到处是青青的野草。

他活着别人就不能活的人,
他的下场可以看到;
他活着为了多数人更好地活着的人,
群众把他抬举得很高,很高。

【朗诵指导】

《有的人》是当代著名诗人臧克家1949年11月写的献给新中国的第一首诗。该诗为纪念鲁迅逝世13周年而创作。整诗采用对比的手法,表达了作者对鲁迅崇高人格的敬仰之情,鞭挞了旧社会欺压人民的反动统治者,蕴含着深刻的人生哲理。朗诵时,要扣住这首诗深沉的思想感情,把握好语速的快慢、语调的抑扬和重音的变化。

全诗取中慢速度来表达,以充分展现作品深沉的思想意境。诗眼之句更要注意,如“有的人活着/他已经死了/有的人死了/他还活着”等句朗诵要慢,不可太急。

语调处理要变化有致。全诗以下降调和上扬调为主,每段的前一小节语调要高扬一点,如“有的人/骑在人民的头上”和“呵,我多伟大”等处语调快速高扬并带曲折,表现出“有的人”的狂傲和自大；每段的后一小节语调下降，如“有的人/俯下身子/给人民当牛马”表达出鲁迅为了人民的幸福而默默无闻工作、敢于牺牲自我的精神，使这两种人形成鲜明对比。

全诗重音较多，但不同的重音有不同的处理方法。如“死”“活”“呵，我多伟大”“不朽”要重音重读，而有的句子如“人民永远记住他”宜重音长读。再比如最后的“很高，很高”，前一个“很高”重读，后一个“很高”一字一顿地读，这样有助于强化诗歌的主题。

此诗考生均可选取为自备稿件。

我爱这土地

艾　青

假如我是一只鸟，
我也应该用嘶哑的喉咙歌唱：
这被暴风雨所打击着的土地，
这永远汹涌着我们的悲愤的河流，
这无止息地吹刮着的激怒的风，
和那来自林间的无比温柔的黎明……
——然后我死了，
连羽毛也腐烂在土地里面。

为什么我的眼里常含泪水？
因为我对这土地爱得深沉……

【朗诵指导】

艾青是土地的歌者，“土地”是他诗中出现最多的两个意象之一（另一个是“太阳”）。对“土地”的热爱，是艾青作品咏唱不尽的旋律。艾青的这首《我爱这土地》写于 1938 年，当时日本侵略军连续攻占了华北、华东、华南的广大地区，所到之处疯狂肆虐，妄图摧毁中国人民的抵抗意志。然而，中国人民奋起抵抗，进行了不屈不挠的斗争。在国土沦丧、民族危亡的关头，诗人满怀对祖国的挚爱和对侵略者的仇恨，写下了这首慷慨激昂的诗。

朗诵时要注意：要想感动受众，首先要感动自己。这首诗的基调是深沉而真挚的。整体语速应缓慢，情感中饱含着悲愤、希望和爱，尤其是最后一句的省略号，沉重地叩击着读者的心房，朗诵时应激起受众的共鸣，留下不尽的余韵。

此诗适合情感深沉、声音厚实的考生选取为自备稿件。

北方和它的红高粱

周所同

在黄河湍急黄土深厚黄沙扬眉的高原　　在犍牛喘息犁头磨钝筋骨拉断的陡坡
在峭壁耸肩北风打旋苦旱熬煎的地方　　在太阳贴背大汗流泻肌腱赤裸的脊梁

有一个信念有一种选择有一支执着的歌在唱
它是我的大北方啊!
它是我的红高粱!

只有雁阵才配写下它的豪迈它的高俊它的肃穆
只有牛角号才配吹奏它的旋律它的气度它的苍茫
只有奔马才能踏响它的热烈它的激情它的昂奋
只有木刻才可雕出它的神韵它的风骨它的粗犷
大碗沽酒大杯喝茶大肚量容人才配在这里生存
我恢宏大度的大北方啊!
我浪漫红火的红高粱!

肩扛雷霆腰系闪电能不摇不晃淌过泱泱积雨
手挽寒流脚踩冰碴敢平平静静直面凛凛严霜
而当预言如期成熟收获如期归来
如期成熟、归来的还有饱满的信念饱满的思想
可舍钱财可舍性命但不可舍弃的是志气
我不屈不挠的大北方啊!
我不折不弯的红高粱!

当望雨的眉峰被太阳烤得冒烟的时候
最先挑起的是头号大桶和绝不退却的胆量
当踩着牛蹄窝走过一年而仍去挖苦菜的时候
最先想到的是将乳头偎进儿孙们焦渴的梦乡
这块土地的一举一动都是无私无畏的
父亲一样严峻的大北方啊!
母亲一样慈爱的红高粱!

倘若有黄胄的小毛驴憨态可掬地走过村口
那儿必定有一条泥土小路或者倚着短墙的犁杖
假使路人因饥渴因风雪因迷路受阻于道旁
定会有一双热乎乎的手将你扶上窑洞的土炕
三道蓝的羊肚手巾绾在眉额九个弯的信天游唱在山岗
纯朴了我的大北方啊!
憨厚了我的红高粱!

有眼泪嚼碎于口中有血迹揩干于衣裳
有叹息咬在心尖有忧情攥在茧掌
而当历史跌跌撞撞坎坎坷坷盘旋在山路
每个沟壑深谷总会应一声悠长的回响
过去的毕竟过去了,前进着的还会前进
永远望着前方的大北方啊!
永远蓬勃向上的红高粱!

想起北方就想起高粱想起拙朴敦厚的父亲
看见高粱就看见北方看见顽强执着的希望
我的黄河流过忧患流过最终热浪流过来的大北方啊!
我的风沙摧折苦水浸渍最终刚正站立的红高粱啊!
只要有一支歌从我胸中的沟壑飞出
那便是飞向你的——生死相依的大北方!
那便是唱给你的——患难与共的红高粱!

【朗诵指导】

这是当代诗人周所同的诗作,热情歌颂了象征大北方雄伟豪放、顽强执着、拙朴敦厚的红高粱形象,读来荡气回肠,动人心旌。朗诵时,整体基调为高亢热情、舒缓厚重。注意本诗的断句要准确。

此诗适合声音高亢、音域宽阔的考生选取为自备稿件。

我骄傲，我是中国人！

王怀让

在无数蓝色的眼睛和棕色的眼睛之中，
我有着一双宝石般的黑色的眼睛，
我骄傲，我是中国人！

在无数白色的皮肤和黑色的皮肤之中，
我有着大地般黄色的皮肤，
我骄傲，我是中国人！

我是中国人——
黄土高原是我挺起的胸脯，
黄河流水是我沸腾的血液，
长城是我扬起的手臂，
泰山是我站立的脚根。

我是中国人——
是我的祖先最早走出森林，
是我的祖先最早开始耕耘。
我是指南针、印刷术的后裔，
我是圆周率、地动仪的子孙。

我是中国人——
在我的民族中，
不光有史册上千古不朽的
孔夫子、司马迁、李自成、孙中山，
还有那文学史上万古不灭的
花木兰、林黛玉、孙悟空、鲁智深。
我骄傲，我是中国人！

我是中国人——
在我的国土上不光有
雷电轰不倒的长白雪山、黄山劲松，
还有那风雨不灭的井冈传统、延安精神！

我是中国人——
我那黄河一样粗犷的声音，
不光响在联合国的大厦里，
大声发表着中国的议论，
也响在奥林匹克的赛场上，
大声高喊着“中国得分”。
当掌声把五星红旗托上蓝天，
我骄傲，我是中国人！

我是中国人——
我那长城一样巨大的手臂，
不光把采油钻杆钻进外国人
预言打不出石油的地心；
也把通信卫星送上祖先们
梦魂萦绕的天宫，
当五大洲倾听东方声音的时候，
我骄傲，我是中国人！

我是中国人——
我是莫高窟壁画的传人，
让那翩翩欲飞的壁画与我们同行。
我们就是飞天，
飞天就是我们，
我骄傲！我是中国人！

【朗诵指导】

这是当代诗人王怀让的一首抒情诗。作者纵论古今，横议全球，热情讴歌了一个伟大的民族、一个伟大民族的人民。全诗凝结着自豪、亢奋和热情，始终跳动着情感的脉搏。朗诵时要立足高远，情绪激昂，涌动着热烈、豪迈的气势。

这首诗分为三部分。第一部分包括第一、二节，阐述在世界各种不同的民族中作为一个中国人的骄傲。朗诵时用平稳深情的语气，起调不可太高；表示颜色的词语要加重；每节的最后一句要加重“骄傲”，在“我是”后停顿，第一节中的“中国人”用高音诵出，第二节中的“中国人”用一字一顿强调。

第二部分包括第三节到第七节，热情赞颂了中华民族伟大的历史和辉煌的今天，表达了作为一个中国人的骄傲和自豪。朗诵时要抑扬起伏相间，节奏快慢有致。其中大量运用了比喻、比拟等修辞手法，使表达生动具体，读起来倍感亲切，朗诵时要饱含深情。对一些人名、地名要重点强调，每节前的“我是中国人”和每节后的“我骄傲，我是中国人!”要联系上下文的感情，随着诗行的层次递进声音有所变化，不可一个模式。

最后一节是第三部分，借“飞天”的形象，预示中华民族将要在人类历史上出现一个新的腾飞。朗诵时要充满自信、自强、自豪的感情，最后收尾语速稍缓，字音饱满响亮。

此诗适合音色明亮、感情饱满的考生选取为自备稿件。

第六章　散文的朗诵指导

散文的内容大多与生活息息相关，朗诵起来容易引起共鸣，考生比较容易把握。无论考生是什么样的音色、什么样的喜好，总能找到一篇适合自己的散文。当然，要想朗诵出彩，还是要求考生有较好的语言表达能力，掌握好散文的朗诵方法与技巧。

一、散文的朗诵方法与技巧

散文，是我们日常生活中最常见、最常用的一种文学体裁，大到名家作品，小到百姓随笔，随处可见。散文一般分为三类：叙事性散文、抒情性散文、议论性散文。要想朗诵好散文，首先就要了解散文的特点。

散文的特点首先表现在题材广泛、形式灵活。有人说散文是“生活的博物馆”，凡是生活中有意义的事物，都可以作为散文的材料。散文的表现形式也是灵活多样的，可叙述，可描写，可议论，可抒情，也可兼而有之，不拘一格。其次，散文联想丰富，形散神聚。它凭借想象、联想，可以把现实生活和历史内容联系在一起，把自然景物和社会现象联系在一起。从表面上看，散文的内容包罗天南地北、古今中外，显得很“散”，但它形散神聚，意境深远，主题集中。

在自备稿件朗诵考试的准备过程中，考生可以根据自己的喜好、音色以及语言表达能力等，选取合适的散文作为自备稿件。选稿时要注意：很多散文“看上去”很美，但是其情感比较单一，语句上也没有太多的抑扬顿挫，只适合作为配上音乐和画面的“电视散文”来慢慢品味，而不适合作为考生的自备稿件朗诵。朗诵散文时要注意以下几点：

（一）感情真实

朗诵散文应力求展示作者倾注在作品中的情感，充分表现作品中的人格意象。散文是心灵的体现、真情的流露，朗诵时要根据不同的主题、结构、风格真实地表达作者想要传递的感情。如茅盾的《白杨礼赞》，首先热情地赞美了白杨树，进而赞美了北方的农民，赞美了我们中华民族在抗日战争中那种坚强、力求上进的精神。朗诵时要充分地把握好这种感情基调。

(二)表达丰富

散文语言自由舒展，表达细腻生动，抒情、叙述、描写相辅相成，显得生动明快。对不同语体风格要区别处理：叙述性语言的朗诵要语气舒展，声音明朗轻柔，娓娓动听；描写性语言的朗诵要生动、形象、贴切；抒情性语言的朗诵要自然亲切，由衷而发；议论性语言的朗诵要含蓄深沉，力透纸背。朗诵者应把握好散文的语言特点，恰如其分地处理好语气的高低、强弱，节奏的快慢、急缓，力求把作者的情感生动而有变化地抒发出来。

(三)形散神聚

虽然散文的结构式样很多，但无论什么样的散文都有“形散神聚”这一特点，总是有一条清晰的线索贯穿全文，统领全篇。要么是自始至终以充沛的激情来描写感人肺腑的人和事，使全文浑然一体，例如魏巍的《谁是最可爱的人》，向人们展示了激昂的爱国主义、国际主义精神；要么是以一些寓意深邃的话语统领全文，如柯岩的《岚山情思》就是以周总理病重时的一句情深意切的话为主旨进行构思的。朗诵散文时，应根据文章的主题和发展线索，用停顿的长短来显示文章的结构及语脉发展，用重音和语调来突出主题，使语脉清晰，聚而不散。

二、散文朗诵作品指导

《野草》题辞

鲁　迅

当我沉默着的时候，我觉得充实；我将开口，同时感到空虚。

过去的生命已经死亡。我对于这死亡有大欢喜，因为我借此知道它曾经存活。死亡的生命已经朽腐。我对于这朽腐有大欢喜，因为我借此知道它还非空虚。

生命的泥委弃在地面上，不生乔木，只生野草，这是我的罪过。

野草，根本不深，花叶不美，然而吸取露，吸取水，吸取陈死人的血和肉，各各夺取它的生存。当生存时，还是将遭践踏，将遭删刈，直至于死亡而朽腐。

但我坦然，欣然。我将大笑，我将歌唱。

我自爱我的野草，但我憎恶这以野草作装饰的地面。

地火在地下运行，奔突；熔岩一旦喷出，将烧尽一切野草，以及乔木，于是并且无可朽腐。

但我坦然，欣然。我将大笑，我将歌唱。

天地有如此静穆，我不能大笑而且歌唱。天地即不如此静穆，我或者也将不能。我以这一丛野草，在明与暗，生与死，过去与未来之际，献于友与仇，人与兽，爱者与不爱者之前作证。

为我自己，为友与仇，人与兽，爱者与不爱者，我希望这野草的朽腐，火速到来。要不然，我先就未曾生存，这实在比死亡与朽腐更其不幸。

去罢，野草，连着我的题辞！

朗诵指导

本文是鲁迅为自己的散文诗集《野草》所作的题辞，它本身也是一篇思想深刻、感情强烈并具有战斗性的文章。这篇题辞写于1927年4月26日，正是蒋介石背叛革命、发动“四一二”反革命政变和“四一五”大屠杀之后不久。这段时间，无数共产党人和革命志士惨遭杀戮，全国到处笼罩着一片白色恐怖。鲁迅的处境也十分险恶，随时有被反动派逮捕和杀害的可能。但他仍然坚持革命立场，无所畏惧。在这篇题辞中，他写下了满腔的悲愤。朗诵时，应结合文章的写作背景有感而发，语言深沉，节奏快慢有致，朗诵出文字背后的深切情感。

此文适合声音厚实的男生选取为自备稿件。

别了，我爱的中国

郑振铎

别了，我爱的中国，我全心爱着的中国！我倚在高高的船栏上，看着船渐渐地离岸了，船和岸之间的水面渐渐地宽了。我看着许多亲友挥着帽子，挥着手，说着：“再见，再见！”我听到鞭炮劈劈啪啪地响着，我的眼眶润湿了，我的眼泪已经滴在眼镜上，镜面模糊了。我有一种说不出的感动！

船慢慢地向前驶着，沿途停着好几艘灰色的白色的军舰。不，那不是悬挂着我们的国旗的，那是帝国主义的军舰。

两岸是黄土和青草，再过去是地平线上几座小岛。海水满盈盈的，照在夕阳之下，浪涛像顽皮的小孩似的跳跃不定，水面上一片金光。

别了，我爱的中国，我全心爱着的中国！

我不忍离了中国而去，更不忍在这个大时代中放弃自己应做的工作而去。许多亲爱的勇士们正在用他们的血和汗建造着新的中国，正在以满腔热情工作着，战斗着。我这样不负责任地离开中国，真是一个罪人！

然而，我终将在这个大时代中工作的，我终将为中国而努力，而贡献我的身、我的心的。我离开中国，为的是求得更好的经验，求得更好的战斗的武器。暂别了，暂别了，在各方面斗争着的勇士们，我不久将以更勇猛的力量加入到你们当中来！

当我归来的时候，我希望这些帝国主义的军舰都不见了，代替它们的是悬挂着我们的国旗的伟大的中国舰队。如果它们那时候还没有退出中国海，还没有被我们赶出去，那么，来，勇士们，我将加入你们的队伍，以更勇猛的力量，去驱逐它们，毁灭它们！

这，是我的誓言。

别了，我爱的中国，我全心爱着的中国！

朗诵指导

这篇文章感情浓烈，写于1927年。当时的中国正遭受着帝国主义列强的侵略，国民党反动派不但不与帝国主义进行斗争,反而还大肆屠杀革命者。这时的郑振铎是一个热血的爱国青年,为避开国民党政府的压迫,他出国去西欧游历。就在他即将离开祖国的时候,写下了一组感人的文章——《离别》,本文是其中的一篇。

本文开头,以低沉的音调深情破入,营造离别的痛苦和浓烈的愁绪;第二段,朗诵到"那是帝国主义的军舰"时,要满含愤怒;接下来的景物描写,要朗诵得平实生动,表现出对每一块土地和每一个景物的眷恋之情。当朗诵到"我不忍离了中国而去"时,应含有内疚与悔恨之意,但不可一味懊恼。接下来,语调扬高,"暂别了……我不久将以更勇猛的力量加入到你们当中来",应充满激情,充满力量。之后表明作者的希望,可略放低音量,但应读得有力量、有气势。"这,是我的誓言"字字重音,一字一顿。最后一段是文章的终结,也是情感的重心所在,语速不宜快,采用重音轻读、气音延长为佳。

此文适合声音饱满的考生选取为自备稿件。

梦回故乡(节选)

戴薇薇

我喜欢故乡这个词,它充满温情又带点忧伤,让人心底蠢蠢欲动着一种渴望。故乡总是这时出现在我的记忆中,时而清晰,时而朦胧。每当我闭上眼睛,总能看见一个爬满绿苔的井口,耳畔便响起了吊桶撞击水面的沉闷声响。那许许多多的往事便从井里涌了上来。

白天,我在远离故乡万里之遥的深圳为生计而奔波。但是夜晚,我便又回到那秀丽、甜美的故乡,穿过漫长的梅雨季节,拧一把湿淋淋的思绪,弹奏出青石小巷所特有的音符。

我喜欢在柳丝摇曳的河边漫步,听那些大婶大嫂们有节奏的捶衣声,看娇美丰腴的船娘立在乌篷船头,点起轻篙,微笑着送走一个又一个昨天。

小时候最怕玩得尽兴时突然听见外婆喊我回家,总是借故磨蹭许久才慢吞吞地往回走。现在我多么想再听听那声亲切的呼唤,再看看倚在门边焦急等待的那个熟悉的身影啊!我会毫不犹豫地扑过去,承认我幼稚的错误。

然而,故乡成了我心底一个永远解不开的结。

如今,站在远离故乡万里之遥的都市中一个温暖的窗口,我已分不清何处是我最亲近的家。一句柔柔的乡音,曾撩起我无限延伸的思念。而身后一声稚嫩的呼唤,又总是勾起我的万千思绪。

朗诵指导

本文是一篇情感细腻的散文,结构明晰。先写景和事,虽然也融入了情感,但并不是特别炽烈,更像思绪般缠绕在细碎的往事中。朗诵写景叙事的部分时不需要过度用力,回忆的语气应轻柔,似有一种梦幻感,用声音搭建过去和现在的对比,展现出作者那份浓厚且无奈的思乡之情。

本文适合声音表现力强的考生选取为自备稿件。

为失败干杯

阿　甘

时光悠悠，岁月悠悠，在凡尘俗世上活着，谁的人生会没有一丝苦难呢？

当我们选择了远方，就注定了要跋涉人生的沟沟坎坎，品尝苦涩的滋味。很多时候，我们独自穿过了没有月色也没有星光的夜晚，到达的却不是理想的目的地。这样的失败和痛苦，如置身于无边的荒漠，见不到清泉与绿洲，也没有导引的骆驼……这迎面而来的阴晦常常击打得我们遍体鳞伤，梦想和希望建造的辉煌宫殿顷刻间碎成瓦砾。

然而，何处无花败，又何处无花开？不要设想在生活的四季中全部都是微笑的结局。只要心中的原野没有冬季，失败就只能是无限春光中的一个短暂音符。既然明天还要继续，我们就没有理由在悲哀痛楚里沉沦。为了美好的明天，请举起我们的酒杯，给心灵一个舒缓的问候，然后，点燃烛火，照亮黯然的心境，干干脆脆地说一声："干杯！"

朗诵指导

这篇散文的主题积极向上，读后给人一种豁然开朗的感觉。它告诉我们，失败是人生的必经之路，没有失败，也就无所谓成功。朗诵时，整体基调应明朗豁达，先抑后扬，似在和朋友谈论对失败的看法，抓住对象感，娓娓道来。

此文适合情感细腻的考生选取为自备稿件。

第七章　小说、故事的朗诵指导

小说、故事因其有人物、有情节、表现力强等因素，在选取自备稿件时广受考生的喜爱。而且有些院校在指定稿件考试环节也经常拿小说、故事来考查考生的语言表达能力。

一、小说、故事的朗诵方法与技巧

小说，是通过人物的塑造和情节、环境的描述来概括地表现社会生活的叙事性文学体裁；故事，真实的或虚构的用作讲述对象的事情，有连贯性，富吸引力，能感染人。小说和故事对一个考生的语言表达综合能力要求比较高，既要求考生刻画出小说、故事中的人物性格，又要生动形象地展现出小说、故事中的情节和环境，所以不仅播音主持专业的考生可以选取小说和故事作为自备稿件，表演专业的学生也可以选取它们作为语言考试的稿件。当然，在选取稿件时要注意文章篇幅的问题。一般来说，小说和故事的篇幅都比较长，我们可以选择短小精悍的文章，也可以节选文章最精彩或是最能体现考生语言能力的部分作为自备稿件。

总体来说，朗诵小说和故事要自然亲切，给人身临其境感和立体形象感等。具体来看，还要注意以下三点：

(一)展现人物特征

经典的小说、故事都塑造了令人难以忘怀的人物形象。人物形象的思想特征表现在人物的言语、举止、外貌、心理活动的描写上，朗诵时，要从小说、故事中人物的思想、心理入手，准确生动地表达人物个性化的语言，尤其是人物的对话。因为人物的对话是人物的“间接形象”，一个人的语言和他的身份、思想、性格，以及在当时情节发展中的态度有密切关系。朗诵时，要得体地表达，把不同人物的不同性格逼真地显现出来，好像朗诵者当时就在现场，看到了发生的一切。另外，要朗诵好心理活动的描写，因为心理活动直接展示了人物的内心世界。朗诵者要注意揣摩人物心灵，描摹出人物此情此景的心声，要在感受的基础上将声音放松，刻画细腻，富有情感，具有感染力。

(二)表达环境描写

环境是人物活动的天地,是事件发展的场所,是人物性格形成、发展的主要客观因素。小说、故事对社会环境的描写,除了大环境的描述之外,常常对小环境还有较细微、具体的表现。朗诵时,对一些叙述性语言要读得相对平稳些,而对具体的环境描写,感情色彩要"浓",语调变化要丰富一些。自然环境的描绘常常与人物的心情和环境的气氛相一致。朗诵时,要力求体现出人物在此间的思想与心理动态,寓情于景,将受众带入氛围之中。著名国学大师王国维在《人间词话》中说"一切景语皆情语",朗诵环境描写,表现环境气氛,最主要的是根据环境的特点,怀着饱满的感情来读,真正做到融情于景、情景交融,运用语调、语气和重音等技巧将感情表达出来。例如鲁迅的小说《药》,最后坟场上枯草、寒风、乌鸦、秃树等景物的描写,衬托了两位母亲悲哀、凄凉的心境,朗诵时要注意语速缓慢,语调沉闷。

(三)注意情节变化

情节是由一系列展示人物之间、人物与环境之间相关的事件、细节组成的,小说、故事主要通过情节来体现人物性格,表达中心思想。情节有起因、发展、高潮和结尾,还有序幕和尾声。朗诵小说、故事情节的曲折起伏,主要是通过声音的音量、力度、音色与各种技巧,比如语气、节奏、语调等来体现。朗诵小说、故事时,必须熟练地把握故事情节,然后根据情节发展的需要,恰当地安排好语速的快慢、语气的强弱和虚实的变化。

二、小说、故事朗诵作品指导

抉 择

沈亚刚 译

巴尼·罗伯格是美国缅因州的一个伐木工人。一天早晨,巴尼像平时一样驾着吉普车去森林干活。由于下过一场暴雨,路上到处坑坑洼洼。他好不容易把车开到路的尽头。他走下车,拿了斧子和电锯,朝着林子深处又走了大约两英里路。

巴尼打量了一下周围的树木,决定把一棵直径超过两英尺的松树锯倒。出人意料的是:松树倒下时,上端猛地撞在附近的一棵大树上,松树一下子弯成了一张弓,旋即又反弹回来,重重地压在巴尼的右脚上。剧烈的疼痛使巴尼只觉得眼前一片漆黑,但他知道,自己首先要做的事是保持清醒。他试图把腿抽回来,可是办不到。腿被压得死死的,一点也动弹不得。巴尼很清楚,要是等到同伴们下工后发现他不见了再来找他的话,他很可能会因流血过多而死,他只能靠自己了。

巴尼拿起手边的斧子,狠命朝树身砍去,可是由于用力过猛,砍了三四下后,斧子柄便断了。巴尼觉得自己真的什么都完了,他喘了口气,朝四周望了望,还好,电锯就在不远处躺着,他用手里的断斧柄一点一点地拨动着电锯,把它移到自己手够得着的地方,然后拿来电锯开始锯树。但他发现,由于倒下的松树呈45度角,巨大的压力随时会把锯条卡住,如果电锯出了故障,那么他只能束手待毙了。左思右想,巴尼终于认定,只有唯一一条路可走了。他狠了狠心,拿起电锯,对准自己的右腿,进行截肢……

巴尼把断腿简单包扎了一下,他决定爬回去。一路上巴尼忍着剧痛,一寸一寸地爬着,他一次次地昏迷过去,又一次次地苏醒过来,心中只有一个念头:一定要活着回去!

朗诵指导

这是一个惊心动魄的故事。主人公在飞来横祸面前临死不惧,英勇地与死神搏斗,毅然决然地用电锯截断了右腿,挽救了自己的生命。这是一曲悲壮的人生凯歌,朗诵时不能太压抑,要体现出刚毅、沉稳的情感基调。

第一段是全文的楔子,交代了人物、时间、地点、事件的起因,朗诵时不必刻意加工,用平直的语调、舒缓的语速表达即可。其中一句"由于下过一场暴雨,路上到处坑坑洼洼",语气略显凝重,重读"暴雨""到处"两词。

第二段是故事的开端,朗诵时语气急迫,节奏紧凑,一气呵成,"出人意料的是"放慢语速,语调上扬,导引下文。重读"猛地撞在""反弹""重重地"三处。

第三段详尽描述了巴尼战胜困难,解救自己的过程。朗诵时,除了一般的技巧外,还可适当地运用气音、颤音、重音轻读、一字一顿等技巧,如"什么都完了"可用气声送出,"终于认定"可一字一顿,"狠了狠心"可读颤音。第二段和第三段是文章的重点,要整体考虑,充分展示出主人公刚强、坚韧,与命运抗争的毅力。

第四段描写了巴尼靠着坚定的信念爬回去的过程。节奏要平稳连贯,语气坚定向上,结尾凝重有力,表达出对其顽强求生精神的称颂。

此文考生均可选取为自备稿件。

残缺的馒头(节选)

血色黄昏,硝烟滚滚。

距惠通桥不到50公里的泥泞公路上,开来5辆重型卡车。第一辆车上,坐着一个穿少校制服的大胡子。两小时前,他接到集团军总部的命令:不惜一切代价,将弹药及食品送上前线高地。

卡车在公路上疯狂地向前冲去。大胡子少校手提一挺轻机枪,两眼血红,作为带队官长,他明白,哪怕迟到一分钟的后果是什么。

可就在这时,不该发生的事发生了,第一辆卡车扎进炮弹坑里,熄火了。随后的4辆卡车也被迫停了下来。前面的路面布满了炮弹坑。

押车官兵全部下了车,奔跑着搬石头填炮弹坑,累得气喘吁吁。也就是在这个时候,四野里聚来不少饿得皮包骨头的饥民,怯生生地围着卡车来回打转,也不知是谁喊了一声:车里有馒头！顿时，四野里的饥民像打了强心针般振奋起来，呼啦冲上去钻进车厢，抢吃起馒头来！

大胡子少校手提轻机枪冲到被抢的车前，嘴角抽搐着，双眼滴血，一咬牙将机枪用手端起来对准饥民，只听一片哗啦的枪栓声，所有的押车官兵持枪围住了饥民。

就在这时，大胡子少校的双眼直直地盯着车尾。在那里，一个十二三岁的小女孩，饿得双眼深陷，浑身瘦骨骇人地撑着肉皮，一双脏兮兮的手抓住馒头，嘴里还咬着一只，遮住了半张瘦脸，双眼惊骇而哀怜地望着大胡子少校。

大胡子少校浑身战栗着，两幅画面在眼前交替晃过：一边，是饿着肚子同鬼子拼命的国军弟兄；一边，是手无寸铁饿得只剩一口气的小女孩！他丢下机枪，面对饥民们跪了下去，一拳砸在头上："乡亲们哪，前边守怒江的弟兄们已经4天没有吃饭了，他们空着肚子在和鬼子拼刺刀啊！你们……"

四野霎时一片寂静，所有人如石雕一般。

小女孩怯生生地挪到大胡子少校面前，将手里的馒头递到大胡子少校手上，然后取下嘴里的馒头也递上去："叔叔，我不知道这些馍馍是送到前边去的，这个馍馍我咬了一口，请他们别嫌弃，请他们吃饱了多杀鬼子……好吗？"

大胡子一下抱起小女孩，只一个劲儿点头。他将脸贴着小女孩的脸，问："你叫什么名字？"

小女孩有气无力地答道："我叫尤小翠。"

大胡子颤声说道："好妹子，等我们打败了鬼子，我一定要让你吃上白馍，一定让你吃饱，好吗？"

小女孩吃力地点点头，脸上露出稚气的笑。

所有的饥民们此时都将抓在手里的馒头默默地送回了车上，然后用最后一点力气抱起一块块填炮弹坑的石头……

车队终于怒吼着向怒江方向冲去……

（为考试朗诵需要，本文略作改动）

朗诵指导

这是一个发生在抗日战争期间的故事，饥荒是整个故事的起点，而军民一心共同抗战是整个故事的主题。从开头到"抢吃起馒头来！"都是故事的"起"，表达时重在刻画粮食之稀缺，百姓处境之艰险。接着文章描述了饥民与军人因粮食而起的矛盾冲突，需要用声音将这样紧张的氛围表达出来。第七段是小女孩的人物特写，进入故事的"转折点"。听了大胡子少校的话，从小女孩开始，饥民们把馒头还给了没吃饭还需要上前线打仗的军人，体现了大家不顾个人生死，一心期望国家取得抗战胜利的情感。

此文适合声音表现力、画面感强的考生选取为自备稿件。

遗憾终生(节选)

乔　叶

我曾辗转听说过这样一个故事。

一个男孩深恋一个女孩多年,但他一直不敢向女孩直言求爱。

一天晚上,男孩精心制作了一张卡片,在卡片上精心抒写了多年来藏在心里的话,但他思前想后,就是不敢把卡片亲手交给女孩。他握着这张卡片,愁闷至极,到饭店里喝了一些酒,竟然微微壮起了胆子,去找女孩。

女孩一开门,便闻见扑鼻的酒气,心中有了一丝隐隐的不快。

“怎么这时候才来?有什么事么?”

“来看看你。”

“我有什么好看的!”女孩没好气地把他领进屋。

他们漫长地沉默着。也许是因为情绪的缘故,女孩的话极少。

桌上的小钟表指向了11点钟。

“我累了。”女孩娇懒地伸伸腰,慢条斯理地整理着案上的书本,不经意的神态中流露出辞客的意思。

男孩突然灵机一动,在纸上写下一个“罂”字问女孩:“哎,你说这个字念什么?”

“yīng,”女孩奇怪地看着他,“怎么了?”

“是读‘yáo’吧。”他说。

“是‘yīng’”。

“我记得就是‘yáo’,我自打认识这个字起就这么读它。”

“你一定错了。”女孩冷淡地说。

男孩有点无所适从。过了片刻,他涨红着脸说:“我想一定是念‘yáo’。不信,我们可以查查,呃,查查字典。”他的话语竟然有些结巴了。

“查查字典好吗?”他轻声说,口气中含着一丝恳求的味道。

女孩心中一动,柔声哄劝道:“是念yáo,不用查字典,你是对的。回去休息,好么?”

“不,我不对,我不对!”男孩急得几乎要流下泪来,“我求求你,查查字典,好吗?”

看着他胡闹的样子,女孩绷起了小脸:“你再不走我就生气了,今后再也不会理你!”

“好,我走,我走。”男孩急忙站起来,向门外缓缓走去,“我走后,你查查字典,好么?”

“好的。”女孩答应道。她简直想笑出声来。

男孩走出了门,女孩关灯睡了。

然而女孩还没有睡着,就听见有人在敲她的窗户,轻轻地、有节奏地叩击着。

“谁?”女孩在黑暗中坐起身。

“你查字典了吗?”窗外是男孩的声音。

“神经病!”女孩喃喃骂道。而后她沉默着。

“你查字典了吗?”男孩又问。

“你走吧,你怎么这么啰唆!”

“你查字典了吗?”男孩依旧不停地问。

“我查了!”女孩高声说,“你当然错了,你从始到终都是错的!”

“你没有骗我吗?”

“没有,鬼才骗你呢。”

男孩很久很久没有说话。

“保重。”这是女孩听见男孩说的最后一句话。

当男孩的脚步声渐渐消失之后,她睡不着。“你查字典了吗?”她忽然想起男孩的这句话,便打开灯,翻开字典。

在“罂”字的那一页,睡卧着那张可爱的卡片。上面是再熟悉不过的字体:“我愿意用整个生命去爱你,你允许吗?”

她什么都明白了。

第二天,她一早出门,但是她没有见到男孩。男孩躺在太平间里,他死了。他以为她拒绝了他,离开女孩后又喝了很多酒,结果真的醉了,车祸而死。

女孩无泪。

“你查字典了吗?”

如果有人这样询问你,你一定要查一查字典。或许你会发现:你一直以为自己对的某个字,其实是错误的,或者还有另一种读法。

朗诵指导

《遗憾终生》描述了一个男孩深恋一个女孩多年的故事。女孩同样有情,但也不敢表白。终于,男孩通过独特的方式向女孩表白,可女孩并未发现,当晚男孩车祸丧生,给女孩留下了终生的遗憾。

此文节选了男孩向女孩表白的波折过程,朗诵时要把握住主人公的心理变化:男孩欲说还休的畏惧,看到一线希望的高兴,高兴后的无奈、恳求、焦灼;女孩的几分羞涩,由于不理解而稍带的责备、不耐烦……要尽量通过有声语言把这些心理活动表现出来。比如,“来看看你”,表现得亲切、自然。“我累了”,语气缓慢,声音拖长,表现出撒娇之态,同时又有辞客之意。故事中的男孩要女孩查字典的话出现了很多次,应注意不同心境时的语气、节奏。比如,“查查字典好吗?”,“好吗”一词要轻一点、慢一点,表现男孩的恳求之态;“我求求你,查查字典,好吗?”,“求求你”应重读,稍停顿后,再轻轻读出“查查字典”,“好吗”可适当延长,以表现他再一次恳求的强烈渴望。男孩走出门后,再一次叩问“你查字典了吗?”,“吗”字重读且用升调收尾。最后男孩失望离去,一句“保重”,应重音轻读,内含力度。

朗诵这个故事,要把握好人物的对话,整体语速较缓慢,但不可平坦,要于平稳中含变化,于徐缓中显灵动。

此文考生均可选取为自备稿件。

藏羚羊的跪拜(节选)

王宗仁

杀生和慈善在老猎人身上共存,促使他放下手中的杈子枪是在发生了这样一件事以后——应该说那天是他很有福气的日子,大清早,他从帐篷里出来,伸伸懒腰,正准备要喝一碗酥油茶时,突然瞅见两步之遥对面的草坡上站立着一只肥肥壮壮的藏羚羊,他眼睛一亮,送上门来的美事!沉睡了一夜的他浑身立即涌上来一股清爽的劲头,丝毫没有犹豫,转身就回到帐篷拿来了杈子枪,他举枪瞄了起来,奇怪的是,那只肥壮的羚羊并没有逃走,只是用乞求的眼神望着他,然后冲着他前行两步,用两条前腿"扑通"一声跪了下来。与此同时,只见两行长泪从它眼里流了出来,老猎人的心头一软,扣扳机的手不由得松了一下,藏区流行着一句老幼皆知的俗语:"天上飞的鸟,地上跑的鼠,都是通人性的。"此时藏羚羊给他下跪自然是求他饶命了,但他是个猎手,不被藏羚羊的悲悯打动是情理之中的事。他双眼一闭,扳机在手指下一动,枪声响起,那只藏羚羊便栽倒在地,它倒地后仍是跪卧的姿势,眼里的两行泪迹也清晰地留着。

那天,老猎人没有像往日那样当即将猎获的藏羚羊开膛扒皮。他的眼前老是浮现着给他跪拜的那只藏羚羊。他感到有些蹊跷,藏羚羊为什么要下跪?这是他几十年狩猎生涯中唯一见到的一次,夜里躺在地铺上他也久久难以入眠,双手一直颤抖着……

次日,老猎人怀着忐忑不安的心情对那只藏羚羊开膛扒皮,他的手仍在颤抖,腹腔在刀刃上打开了,他吃惊得出了声,手中的屠刀"咣当"一声掉在地上……原来在藏羚羊的子宫里,静静卧着一只小藏羚羊,它已经成形,自然是死了。这时候,老猎人才明白为什么那只藏羚羊的身体肥肥壮壮,也才明白它为什么要弯下笨重的身子向自己下跪,它是在求猎人留下自己的孩子一条命呀!

当天,他没有出猎,在山坡上挖了个坑,将那只藏羚羊连同它那没有出世的孩子掩埋了。同时埋掉的还有他的杈子枪……

从此,这个老猎人在藏北草原上消失了,没人知道他的下落。

朗诵指导

《藏羚羊的跪拜》向我们讲述了一个有关藏羚羊的故事,这也是一个有关爱的故事。朗诵这个故事要把握好两种语气:一种是叙述,一种是描写。叙述语气交代故事的背景等,朗诵时要娓娓道来,真诚而自然;描述语气要仿佛自己就在现场,看到了所发生的一切。

"应该说那天是他很有福气的日子……他举枪瞄了起来"这几句语速稍快,语调稍高,主要描述一个职业猎人发现猎物时的状态。"奇怪的是……与此同时,只见两行长泪从它眼里流了出来"这几句语速放慢,朗诵时要体会猎人不解的心态。"老猎人的心头一软……此时藏羚羊给他下跪自然是求他饶命了"这几句声音稍低,语速由慢渐快,把握好猎人内心犹豫的一瞬间，朗诵时可以想象一下猎人内心的活动。“但他是个猎手……眼里的两行泪迹也清晰地留着”这几句语速稍快，表现出猎人面对猎物时的干练、残忍。“次日……手中的屠刀‘咣当’一声掉在地上”几句要重点处理，这是整个故事的高潮部分，前面稍带神秘、不安的语气，“颤抖”“吃惊”“咣当”要重读，让整个开膛扒皮的过程情景再现。“原来在藏羚羊的子宫里……自然是死了”这几句声音悲凉，语速放慢，体会猎人从恍然大悟到震撼再到愧疚的内心活动。结尾几句要读得意味深长，引人深思。

此文考生均可选取为自备稿件。

乞　丐

〔俄〕屠格涅夫

我在街上走着……一个乞丐—— 一个衰弱的老人挡住了我。

红肿的、流着泪水的眼睛，发青的嘴唇，粗糙、褴褛的衣服，龌龊的伤口……呵，贫穷把这个不幸的人折磨成了什么样子啊！

他向我伸出一只红肿的、肮脏的手……他呻吟着，喃喃地乞求施舍。

我伸手搜索自己身上所有的口袋……既没有钱包，也没有怀表，甚至连一块手帕也没有……我随身什么东西也没有带。

但乞丐在等待着……他伸出来的手，无力地摆动着和颤抖着。

我惘然无措，惶惑不安，紧紧地握了握这只肮脏的、发抖的手：“请别见怪，兄弟，我什么也没有带，兄弟。”

乞丐那对红肿的眼睛凝视着我，他发青的嘴唇微笑了一下——接着，他也握紧了我那变得冷起来的手指。

“哪儿的话，兄弟，”他吃力地说道，“这也应当谢谢啦，这也是一种施舍啊！兄弟。”

我明白，我也从我的兄弟那儿得到了施舍。

朗诵指导

《乞丐》这篇文章虽然短小，但包含了很多层意思，比如平等、爱心、同情等。尤其是文章的最后一句话“我明白，我也从我的兄弟那儿得到了施舍”。为什么施舍者也从乞丐那儿得到了施舍？因为他从乞丐那儿得到了人与人之间的信任和爱。朗诵时，对乞丐的外貌描写要生动，两个人的内心表达要细致，对话时的语气和心态要准确细腻而有变化。施舍者的语气有些羞愧与不安，而乞丐的语气充满了真诚与感谢。

此文适合情感细腻的男生选取为自备稿件。

第八章　寓言、童话的朗诵指导

寓言、童话是儿童最喜欢的文学作品类型，声音甜美、形象亲切大方、有童心的考生可以选择寓言、童话作为自备稿件，这样能够充分展示自己的亲和力。目前，大部分的配音专业要求自备稿件朗诵的体裁为寓言、童话，因为这些体裁能够充分考查考生的音色变化以及声音塑造形象的能力。

一、寓言的朗诵方法与技巧

寓言，是用生动有趣的小故事来阐发哲理、说明教训，以发人深省的一种文学体裁。寓言实际上是一种形象性的比喻，言在此而意在彼，使抽象深奥的道理从具体浅显的故事中体现出来，常常带有讽刺意味，因此，人们又称它是一种"短小的讽喻故事"。

寓言故事对考生的声音模仿、塑造与变化能力要求较高，朗诵时要注意以下三点：

(一)形象立体化

朗诵寓言，首先要分析揣摩其中的人物形象，做到男女有差别、年龄有长幼、身份有尊卑，这样才能运用不同的朗诵技巧来塑造人物性格。只有把握好人物的性格特点，或褒或贬，或赞扬或批评，或讽刺或嘲笑，朗诵时才能心中有数。例如，《揠苗助长》的主人公是一位主观意识强、头脑发热、违背客观规律的人，朗诵时可以用较高的声音、急促的语气来表达。

朗诵寓言，首先要对所读作品产生浓厚的兴趣，展开丰富的想象，然后通过语言把故事生动地展现出来。在朗诵寓言故事中各种动物的声音、神态、动作时，要求神似，不可太夸张，表演色彩不能太浓。寓言采取的拟人化手法是动物的人格化，但不能把人装扮成动物，否则会产生图解式效果，破坏真实性。

(二)表达个性化

寓言作为一种文学作品，形象很鲜明，而展示形象性格特点的主要方法是人物语言，因此朗诵时应让人物语言带上鲜明的个性。作品中人物的对话表现出来的情感态度是丰富多彩的，既有"喜怒哀乐""爱憎好恶""忧惧疑奇"的情感体现，又有"冷热亲疏""褒贬毁誉"的态度分寸，还有“强弱深浅”的程度区别，要表现这些复杂的情感，朗诵者必须借助语流声音的高低强弱、明暗虚实和刚柔粗细等技巧。

(三)寓意明朗化

寓言的寓意是指作品通过故事寄托的深刻含义或说明的道理，即作品的主题思想。例如，《农夫和蛇》的寓意是通过农夫同情、可怜毒蛇却被毒蛇咬死的故事，告诫人们不要同情恶人。朗诵时，节奏要平稳缓慢，声音要沉重。作品的寓意与作品的情感基调是相连的，因此朗诵时，要找到文章的主要细节，正是这些细节，哪怕是一个动作、一种神态，往往对“引出寓意”有关键作用，朗诵时要重点体现。另外，绝大部分寓言有直接点明寓意的句子，朗诵这些画龙点睛的语句时要放慢速度，吐字沉稳，一字一情，点送到位。

二、童话的朗诵方法与技巧

童话，是带有浓厚幻想的文学体裁，早在原始社会末期就开始出现，一般都是歌颂勤劳勇敢、正直善良、诚实朴素的劳动者，谴责好吃懒做、贪得无厌、奸诈狡猾的人，通过描述前者得到好的结局，而后者没有好下场来达到教育儿童的目的。

童话是用符合儿童想象力的情节编织成富于幻想色彩的故事，它语言浅显，情节生动优美，虚构成分多，是作者想象的产物，具有鲜明的教育意义与启迪作用。朗诵时表达要生动，具体来说，要注意以下三点：

(一)夸张形象个性

童话作品的情感倾向非常鲜明：赞颂真、善、美，鞭挞假、丑、恶。作品中好人与坏人泾渭分明，一看便知。好人历经磨难，最后惩治恶人、完成使命，实现自己的理想；坏人虽然逞能于一时，但最终逃不出可悲的下场。朗诵时，要有鲜明的爱憎情感，适度地夸张以刻画形象，表现故事的情节。例如，《神笔马良》中有一处描写财主贪财的情节，当马良画出一座水中金山时，财主渴望得到金山，要马良画船并将风画大点，财主叫嚷道：“风大点，风大点。”朗诵财主的话时可用破嗓音，变化音色并拖长时值，以充分展示出财主贪婪的丑态。

(二)充满童心童趣

童话是孩子们的精神食粮，它用儿童的口吻叙述故事，生动有趣的情节很符合儿童的需求，浅显明白的道理又容易被儿童理解和接受。朗诵时，要从儿童的心理出发，满足儿童的兴趣。在声音造型方面要适合儿童轻柔、徐缓的特点，适度口语化，但要注意，不可刻意去演作品中角色的言行举止，要从语气、语调、停连和节奏等方面进行技巧处理。

(三)分清叙述语言和人物语言

叙述语言是指作品中客观的介绍、描绘性的语言，它主要体现故事脉络和情节发展。叙述语言要读得平稳清晰,语速稍慢,语调略低。人物语言是指作品中的人物,包括拟人化的动植物等的语言,它主要展示人物的性格特点。人物语言要按人物的个性特征进行表达。

(四)把握好重点语句

童话虽短,但其中有些重点词句很好地揭示了主题,表明了寓意,朗诵时要严肃、郑重,重点着墨。一般来说,童话故事的开头语句要定好基调;中间的精彩之处或者画龙点睛之处要精心设计;结尾处要有力、肯定,给人一种归结全文的感觉。

三、寓言、童话朗诵作品指导

猴吃西瓜

猴王找到一个大西瓜,可是怎么吃呢? 这个猴啊,是从来也没吃过西瓜的。

忽然,他想出一条妙计,于是就把所有的猴都召集过来,对大家说:"今天我找到一个大西瓜,这个西瓜的吃法嘛,我是全知道的,不过我要考验一下你们的智慧,看你们谁能说出西瓜的吃法。要是说对了,可以多赏它一份,要是说错了,我可要惩罚它!"小毛猴一听,挠了挠腮说:"我知道,吃西瓜是吃瓤!"猴王刚想同意。"不对,我不同意小毛猴的意见!"一个短尾巴猴说,"我清清楚楚地记得我和我爸爸到姑妈家去的时候,吃过甜瓜,吃甜瓜是吃皮,我想西瓜是瓜,甜瓜也是瓜,当然该吃皮啦!"大家一听,觉得有道理,可到底谁对呢? 于是都不由地把眼光集中到一只老猴身上,老猴一看,觉得自己出头露面的机会来了,就清了清嗓子说道:"吃西瓜嘛,当然……是吃皮啦! 我从小就吃西瓜,而且一直是吃皮。我想我之所以能长寿,也正是因为吃了西瓜皮!"

有几只猴等急了,一听老猴也这么说,就跟着嚷起来,"对,吃西瓜吃皮!""吃西瓜吃皮!"猴王一看,认为已经找到了正确答案,就向前跨了一步说:"对! 大家说得都对,西瓜是吃皮! 哼,就小毛猴崽子说吃西瓜是吃瓤,那就叫它一个人吃瓤,咱们大家都吃西瓜皮!"于是西瓜切开后,小毛猴吃瓤,大伙儿共分西瓜皮。

有只猴吃了两口,就捅了捅旁边的猴说:"哎,我说这可不是滋味儿啊!"

"咳,老弟,我常吃西瓜,西瓜嘛,就是这个味儿……"

朗诵指导

这是一则经典的寓言故事,它深刻地嘲讽了那些不懂装懂,说假话、空话、大话,万事想当然的人。朗诵时,要把握好个性、身份、年龄等迥然不同的角色形象,通过不同的音色赋予不同的角色生命力。

猴王威严、自大,说话时语调高扬,语速缓慢,嗓音粗重;小毛猴天真无邪,无所顾忌,说话时语速急快,声音略高,可用假声;短尾巴猴因循守旧,不懂装懂,说话时可以假想成口吃,越想讲越讲不好;老猴老态龙钟,倚老卖老,说话时慢慢吞吞,可运用久停、咳嗽等技巧表达;

“有只猴”是在吃了西瓜皮后唯一讲出真实感受的，心里觉得不对，但又害怕别人笑话它，所以可用说悄悄话的语气来处理；回答“有只猴”的猴则是虚荣心强、人云亦云、自以为是、好为人师的典型，可用讽刺或者阴阳怪气的语气来塑造，语调较高、语速可稍快。表达这些角色的对话时，要自然真切，准确展示不同角色的心理状态，不可照本宣科地“念”，也没必要手舞足蹈地“演”。

寓言中还有不少叙述语言，朗诵时可用表达者原本的音色，但要和人物语言有所区别，并且要依据文中的内容、情感而有所变化。

本篇寓言适合音色多变、语言表现力强的考生选取为自备稿件。

一头学问渊博的猪

一头绝顶聪明的猪，住在一个非常出名的图书馆的院子里，它深信自己由于在这里生活了许多年，已经成了知识渊博的学者。

有一天，一只八哥来访问。这头猪立即按照惯例，对客人进行自我介绍。

“朋友，相信我吧！我在这个图书馆里待的时间很长了，我对这儿的沟渠、粪坑、垃圾堆，都有着深刻的了解，甚至屋后山坡上的墓穴，都叫我拱翻了好几个。谁要是想在这个图书馆里得到知识而不找我，那他算是白跑一趟了。”

八哥说：“你所说的都是图书馆外面的事，那里面的东西你也了解吗？”

“里面？那我最清楚不过了，无非是一些简单的木架子，上面堆满了各种各样的书。”

“你对那些书也了解吗？”八哥又问。

“怎么不了解呢？那是最没意思的了，它们既没有什么香气，也没有什么臭气，我咀嚼过好几本了，也谈不上什么味道，干巴巴的，一点儿水分也没有。”

“可是人们老在里面待着，据说他们在里面探求知识的宝藏呢！”八哥说。

“人们？你说他们干什么？他们确实是那样想的，想在书里找点什么东西。我常常看到许多人把那些书翻来翻去。结果什么也没有得到，还是把书扔在架子上又走了。我保证他们在里面连糠渣菜叶都没得到一点，还谈什么宝藏！我从不做那种蠢事，与其花时间去啃书本，还不如到垃圾堆翻几个烂萝卜啃啃。”

“算了吧！我的学者，”八哥说，“一个从垃圾堆里啃烂萝卜的嘴巴，来谈论书本上的事，是不大相宜的，还是去啃你的烂萝卜吧！”

朗诵指导

这是一则寓意深刻的故事，它描写了一头自认为学问渊博的猪与一只来访的八哥的对话，由八哥之口讽刺了那头“学问渊博”的猪，从侧面揭露了那些愚昧无知但又自以为是的人，是一篇讽刺佳文。要朗诵好这篇文章，必须把握住文中角色对话的特点，注意发挥它们内在的说服力量。

在这篇讽刺性寓言中，八哥对猪的认识有一个从刚开始的尊敬到后来蔑视与鄙夷的变化过程，而猪却时时表现出它的无知和傲气。表达时，要将两者的形象充分展示出来，声音的轻重快慢不同，所体现出的人物性格就不同。朗诵“甚至屋后山坡上的墓穴，都叫我拱翻了好几个”一句时，应将“拱翻”与“好几个”重读，以显示猪的“若大能耐”。“里面？……无非是一些简单的木架子，上面堆满了各种各样的书”，“里面?”要重音轻读，后面一句则以平缓的语气来读。“我保证他们在里面连糠渣菜叶都没得到一点……还不如到垃圾堆翻几个烂萝卜啃啃”一句连续不断，特别将“糠渣菜叶”“啃啃”重读，这样更能体现猪自鸣得意的形态。另外，八哥的最后一句话“还是去啃你的烂萝卜吧！”语速加快，语调提升，充分表现出蔑视猪的情态。

本篇寓言考生均可选取为自备稿件。

农夫和皇帝(节选)

〔英〕韦斯特

有个皇帝，最爱听别人讲故事，尤其爱听他没有听过的新故事。可是，宫廷里的故事官已经把所有的故事讲完了，再没有新故事可讲了。皇帝闷得发慌，就颁布了一道圣旨：

“谁能给我讲个我从来没听过的故事，我就把女儿嫁给他，并且把半壁江山让给他。”

消息一传开，立刻就有许多人前来尝试。可是他们又一个个灰溜溜地走掉了。因为他们刚一讲开头，皇帝就嚷道：“我知道，我知道，我早就听过了！”

就在这个王国里，有一个青年农夫。他既没有土地，也没有房屋，想去碰碰运气。

进了王宫，皇帝问他：“喂，穷小子，你来干什么呀？”

“皇帝陛下，我是来给您讲故事的。我那已经去世的父亲，是天下最有钱的人。他盖了好几座天下最高的房子，那房子的屋顶，把天上的星星也顶落了几颗。我们家的院子，也不知道有多大，要是让鸽子从东头飞到西头，就是飞一整天也飞不到尽头……”

皇帝静静地听着，大臣们也寂静无声，大家都听得入了迷。忽然，农夫停了下来，说：“今天就讲到这儿，明天再讲。”

他走后，皇帝急忙问大臣们：“我们该怎么办呀？这个故事，我的确没听过，可要我把女儿嫁给他，我可不愿意。你们快想个主意来对付这个农夫吧！”

大臣们想了又想，终于想出了一条妙计：“皇帝陛下，您就说这个故事您已经知道了，我们大家都替您作证。不过，为了稳妥些，还是要准备一张文据，我们大家都在上面签个字。”皇帝对这个办法十分赞赏。

谁知他们的谈话全都被这个农夫听见了。第二天他装得若无其事，照样讲他的故事：“我们家还养了一匹母马，这匹马跑得可真快，三天就可以绕地球一圈……”听到这里，大臣和皇帝对看了一下，禁不住笑了起来。农夫继续说：“我们家有无数的金银财宝，堆得像山一样高。我还记得，那时候，皇帝陛下您也曾向我家借过一包金子，至今还没归还……”

皇帝忽然打断了他的话：“我知道！我知道！”在场的大臣们也随声附和道：“我们大家也知道！我们可以签字作证！”说完他们从座位上站了起来，并且在准备好的文据上签了字。

农夫接过文据说:"既然这样,那么,皇帝陛下,现在就请您归还那笔借款吧!"

皇帝这时才恍然大悟,叫道:"哟! 我上当了,这穷小子把我捉弄了!"可是,白纸黑字,皇帝赖也赖不掉,只好给了农夫一包黄金。

农夫提着那包黄金回到了乡下,他至今还常常在暗地里嘲笑那位上当的皇帝哩!

朗诵指导

《农夫与皇帝》是英国著名作家韦斯特的童话,讲述了一个贫穷的农夫利用自己的聪明才智战胜皇帝、获得财富的故事。童话中大量运用了对比和夸张的手段来塑造形象,题目"农夫与皇帝"就是对比,朗诵时可把"农夫"延长些,而"皇帝"应重读。另外,农夫的贫穷、机智与皇帝大臣们的富有、愚蠢也形成了鲜明对比。

朗诵时,我们可以充分运用对比与夸张的技巧增强表达力度,如音色的浑厚与尖利、速度的急切与缓慢、音高的响亮与低沉等都可以根据文中人物的不同性格和故事情节加以灵活运用。以"皇帝"为例,他的态度前后有所变化,说话的语气语调截然不同。当他颁布圣旨时,可用响亮的声音、高昂的语调夸张地表现他万人之上的特殊身份、趾高气扬的显耀风采;而当他知道自己没听过农夫讲的故事时,可以用低沉搪塞、带有哆嗦的语调来表现他那左右为难的神态。这样的前后语气对比,语调适度夸张,有利于呈现人物的形象。

本篇童话考生均可选取自备稿件,选用时可做适当节选。

第九章　台词的朗诵指导

在电影、电视、话剧等作品中,台词是必不可少的,很多精彩的作品给我们留下了经典台词。选择台词作为自备稿件,可以充分展示考生通过语言塑造人物形象和性格等方面的能力。台词也是戏剧表演、影视表演专业必考的环节之一。

一、台词的朗诵方法与技巧

台词,是指戏剧表演中角色说的话语,是剧作者用以展示剧情、刻画人物、体现主题的主要手段。没有台词,就没有剧本,也没有人物的冲突,更不会有剧情的发生、发展、高潮和结局。剧中的人物必须通过台词才能表达各自的身份、地位、性格、特点等。戏剧的台词一般包括独白、对白和旁白这三种形式。

台词属于舞台艺术范畴,它具有动作化、性格化、口语化等特点。朗诵时,要把握它与其他文学作品朗诵的区别。台词作为表演艺术的一部分,要充分体现自然得体的生活真实,在生活真实的基础上追求艺术真实,一些外部技巧如重音、停顿和语调等无须过分夸张,只要在生活语言基础上略微强化即可。

台词朗诵是表演专业的必考科目,在播音主持专业考试中,我们也可以把台词片段作为自备稿件,尤其是配音专业的考试。一般来说,我们应选取那些矛盾冲突强烈、人物性格鲜明、情绪起伏较大的台词片段,这样可以充分展现自己的语言能力。本章节涉及的台词朗诵主要是指独白的朗诵,具体要注意以下几点:

(一)联系背景,营造语境

戏剧是通过一定的故事情节和人物之间的互动,在舞台上再现人类社会某一个侧面的。任何一个剧本中的人物语言,都不能脱离剧本中描绘的社会环境和历史背景。人物的语言都是在戏剧情节之中、在人与人的交往之中有感而发、有情而动的。因此,朗诵台词前,首先必须了解剧本的社会背景、自然环境和人物关系等,并营造出适合当时背景的表达氛围,即语境。其次,要进一步重点了解台词产生的具体情境,因为剧中人物生活在特定的环境之中,规定情境的发展变化影响着人物的语言表达。斯坦尼斯拉夫斯基曾教导演员:“把你们的注意力都转到规定的情境中去吧，真实地生活在这些情境中，热情的真实就会自然而然地在你们心里产生。”剧本中某一台词的规定情境可能是虚拟的，但朗诵者必须信以为真，准确地找到这段台词暗含的意义，明确角色说话的目的，并真正感受到语言表达的情感。唯其如此，表达才能真实动人。

（二）明确主旨，定位形象

任何一部文学作品都有其准确鲜明的主题定位，剧本文学亦然。一个剧本或一段台词的中心思想是串联作品结构的主线、作品形象的基石和表达基调的管道。如果不挖掘作品主旨、把握情感基调，台词的朗诵将会无的放矢。明确作品主旨后，必须对剧本台词的主体，即剧本人物形象进行分析定位，从人物形象的年龄、身世，以及职业、阶层、性格、为人处世、兴趣爱好等方面确定其语言表达的个性特点、风格特征，再通过朗诵技巧塑造出鲜明的人物性格，体现出独具特色的“这一个”，而不是“那一群”。

人物形象的个性化定位既是台词朗诵的难点和重点，也是台词朗诵的起点和归宿。北京电影学院伍振国教授将人物形象语言个性化的形成原因总结为五种：性格特征、职业特征、生理特征、时代特征和地域特征。在这五种特征中，性格特征是第一位的，性格不同的人在语言形态上也有明显差异。人们从事职业的不同、工种的不同也会导致语言表达的不同。另外，生理差别、时代不同、地域不同都可以引起人们语言表达的变化。因此，朗诵剧本台词时，必须准确定位形象，捕捉其细微差别，才能表达到位，准确无误。

（三）强化对象，建立交流

社会是交际的大家庭，生活是交流的小舞台。作为反映社会生活的文学剧本，其中的人物台词是交流的语言成品。生活中，不管是对他人还是对自己，或者是对想象中的人或物，语言表达都有明确的对象。同样，我们朗诵台词时也是有明确对象的，只是这个对象并非生活中的实景实物，而是虚拟形象罢了。正如斯坦尼斯拉夫斯基所说：“在舞台上，我们被迫来说些不是我们亲自见到、感到、想到的东西，而是我们所扮演的角色见到、感到、想到的东西。”因此，朗诵台词时必须建立明确的对象感，由于对象不同，讲话的方式各异，从而产生出千姿百态的语言样式。无论是与观众的直接交流、与想象中的人或物交流、与自己心灵交流，还是与同台对手交流，均要有明确的对象并与对象建立起合乎生活逻辑的关系。只有做到这些，朗诵语言才能生动鲜明，富有特色。

（四）活用技巧，立体表达

以上三点可以理解为台词朗诵时的宏观把握，从大处着手，高屋建瓴。除此之外，还必须活用一些微观技巧，如内心视象、内心独白、潜台词，以及语调、重音、停连等。

首先，建立内心视象。内心视象是指演员在舞台上对话或思索的过程中，内心所反映的一系列事物影像。它是演员头脑中形象思维的产物，是使台词表达具有吸引力和感染力的基础。内心视象具有生动可感、灵活多变、虚构模拟等特征。创设内心视象是台词朗诵者应有的基本功,必须通过丰富的艺术实践刻苦磨炼。

其次,丰富内心独白。内心独白是台词背后隐含的东西,是以交流的形式出现的。人们在交流时,总要边说、边听、边看、边想,思想伴随着人的内心活动,形成内心独白。我们朗诵台词时,要及时主动地把自己置身于规定情境中,牢牢地掌握人物形象的"后景",即他的生活经历、命运、遭遇、欢乐与痛苦,牢牢地抓住人物形象的灵魂,对人物形象的精神生活深入了解、真实感受、细腻体会,使内心独白走向深入。

最后,挖掘潜台词。潜台词是指潜伏在台词背后,体现于台词的字里行间,能够真正反映出台词的实质,揭示言语要说而又没说出来的话,即台词的弦外之音、言外之意。潜台词是台词的真正意义所在,是人物的真实思想和动机。所以,朗诵台词时必须充分挖掘作品的潜台词。当然,朗诵者要准确地挖掘潜台词需要很大功力,要对剧本和人物有深刻细致的理解,唤起自身在实际生活中类似的体验,运用好重音、停顿、语调、节奏、语气等有声语言技巧,只有将多者结合起来,才能化成角色感情的激流倾泻出来。

二、台词朗诵作品指导

基督山伯爵(片段)

〔法〕大仲马

贝尼台多: 请原谅我,审判长阁下,我看您是采用了普通的审问程序,用那种程序我将无法遵从,我要求,而且不久就可以证明我的要求是正当的。

我恳求您开一个例外,对我采用一种不同的程序,那么所有的问题我都愿意回答。

我二十一岁,说得更确切些,再过几天我就要满二十一岁了,因为我是一八一七年九月二十七日在巴黎附近的阿都尔生的。

最初我是个伪币制造者,后来我成了一个贼,最后我成了一个暗杀犯……噢!在座的诸位请不必惊奇,我并不是什么卡凡尔·康德王子,我只是个孤儿。

你们一定想知道我的姓名吧!可是我不能把姓名告诉你们,因为我生下来就被父母遗弃了,所以我根本就没有姓名,但我知道我父母的姓名,可我现在不能告诉你们,我需要先解释一下,我为什么是个孤儿。

我再说一遍,我是一八一七年九月二十七日晚上在阿都尔降生的,地点是芳丹街二十八号,在一个挂着红色窗帷的房间里,我的父亲把我抱在怀里对我母亲说我是死的,就把我包在一块餐巾里,抱到后花园里活埋了我。你们问我是怎么知道这一切细节的?我来告诉您,审判长阁下,有一个人曾发誓向我父亲报仇,他早就留心杀死他的机会。那天晚上他偷偷地爬进我父亲埋我的花园,他躲在树丛里,他看见我的父亲把一样东西埋在地里,就在这个时候他上去刺了我父亲一刀,然后,一心满以为埋的是什么宝物,挖开一看,原来是我,还活着,于是那个人把我抱到育婴堂,在那儿我被编为五十七号。三个月后,他的嫂嫂从洛格里亚诺赶到巴黎来,声称我是她的儿子,把我带走了。当然,抚养我的那些人很钟爱我,我本来可以和那些好人过很快乐的生活，但我那乖戾的本性超过了我养母竭力灌输在我心里的美德。我越变越坏，直到我犯了罪。有一天，当我在诅咒上帝把我造得这样恶劣，给我注定这样一个命运的时候，我的养父对我说："不要亵渎神明，倒霉的孩子！因为上帝赐给你生命的时候并无恶意。罪孽是你的父亲，不是你——是你的父亲，他连累你生遭孽报，死入地狱。"自从那次以后，我不再诅咒上帝而诅咒我的父亲！

假如我这番话加重了我的罪名，那么请惩罚我，但假如我已经使你们相信自从我落地起，我的命运就悲惨、痛苦和伤心，那么请怜悯我。

现在我应该告诉你们我父亲的姓名了，他就是在座的检察官先生，名字叫维尔福！维尔福先生，我就是你二十年前活埋的儿子！父亲你忘了吗？……母亲，难道你也忘了吗？那就是包我的那块餐巾，上面还有您的名字啊！——霭敏。

朗诵指导

以通俗小说跻身于重要作家之列，在文学史上占有一席之地的作家为数不多，而大仲马便是其中之一。其代表作《基督山伯爵》主要讲述的是 19 世纪一位名叫爱德蒙·唐泰斯的大副受到陷害后的悲惨遭遇以及日后以基督山伯爵身份成功复仇的故事。故事情节曲折生动，处处出人意料，具有浓郁的传奇色彩和很强的艺术魅力。本段台词选自《基督山伯爵》中贝尼台多被审的一幕。在小说中，贝尼台多这一人物牵一动百，他在法庭上的一席话，是一个晴天霹雳，使基督山伯爵成功地报复了他的仇人。

由于是在法院受审，全文不免笼罩了一层灰色、低沉的气息。开始朗诵时，音调可稍抬高，节奏较快，带上轻蔑的语气，矛头指向审判长。在做自我介绍时，语气转为舒缓，吐字清楚，在读到"最初我是个伪币制造者……"一段时，要逐渐加强音量，语调上移，一个"噢"字要低沉、拉长时值，富有情感，读到"我只是个孤儿"时要一字一顿，音量低但语势强。

在读到"你们一定想知道我的姓名吧！可是我不能把姓名告诉你们"时声音舒缓，速度较慢，有不屑一顾之感。但接下去要语调上升，表达强劲，情动于衷，动人心弦。

整段台词要始终把握好贝尼台多的性格特点，他是一个罪犯，但也是一个悲剧人物。在法庭上，他是以一种复杂的心情来讲述自己悲惨命运的，朗诵者要感同身受。

本段台词适合音色明亮的男生选取为自备稿件。

雷电颂（片段）

郭沫若

屈　原：（向风及雷电）风！你咆哮吧！咆哮吧！尽力地咆哮吧！在这暗无天日的时候，一切都睡着了，都沉在梦里，都死了的时候，正是应该你咆哮的时候，应该你尽力咆哮的时候！

尽管你是怎样的咆哮，你也不能把他们从梦中叫醒，不能把死了的吹活转来，不能吹掉这比铁还沉重的眼前的黑暗，但你至少可以吹走一些灰尘，吹走一些沙石，至少可以吹动一些花草树木。你可以使那洞庭湖,使那长江,使那东海,为你翻波涌浪,和你一同地大声咆哮啊!

啊,我思念那洞庭湖,我思念那长江,我思念那东海,那浩浩荡荡的无边无际的波澜呀!那浩浩荡荡的无边无际的伟大的力呀!那是自由,是跳舞,是音乐,是诗!

啊,这宇宙中的伟大的诗!你们风,你们雷,你们电,你们在这黑暗中咆哮着的,闪耀着的一切的一切,你们都是诗,都是音乐,都是跳舞。你们宇宙中伟大的艺人们呀,尽量发挥你们的力量吧。发泄出无边无际的怒火,把这黑暗的宇宙,阴惨的宇宙,爆炸了吧!爆炸了吧!

雷!你那轰隆隆的,是你车轮子滚动的声音?你把我载着拖到洞庭湖的边上去,拖到长江的边上去,拖到东海的边上去呀!我要看那滚滚的波涛,我要听那镗镗鞳鞳的咆哮,我要飘流到那没有阴谋、没有污秽、没有自私自利的没有人的小岛上去呀!我要和着你,和着你的声音,和着那茫茫的大海,一同跳进那没有边际的没有限制的自由里去!

啊,电!你这宇宙中最犀利的剑呀!我的长剑是被人拔去了,但是你,你能拔去我有形的长剑,你不能拔去我无形的长剑呀。电,你这宇宙中的剑,也正是,我心中的剑。你劈吧,劈吧,劈吧!把这比铁还坚固的黑暗,劈开,劈开,劈开!虽然你劈它如同劈水一样,你抽掉了,它又合拢了来,但至少你能使那光明得到暂时的一瞬的显现,哦,那多么灿烂的,多么炫目的光明呀!

光明呀,我景仰你,我景仰你,我要向你拜手,我要向你稽首。我知道,你本身就是火,你,你这宇宙中的最伟大者呀,火!你在天边,你在眼前,你在我的四面,我知道你就是宇宙的生命,你就是我的生命,你就是我呀!我这熊熊地燃烧着的生命,我这快要使我全身炸裂的怒火,难道就不能迸射出光明了吗?

炸裂呀,我的身体!炸裂呀,宇宙!让那赤条条的火滚动起来,像这风一样,像那海一样,滚动起来,把一切的有形,一切的污秽,烧毁了吧!烧毁了吧!把这包含着一切罪恶的黑暗烧毁了吧!

把这东皇太一烧毁了吧!把你这云中君烧毁了吧!你们这些土偶木梗,你们高坐在神位上有什么德能?你们只是生产黑暗的父亲和母亲!

你,你东君,你是个什么东君?别人说你是太阳神,你,你坐在那马上丝毫也不能驰骋。你,你红着一个面孔,你也害羞吗?啊,你,你完全是一片假!你,你这土偶木梗,你这没心肝的,没灵魂的,我要把你烧毁,烧毁,烧毁你的一切,特别要烧毁你那匹马!你假如是有本领,就下来走走吧!

什么个大司命,什么个少司命,你们的天大的本领就只是晓得拨弄人!什么个湘君,什么个湘夫人,你们的天大的本领也就只晓得痛哭几声!哭,哭有什么用?眼泪,眼泪有什么用?顶多让你们哭出几笼湘妃竹吧!但那湘妃竹不是主人们用来打奴隶的刑具么?你们滚下船来,你们滚下云头来,我要把你们烧毁!烧毁!烧毁!

哼,还有你这河伯……哦,你河伯!你,你是我最初的一个安慰者!我是看得很清楚的呀!当我被人们押着,押上了一个高坡,卫士们要息脚,我也就站立在高坡上,回头望着龙门。我是看得很清楚,很清楚的呀!我看见婵娟被人虐待,我见你挺身而出,指天画地有所争论。结果，你是被人押进了龙门，婵娟她也被人押进了龙门。

但是我，我没有眼泪。宇宙，宇宙也没有眼泪呀！眼泪有什么用呀？我们只有雷霆，只有闪电，只有风暴，我们没有拖泥带水的雨！这是我的意志，宇宙的意志。鼓动吧，风！咆哮吧，雷！闪耀吧，电！把一切沉睡在黑暗怀里的东西，毁灭，毁灭，毁灭呀！

朗诵指导

《雷电颂》选自郭沫若的历史话剧《屈原》。该剧写于抗日战争末期。剧本借古讽今，抨击时弊，揭露了国民党政府内部分裂、投降的阴谋，表达了人民对和平的渴望。朗诵时要注意：

(1)了解作品内容。《雷电颂》选自第五幕第二场。它是主人公正气凛然、震撼人心的独白，也是剧作者的心声。它以炽烈的语言、雄伟的气势，发泄了作者对黑暗世界的强烈愤懑和诅咒，表达了对光明前景的无限向往与追求。全篇共十三个自然段，分为四部分：第一部分(1—3自然段)诗人迎着狂怒的自然风景，激起心中的汹涌波涛；第二部分(4—7自然段)诗人对风、雷、电的期待、歌颂，以及对光明的渴求；第三部分(8—12自然段)诗人对诸神展开抨击；第四部分(第13自然段)表现诗人永不妥协、战斗到底的意志。

(2)把握情感基调。主人公虽惨遭迫害，壮志难酬，但威武不屈，极力抗争。当时，屈原身陷囹圄，镣铐缠身，面对电闪雷鸣，他的满腔悲愤似火山爆发出来。朗诵本文，要情绪饱满、感情激荡，读得刚劲豪放、气势恢宏、深沉有力。但切忌从头到尾声嘶力竭、声音高叫寡情乏味。

(3)注意层次变化。有人将《雷电颂》比作是一部雄浑深沉的交响乐，把四部分比作四个乐章。但我们不能把四个"乐章"一口气诵完，也不能越读越高。而应按照作品的情感起伏进行相应的变化，有急缓停连，有强弱快慢，有抑扬顿挫，做到自然流露，得体展示，不是背诵，也不是唱读。

(4)推敲表达技巧。《雷电颂》是一首抒情散文诗，朗诵时要字正腔圆、清晰准确，诵出韵味。作品采用第二人称，大量运用拟人、呼告等修辞手法，朗诵时要注意表达技巧。如作者展开丰富的想象，直接对风、雷、电呼告"风，你咆哮吧！""你们风，你们雷，你们电……""把这黑暗的宇宙……"等，这些语句是对风、雷、电的呼唤、期待，也是对黑暗现实的斥责，有力地表达了作者的爱憎感情。朗诵时，要心中有物，读得生动感人。文中还多处运用排比、反复的修辞手法，铿锵有力，感情激昂，如"爆炸了吧！爆炸了吧！""劈开，劈开，劈开！""烧毁了吧！烧毁了吧！"等处朗诵时要高亢有力、波澜迭起、震撼人心。

此文适合音色高亢、气息饱满的男生朗诵，在选取为自备稿件时可以做适当节选。

大雷雨(片段)

〔俄〕奥斯特洛夫斯基

卡捷琳娜：(独自地)现在我到哪儿去呢？回家去吗？不，我回家去就跟到坟墓里去一样。对啦,回家,要不然,就进坟墓……坟墓！最好是到坟墓里去！一棵树下面的一座小坟！多愉快……阳光温暖它,雨点淋湿它……春天它上面长满青草——嫩嫩的青草……鸟儿会飞到树上去……野花会开出黄的、红的、蓝的,各式各样的花朵(沉思)……各式各样的花朵……多宁静！多愉快！我会轻松多了！我不要想起人生。再活下去吗？不,不,没有必要……没有意思！我憎恨那些人,我憎恨那些墙壁！我绝不到那儿去！不,不,我决不去……要是我回到他们那儿去,他们就会到处说,可是,这对我有什么要紧呢？哦,天已经黑了！他们又在什么地方唱起歌来了！他们唱什么歌？我不明白……现在我只想死！他们唱什么歌？等死来或是我自己去寻死,这都是一样的……总之我不能再活下去了！这是罪恶！他们会替我祈祷吗？反正谁爱我,谁就会替我祈祷……他们就会把我的手叠成十字……放到棺材里去！对啦,像这样……我记得:要是他们抓住了我,那他们就会把我拖回家去。哦,赶快,赶快！

(她走到河边,大声地叫道)我的朋友！我的欢乐！再见！

朗诵指导

《大雷雨》是俄国剧作家奥斯特洛夫斯基的代表作,剧中的主人公卡捷琳娜是19世纪俄国戏剧中最美丽动人的悲剧女性。该剧讲述了卡捷琳娜嫁给卡巴诺夫后的悲惨经历,痛苦的生活逼得她只剩下投河这一条出路。

本段台词就是卡捷琳娜投河前的独白,充分展示了主人公卡捷琳娜悲凄绝望的心态,面对现实的冷酷、家庭的抛弃,卡捷琳娜不恋人生,想到死,辞世前的心灵表白是歇斯底里、疯疯癫癫的。在处理这段台词时要注意:相对于散文来说,台词的朗诵更接近生活,更加口语化;从技巧的角度来说,可以更多地运用感情重音、感情停顿、升降变化等一些特殊技巧。

开头两个问句,第一句读得稍慢,给人沉思状;第二句声音加大,用升调。“不”要快速说出,并加重,表达出对家庭的厌恶。接下来,朗诵描绘坟墓“美景”的语句时,要轻柔、清亮,适当运用感情停顿,表达出如醉如痴的状态。当想到是否“再活下去”时,要紧接“不,不,没有必要”的重读,接下来加快速度,提高音量,充分表达自己看破红尘、不恋世俗的想法。从“要是我回到他们那儿去”开始语速变慢,朗诵时若有所思,有时是对天表白,有时是自言自语,要灵活自如地延长字音,变化语调。最后“哦,赶快,赶快”要读快点,用气音送出。“我的朋友！我的欢乐！再见！”要表现出层次感:“我的朋友”用颤音,语调上扬;“我的欢乐”声音要高上去但不能太亮丽;“再见”要延长时值,变化音色。

本段台词为女生自备稿件。

恋爱的犀牛(片段)

廖一梅

(舞台上,女孩明明被蒙着眼睛绑在椅子上,年轻人马路坐在她旁边。)

马　路:黄昏是我一天中视力最差的时候,一眼望去满街都是美女,高楼和街道也变幻了通常的形状，像在电影里……你就站在楼梯的拐角，带着某种清香的味道，有点湿乎乎的、奇怪的气息，擦身而过的时候，才知道你在哭。事情就在那时候发生了。

我有个朋友牙刷，他要我相信我只是处在发情期，像图拉在非洲草原时那样，但我知道不是。你是不同的、唯一的、柔软的、干净的、天空一样的，我的明明，我怎么样才能让你明白？你是我温暖的手套、冰冷的啤酒、带着阳光味道的衬衫、日复一日的梦想。你是甜蜜的、忧伤的，嘴唇上涂抹着新鲜的欲望，你的新鲜和你的欲望把你变得像动物一样不可捉摸，像阳光一样无法逃避，像戏子一般毫无廉耻，像饥饿一样冷酷无情。

我想给你一个家，做你孩子的父亲，给你所有你想要的东西，我想让你醒来时看见阳光，我想抚摸你的后背，让你在天空里的翅膀重新长出。你感觉不到我的渴望是怎样地向你涌来，爬上你的脚背，淹没你的双腿，要把你彻底地吞没吗？我在想你呢，我在张着大嘴，厚颜无耻地渴望你，渴望你的头发，渴望你的眼睛，渴望你的下巴、你的双乳、你美妙的腰和肚子、你毛孔散发的气息、你伤心时绞动的双手……我爱你，我真心爱你，我疯狂地爱你，我向你献媚，我向你许诺，我海誓山盟，我能怎么办？我怎样才能让你明白我是这样爱你？我默默忍受，饮泣而眠？我高声喊叫，声嘶力竭？我对着镜子痛骂自己？我冲进你的办公室把你推倒在地？我上大学，我读博士，当一个作家？我为你自暴自弃，从此被人怜悯？我走入精神病院，我爱你爱崩溃了？爱疯了？还是我在你窗下自杀？明明，告诉我该怎么办？你是聪明的、灵巧的、伶牙俐齿的、愚不可及的、我心爱的，我的明明……

【朗诵提示】

《恋爱的犀牛》是廖一梅最重要的戏剧作品之一，1999 年由著名先锋戏剧导演孟京辉执导搬上舞台，自首演之后长演不衰，是国内最受欢迎的小剧场戏剧之一。剧中的男主角马路是别人眼中的偏执狂，如他朋友所说“过分夸大一个女人和另一个女人之间的差别，在人人都懂得明智选择的今天，算是人群中的犀牛，实属异类”。为什么叫犀牛？因为犀牛的视力很差。这是暗喻人们在恋爱中的盲目。

处理本段台词时要注意把握层次。开始的部分是冷静的诉说，语速稍慢，“你就站在楼梯的拐角……事情就在那时候发生了”这里是回忆，脑海中要有画面；“带着某种清香的味道……”在说这句台词时可用鼻子吸一下气，仿佛真的闻到了台词里描述的味道；“我有个朋友牙刷……”此句语气要有变化，从回忆中出来；“你是不同的……”又开始回忆，感情层层递进，语速加快，感觉时而甜蜜，时而厌恶，时而疯狂；“我默默忍受，饮泣而眠？我高声喊叫，声嘶力竭？”此句声音一低一高，情绪一降一升；“你是聪明的、灵巧的、伶牙俐齿的、愚不可及的、我心爱的”这句话可全部连起来，一口气说完，然后短暂地停顿，再低声缓慢地说出“我的明明”。

本段台词适合音域宽广、气息饱满的男生选取为自备稿件。

骆驼祥子(片段)

老　舍

虎　妞：哟呵！老爷子，您这是打哪儿来那么大火啊？当官儿的还不打送礼的啊，人祥子可忙活一早晨了,腿儿都跑细了。我提祥子怎么了?老爷子,这可是您自个过生日庆酒啊,甭自找不痛快。你看见什么了?我们俩昨晚怎么啦?怎么啦?怎么啦?

(转头对祥子)祥子,不怕,心里没病不怕冷年糕,咱今儿把话说清楚了啊,打开天窗说亮话,来干脆的吧。老爷子,这可是您自个儿找病啊,甭说我成心气你。我不能守一辈子女儿寡。

什么?我不要脸?这都是你的错!男大当娶女大当嫁,您六十九了,白活!今儿当着大伙儿面儿,咱说清楚了挺好,心明眼亮!就这么个喜头儿,你再办一回事得了,谁让我就看上祥子了呢?我还非他不嫁咯!甭看他是个臭拉车的,我嫁鸡随鸡嫁狗随狗,我卷上铺盖一走,你给我多少钱吧!

没钱?(转头对冯掌柜)冯掌柜的,您那铺子里不是有空地儿吗?让祥子先过去住两天,回头我可问您要人啊!呦,冯掌柜的,您就多担待点儿吧,(突然哭起来)谁让我是个没娘的孩子没人疼啊!(突然坐地上)我的妈唉!

【朗诵提示】

《骆驼祥子》是老舍的代表作之一,主要讲述了北平人力车夫祥子坎坷、悲惨的生活遭遇,深刻揭露了旧中国的黑暗,表达了作者对劳动人民的深切同情。

虎妞,是车厂老板刘四爷的女儿,一个三十七八岁还没有结婚的老姑娘。正如她的名字一样,她有着男人般的性格,“长得虎头虎脑,因此吓住了男人”,大胆泼辣、敢作敢为、敢爱敢恨。她有着强烈地追求幸福生活的渴望,对于爱情,她追求自由自主,偷偷地爱上了“臭拉车的”祥子,因为祥子善良、朴实、有志气,还有一个好身体。

本段台词讲的是虎妞趁着给父亲祝寿的机会,向他表达自己看上了祥子,但是却遭到了父亲刘四爷的坚决反对,因此虎妞和刘四爷吵了起来。处理稿件时,最重要的一点就是把握好虎妞泼辣的性格特点,声粗气足,整体语言节奏较快。另外,说话时要有对象感,有一定的舞台调度。

本段台词适合声音厚实、性格大气的女生选取为自备稿件。

NO.3

下编

自备稿件朗诵范文精选

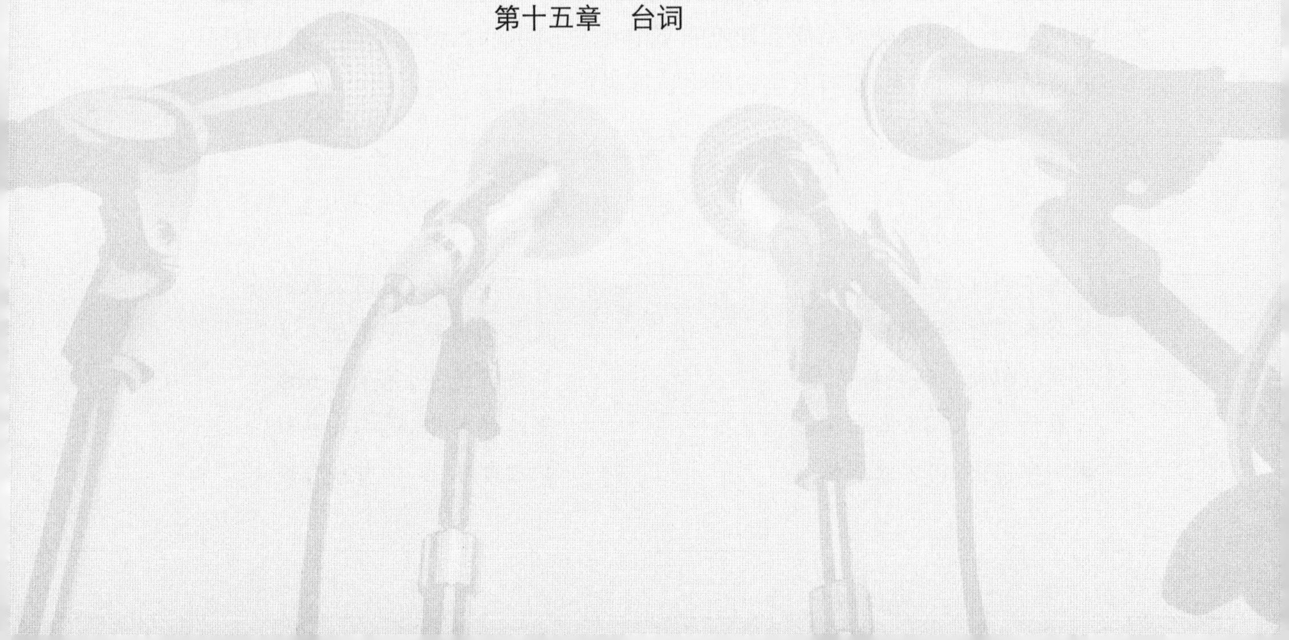

第十章　古代诗文

九章·橘颂

〔战国〕屈 原

后皇嘉树，橘徕服兮。受命不迁，生南国兮。
深固难徙，更壹志兮。绿叶素荣，纷其可喜兮。
曾枝剡棘，圆果抟兮。青黄杂糅，文章烂兮。
精色内白，类任道兮。纷缊宜修，姱而不丑兮。
嗟尔幼志，有以异兮。独立不迁，岂不可喜兮？
深固难徙，廓其无求兮。苏世独立，横而不流兮。
闭心自慎，终不失过兮。秉德无私，参天地兮。
愿岁并谢，与长友兮。淑离不淫，梗其有理兮。
年岁虽少，可师长兮。行比伯夷，置以为像兮。

【备选指南】

《九章·橘颂》是屈原的一首托物言志的咏物诗。这首诗表面上歌颂橘树，实际上是诗人对自己理想和人格的表白。全诗借物抒志，以物写人，用拟人的手法塑造了橘树的美好形象，借以表达自己追求美好品质和理想的坚定意志。朗诵时，情感基调为热情激昂。

此诗适合音色高亢、富有激情的男生选取为自备稿件。

西洲曲

〔南朝〕佚 名

忆梅下西洲，折梅寄江北。
单衫杏子红，双鬓鸦雏色。
西洲在何处？两桨桥头渡。
日暮伯劳飞，风吹乌臼树。
树下即门前，门中露翠钿。
开门郎不至，出门采红莲。
采莲南塘秋，莲花过人头。
低头弄莲子，莲子青如水。
置莲怀袖中，莲心彻底红。
忆郎郎不至，仰首望飞鸿。

鸿飞满西洲，望郎上青楼。
楼高望不见，尽日栏杆头。
栏杆十二曲，垂手明如玉。
卷帘天自高，海水摇空绿。
海水梦悠悠，君愁我亦愁。
南风知我意，吹梦到西洲。

【备选指南】

《西洲曲》是南朝乐府民歌中的名篇，也是乐府民歌的代表作。文中描写了一位少女从初春到深秋，从现实到梦境，对钟爱之人的苦苦思念，洋溢着浓厚的生活气息和感情色彩，表现出鲜明的江南水乡特色。朗诵时，应情感细腻，语气自然，在动态中有层次地表达出人物感情的变化。

此文适合情感细腻、音色柔美的女生选取为自备稿件。

陈情表

〔西晋〕李　密

臣密言：臣以险衅，夙遭闵凶。生孩六月，慈父见背。行年四岁，舅夺母志。祖母刘悯臣孤弱，躬亲抚养。臣少多疾病，九岁不行，零丁孤苦，至于成立。既无伯叔，终鲜兄弟；门衰祚薄，晚有儿息。外无期功强近之亲，内无应门五尺之僮。茕茕孑立，形影相吊。而刘夙婴疾病，常在床蓐，臣侍汤药，未曾废离。

逮奉圣朝，沐浴清化。前太守臣逵察臣孝廉，后刺史臣荣举臣秀才。臣以供养无主，辞不赴命。诏书特下，拜臣郎中，寻蒙国恩，除臣洗马。猥以微贱，当侍东宫，非臣陨首所能上报。臣具以表闻，辞不就职。诏书切峻，责臣逋慢。郡县逼迫，催臣上道；州司临门，急于星火。臣欲奉诏奔驰，则刘病日笃；欲苟顺私情，则告诉不许：臣之进退，实为狼狈。

伏惟圣朝以孝治天下，凡在故老，犹蒙矜育，况臣孤苦，特为尤甚。且臣少仕伪朝，历职郎署，本图宦达，不矜名节。今臣亡国贱俘，至微至陋。过蒙拔擢，宠命优渥，岂敢盘桓，有所希冀！但以刘日薄西山，气息奄奄，人命危浅，朝不虑夕。臣无祖母，无以至今日；祖母无臣，无以终余年。母孙二人，更相为命。是以区区不能废远。

臣密今年四十有四，祖母今年九十有六，是臣尽节于陛下之日长，报养刘之日短也。乌鸟私情，愿乞终养。臣之辛苦，非独蜀之人士及二州牧伯所见明知，皇天后土，实所共鉴。愿陛下矜悯愚诚，听臣微志，庶刘侥幸，保卒余年。臣生当陨首，死当结草。臣不胜犬马怖惧之情，谨拜表以闻。

【备选指南】

《陈情表》是西晋大臣、文学家李密写给晋武帝的奏章。文章从自己幼年的不幸遭遇写起，说明自己与祖母相依为命的特殊感情，叙述祖母抚育自己的大恩，以及自己应该报养祖母的大义。除了感谢朝廷的知遇之恩以外，又倾诉自己不能从命的苦衷，辞意恳切，真情流露，语言简洁，委婉畅达。朗诵时，应把握好整体的对象感和语言的叙述感，不应一惊一乍，而应娓娓道来。整体表达平淡安静，节奏疏密有致。如从“诏书切峻，责臣逋慢”开始运用紧急语态，让文字描述的事件和场面活起来；从“乌鸟私情”开始，转为缓缓抒情，到“臣生当陨首”情绪再度高涨,有信誓旦旦之感,最后“谨拜表以闻”缓缓推进,稳稳停住,意味深长。

此文适合声音淳厚的男生选取为自备稿件。

桃花源记

〔东晋〕陶渊明

晋太元中,武陵人捕鱼为业,缘溪行,忘路之远近。忽逢桃花林,夹岸数百步,中无杂树,芳草鲜美,落英缤纷,渔人甚异之。复前行,欲穷其林。

林尽水源,便得一山,山有小口,仿佛若有光。便舍船,从口入。初极狭,才通人,复行数十步,豁然开朗。土地平旷,屋舍俨然,有良田美池桑竹之属。阡陌交通,鸡犬相闻。其中往来种作,男女衣着,悉如外人。黄发垂髫,并怡然自乐。

见渔人,乃大惊,问所从来。具答之。便要还家,设酒杀鸡作食。村中闻有此人,咸来问讯。自云先世避秦时乱,率妻子邑人来此绝境,不复出焉,遂与外人间隔。问今是何世,乃不知有汉,无论魏晋。此人一一为具言所闻,皆叹惋。余人各复延至其家,皆出酒食。停数日,辞去。此中人语云:“不足为外人道也。”

既出,得其船,便扶向路,处处志之。及郡下,诣太守,说如此。太守即遣人随其往,寻向所志,遂迷,不复得路。

南阳刘子骥,高尚士也,闻之,欣然规往。未果,寻病终。后遂无问津者。

【备选指南】

《桃花源记》是东晋文人陶渊明的代表作之一。本文以记叙为主,融叙事、写景、抒情、议论于一炉,以武陵渔人进出桃花源的行踪为线索,按时间先后顺序,把发现桃源、小住桃源、离开桃源、再寻桃源的曲折离奇的情节贯穿起来,向我们描绘了一个没有阶级、没有剥削,百姓自食其力、自给自足,和平恬静、人人自得其乐的社会。本文是当时黑暗社会的鲜明对照,“桃花源”是作者向往的一种理想社会,也委婉地表达了作者对社会现实的不满和否定,反映了作者消极避世的思想。

朗诵时,整体语气应以讲述为主,就像讲故事一样:开头略微带一点神秘色彩,桃花源的描述要形象生动;中间部分村中人与武陵渔人的对话,语气上要与讲述语气有所区别,可稍微带一点惊奇;结尾部分语气应自然平实,稍有遗憾。

此文考生均可选取为自备稿件。

春江花月夜

〔唐〕张若虚

春江潮水连海平,海上明月共潮生。
滟滟随波千万里,何处春江无月明。
江流宛转绕芳甸,月照花林皆似霰。
空里流霜不觉飞,汀上白沙看不见。
江天一色无纤尘,皎皎空中孤月轮。
江畔何人初见月?江月何年初照人?
人生代代无穷已,江月年年望相似。
不知江月待何人,但见长江送流水。

白云一片去悠悠，青枫浦上不胜愁。
谁家今夜扁舟子？何处相思明月楼？
可怜楼上月徘徊，应照离人妆镜台。
玉户帘中卷不去，捣衣砧上拂还来。
此时相望不相闻，愿逐月华流照君。
鸿雁长飞光不度，鱼龙潜跃水成文。
昨夜闲潭梦落花，可怜春半不还家。
江水流春去欲尽，江潭落月复西斜。
斜月沉沉藏海雾，碣石潇湘无限路。
不知乘月几人归，落月摇情满江树。

【备选指南】

“春江花月夜”为乐府吴声歌曲名，张若虚的这首为拟题作诗，与原先的曲调已不同，却是最有名的。此诗共36句，每四句一换韵，以富有生活气息的清丽之笔，创造性地再现了江南春夜的景色，同时寄寓了游子思归的离别相思之苦。诗篇意境空明，词清语丽，韵调优美，脍炙人口，有“孤篇冠全唐”之美誉。

朗诵时注意，全诗由景、情、理依次展开：第一部分描写了春江的美景，要有画面感；第二部分抒发了作者面对江月产生的感慨，要有感而发；第三部分则描写了人间游子思归的离愁别绪，要情真意切。

此文适合气息饱满、情感细腻的考生选取为自备稿件。

将进酒

〔唐〕李　白

君不见，黄河之水天上来，
奔流到海不复回。
君不见，高堂明镜悲白发，
朝如青丝暮成雪。
人生得意须尽欢，莫使金樽空对月。
天生我材必有用，千金散尽还复来。
烹羊宰牛且为乐，会须一饮三百杯。
岑夫子，丹丘生，将进酒，杯莫停。
与君歌一曲，请君为我倾耳听。
钟鼓馔玉不足贵，但愿长醉不复醒。
古来圣贤皆寂寞，惟有饮者留其名。
陈王昔时宴平乐，斗酒十千恣欢谑。
主人何为言少钱？径须沽取对君酌。
五花马，千金裘，呼儿将出换美酒，
与尔同销万古愁。

【备选指南】

“将进酒”原是汉乐府短箫铙歌的曲调，题目意译即“劝酒歌”。在这首诗里，李白借题发挥，借酒浇愁，抒发了自己的激愤情绪。这首诗充分表现了李白桀骜不驯的性格，一方面对自己充满自信，孤高自傲；一方面在政治前途出现波折后，又流露出纵情享乐之情。朗诵时注意：全诗气势豪迈，感情奔放，语言流畅，感染力强。

此诗适合音色高亢的男生或声音厚实的女生选取为自备稿件。

卖炭翁

〔唐〕白居易

卖炭翁,伐薪烧炭南山中。
满面尘灰烟火色,两鬓苍苍十指黑。
卖炭得钱何所营,身上衣裳口中食。
可怜身上衣正单,心忧炭贱愿天寒。
夜来城外一尺雪,晓驾炭车辗冰辙。
牛困人饥日已高,市南门外泥中歇。
翩翩两骑来是谁,黄衣使者白衫儿。
手把文书口称敕,回车叱牛牵向北。
一车炭,千余斤,宫使驱将惜不得。
半匹红纱一丈绫,系向牛头充炭直。

【备选指南】

《卖炭翁》是唐代伟大的现实主义诗人白居易新乐府组诗中的第32首,原诗自注:“苦宫市也。”诗人以个别事例来表现普遍状况,通过卖炭翁的遭遇,深刻地揭露了“宫市”的本质,对统治者掠夺人民的罪行进行了有力鞭挞。朗诵时注意把握好全文节奏,前面可稍慢,后面可稍快;以一种同情的语气对卖炭翁衣衫单薄、两鬓苍苍的形象进行生动刻画,表现卖炭翁的心酸和痛楚;以一种讽刺的语气对“黄衣使者”飞扬跋扈的行为进行无情批判,表现他们所代表的统治阶级对老百姓的强取豪夺。

此诗适合声音厚实的考生选取为自备稿件。

陋室铭

〔唐〕刘禹锡

山不在高,有仙则名。水不在深,有龙则灵。斯是陋室,惟吾德馨。苔痕上阶绿,草色入帘青。谈笑有鸿儒,往来无白丁。可以调素琴,阅金经。无丝竹之乱耳,无案牍之劳形。南阳诸葛庐,西蜀子云亭。孔子云:“何陋之有?”

【备选指南】

刘禹锡,字梦得,洛阳人,中唐诗人。据说当时刘禹锡被贬至安徽和州当刺史,和州知县见他被贬而来,便万般刁难,使得刘禹锡半年时间连搬三次家,住房一次比一次小,最后仅是斗室。刘禹锡想想这县官实在是欺人太甚,于是便愤然提笔写下了这篇情趣高雅的《陋室铭》。本文展现了作者旷达致远、不同流俗的可贵品质。朗诵时,整篇文章的基调应明朗大气,节奏由慢而快,气息饱满,情感的把握要怡然自得。

此文适合气息饱满、声音明亮的考生选取为自备稿件。

琵琶行(节选)

〔唐〕白居易

浔阳江头夜送客,枫叶荻花秋瑟瑟。主人下马客在船,举酒欲饮无管弦。醉不成欢惨将别,别时茫茫江浸月。

忽闻水上琵琶声，主人忘归客不发。寻声暗问弹者谁？琵琶声停欲语迟。移船相近邀相见，添酒回灯重开宴。千呼万唤始出来，犹抱琵琶半遮面。转轴拨弦三两声，未成曲调先有情。弦弦掩抑声声思，似诉平生不得志。低眉信手续续弹，说尽心中无限事。轻拢慢捻抹复挑，初为《霓裳》后《六幺》。大弦嘈嘈如急雨，小弦切切如私语。嘈嘈切切错杂弹，大珠小珠落玉盘。间关莺语花底滑，幽咽泉流冰下难。冰泉冷涩弦凝绝，凝绝不通声暂歇。别有幽愁暗恨生，此时无声胜有声。银瓶乍破水浆迸，铁骑突出刀枪鸣。曲终收拨当心画，四弦一声如裂帛。东船西舫悄无言，唯见江心秋月白。

【备选指南】

《琵琶行》写于唐宪宗元和十一年(公元 816 年)秋天，当时白居易 45 岁，这是他被贬到江州的第二年，任江州司马。诗人借着叙述琵琶女的高超技艺和她的凄凉身世，抒发了自己政治上受打击、遭贬斥的抑郁悲凄之情。诗人把一个琵琶女视为红尘知己，写人写己，哭人哭己，宦海的浮沉、生命的悲哀全部融为一体，使这个作品成为传世名篇。本文节选的片段主要是描写琵琶女的出场以及她高超的弹奏技艺。朗诵时，前半部分节奏稍慢，基调偏伤感，体现与友人离别的情景；后半部分节奏根据琵琶曲的变化而变化，语气要随音乐而流动。

此诗适合音色多变、情感丰富的考生选取为自备稿件。

兵车行

〔唐〕杜 甫

车辚辚，马萧萧，行人弓箭各在腰。
耶娘妻子走相送，尘埃不见咸阳桥。
牵衣顿足拦道哭，哭声直上干云霄。
道旁过者问行人，行人但云点行频。
或从十五北防河，便至四十西营田。
去时里正与裹头，归来头白还戍边。
边庭流血成海水，武皇开边意未已。
君不闻汉家山东二百州，
千村万落生荆杞。
纵有健妇把锄犁，禾生陇亩无东西。
况复秦兵耐苦战，被驱不异犬与鸡。
长者虽有问，役夫敢申恨？
且如今年冬，未休关西卒。
县官急索租，租税从何出？
信知生男恶，反是生女好。
生女犹得嫁比邻，生男埋没随百草。
君不见，青海头，古来白骨无人收。
新鬼烦冤旧鬼哭，天阴雨湿声啾啾。

【备选指南】

《兵车行》是唐代大诗人杜甫的名篇，为历代所推崇。文章借征夫对老人的答话，控诉了人民对战争的痛恨，揭露了执政者长期以来穷兵黩武、连年征战，给人民造成的巨大的灾难。朗诵时，整体基调伤感，表达出战争的残酷和无情，语气如泣如诉，扣人心弦。

此诗适合声音厚实的考生选取为自备稿件。

岳阳楼记

〔宋〕范仲淹

庆历四年春，滕子京谪守巴陵郡。越明年，政通人和，百废具兴。乃重修岳阳楼，增其旧制，刻唐贤今人诗赋于其上。属予作文以记之。

予观夫巴陵胜状，在洞庭一湖。衔远山，吞长江，浩浩汤汤，横无际涯；朝晖夕阴，气象万千。此则岳阳楼之大观也，前人之述备矣。然则北通巫峡，南极潇湘，迁客骚人，多会于此，览物之情，得无异乎？

若夫淫雨霏霏，连月不开，阴风怒号，浊浪排空；日星隐曜，山岳潜形；商旅不行，樯倾楫摧；薄暮冥冥，虎啸猿啼。登斯楼也，则有去国怀乡，忧谗畏讥，满目萧然，感极而悲者矣。

至若春和景明，波澜不惊，上下天光，一碧万顷；沙鸥翔集，锦鳞游泳，岸芷汀兰，郁郁青青。而或长烟一空，皓月千里，浮光跃金，静影沉璧，渔歌互答，此乐何极！登斯楼也，则有心旷神怡，宠辱偕忘，把酒临风，其喜洋洋者矣。

嗟夫！予尝求古仁人之心，或异二者之为，何哉？不以物喜，不以己悲；居庙堂之高则忧其民；处江湖之远则忧其君。是进亦忧，退亦忧。然则何时而乐耶？其必曰"先天下之忧而忧，后天下之乐而乐"乎。噫！微斯人，吾谁与归？

时六年九月十五日。

【备选指南】

范仲淹，北宋时期著名的政治家、军事家、文学家。本文写于1046年，范仲淹被贬至邓州，好友滕子京重修岳阳楼，请范仲淹作记。因为二人同是被贬之人，所以有共同的思想情感，文中满载述志励友之情，既表现了作者忧国忧民的远大抱负，又表达了对好友的慰勉和规箴之意。朗诵时，整体上要把握好文章的层次：记事的语气要简明；写景的语气要体现出八百里洞庭美如画的气势；抒情的语气要情感真切，以天下为己任。

此文适合音色明亮、气息饱满的考生选取为自备稿件。

一剪梅

〔宋〕李清照

红藕香残玉簟秋。轻解罗裳，独上兰舟。云中谁寄锦书来？雁字回时，月满西楼。

花自飘零水自流。一种相思，两处闲愁。此情无计可消除，才下眉头，却上心头。

【备选指南】

这是一首倾诉相思别愁之苦的词，是李清照写给新婚不久就离家外出的丈夫赵明诚的。词中她诉说了自己独居生活的孤独寂寞，急切盼望丈夫早日归来，并以女性特有的敏感捕捉到稍纵即逝的真切感受，将抽象而不易捉摸的思想感情用不落俗套的语言表现出来。朗诵前，可以先听一下《月满西楼》这首歌，歌词就是《一剪梅》，有助于找到朗诵的感觉。朗诵时，情感深沉压抑，语言节奏舒缓，眼中要有画面，有触景生情的感觉。

此词适合声音成熟的女生选取为自备稿件。

醉翁亭记

〔宋〕欧阳修

环滁皆山也。其西南诸峰，林壑尤美，望之蔚然而深秀者，琅琊也。山行六七里，渐闻水声潺潺而泻出于两峰之间者，酿泉也。峰回路转，有亭翼然临于泉上者，醉翁亭也。作亭者谁？山之僧曰智仙也。名之者谁？太守自谓也。太守与客来饮于此，饮少辄醉，而年又最高，故自号曰醉翁也。醉翁之意不在酒，在乎山水之间也。山水之乐，得之心而寓之酒也。

若夫日出而林霏开，云归而岩穴暝，晦明变化者，山间之朝暮也。野芳发而幽香，佳木秀而繁阴，风霜高洁，水落而石出者，山间之四时也。朝而往，暮而归，四时之景不同，而乐亦无穷也。

至于负者歌于途，行者休于树，前者呼，后者应，伛偻提携，往来而不绝者，滁人游也。临溪而渔，溪深而鱼肥；酿泉为酒，泉香而酒洌；山肴野蔌，杂然而前陈者，太守宴也。宴酣之乐，非丝非竹，射者中，弈者胜，觥筹交错，起坐而喧哗者，众宾欢也。苍颜白发，颓然乎其间者，太守醉也。

已而夕阳在山，人影散乱，太守归而宾客从也。树林阴翳，鸣声上下，游人去而禽鸟乐也。然而禽鸟知山林之乐，而不知人之乐；人知从太守游而乐，而不知太守之乐其乐也。醉能同其乐，醒能述以文者，太守也。太守谓谁？庐陵欧阳修也。

【备选指南】

欧阳修，字永叔，号醉翁，别号“六一居士”，北宋卓越的政治家、文学家、史学家。《醉翁亭记》写于宋仁宗庆历六年，是欧阳修被贬至滁州时所作。一般被贬的人都是悲观彷徨，沉迷于山水，而欧阳修不同，他虽然被贬，但没有就此沉沦，而是与民同乐，将滁州人民的安定生活归功于宋王朝的休养生息政策。由此可以看出，欧阳修在谪居时期的人生态度是积极的。文章描写了滁州一带自然景物的幽深秀美，滁州百姓生活的悠然自得，表现了作者寄情山水、与民同乐的心情。朗诵时要注意体会，整篇文章的基调乐观积极，语言中充满着诗情画意，语气明朗自然。

此文适合音色明亮的考生选取为自备稿件。

雨霖铃

〔宋〕柳 永

寒蝉凄切，对长亭晚，骤雨初歇。都门帐饮无绪，留恋处，兰舟催发。执手相看泪眼，竟无语凝噎。念去去，千里烟波，暮霭沉沉楚天阔。

多情自古伤离别，更那堪，冷落清秋节！今宵酒醒何处？杨柳岸，晓风残月。此去经年，应是良辰好景虚设。便纵有千种风情，更与何人说？

【备选指南】

《雨霖铃》是柳永的代表作,其中的“多情自古伤离别”更是千古名句。这首词抒发了作者离开汴京南下时与恋人依依不舍之情,词中以种种凄凉冷落的秋天景象衬托和渲染离愁别绪,仿佛在我们眼前展现出一幅秋江别离图。作者仕途失意,不得不离开京都远行,不得不与心爱的人分手,这双重的痛苦交织在一起,使他感到格外压抑。朗诵时,基调忧伤,情感发自肺腑,语气悲凉,要充分运用情景再现的朗诵技巧,眼前要有画面。

本词适合情感丰富的考生选取为自备稿件。

湖心亭看雪

〔明〕张 岱

崇祯五年十二月,余住西湖。大雪三日,湖中人鸟声俱绝。是日更定矣,余拏一小舟,拥毳衣炉火,独往湖心亭看雪。雾凇沆砀,天与云、与山、与水,上下一白。湖上影子,惟长堤一痕、湖心亭一点、与余舟一芥、舟中人两三粒而已。

到亭上,有两人铺毡对坐,一童子烧酒,炉正沸。见余大喜,曰:“湖中焉得更有此人!”拉余同饮。余强饮三大白而别。问其姓氏,是金陵人,客此。及下船,舟子喃喃曰:“莫说相公痴,更有痴似相公者!”

【备选指南】

《湖心亭看雪》选自《陶庵梦忆》,是明末清初文学家张岱的代表作。作者出身官僚家庭,却一生未做官。《湖心亭看雪》以精练的笔墨记叙了作者湖心亭看雪的经过,描绘了幽静深远、洁白广阔的雪景图,体现出作者的故国之思,反映了作者不与世俗同流合污,不随波逐流的品质和远离世俗、孤芳自赏的情怀,寄托了对人生渺茫的慨叹。朗诵时注意:文章第一段主要是写景,注意听觉与视觉细致而生动的叙述;第二段主要是抒情,表达了作者遇到知己时的喜悦与分别时的惋惜。

此文考生均可选取为自备稿件。

少年中国说(节选)

〔清〕梁启超

天地苍苍,乾坤茫茫,中国少年,顶天立地当自强。

少年中国者,则中国少年之责任也。

故今日之责任,不在他人,而全在我少年。

少年智则国智,少年富则国富;

少年强则国强,少年独立则国独立;

少年自由则国自由,少年进步则国进步;

少年胜于欧洲,则国胜于欧洲,少年雄于地球,则国雄于地球。

红日初升,其道大光;河出伏流,一泻汪洋。

潜龙腾渊，鳞爪飞扬；乳虎啸谷，百兽震惶。
鹰隼试翼，风尘翕张；奇花初胎，矞矞皇皇。
干将发硎，有作其芒；天戴其苍，地履其黄。
纵有千古，横有八荒；前途似海，来日方长。
美哉，我少年中国，与天不老！
壮哉，我中国少年，与国无疆！

【备选指南】

《少年中国说》是清朝末年梁启超所作的散文，写于戊戌变法失败后的1900年。该文极力歌颂少年的蓬勃朝气，指出封建中国是“老大帝国”，热切希望出现“少年中国”。文章不拘格式，酣畅淋漓，具有强烈的进取精神，反映了作者渴望祖国繁荣昌盛的爱国思想和积极乐观的民族自信心。朗诵时，情感基调大气磅礴，语气坚定有力，节奏感染力强，要体现出积极向上的中国青年形象。

此文适合音色高亢的男生或声音厚实的女生选取为自备稿件。

第十一章　现当代诗歌

走向远方

汪国真

是男儿总要走向远方，
走向远方是为了让生命更辉煌。
走在崎岖不平的路上，
年轻的眼眸里装着梦更装着思想。
不论是孤独地走着还是结伴同行，
让每一个脚印都坚实而有力量。

我们学着承受痛苦，
学着把眼泪像珍珠一样收藏，
把眼泪都贮存在成功的那一天流淌，
那一天，哪怕流它个大海汪洋。

我们学着对待误解，
学着把生活的苦酒当成饮料一样慢慢品尝，
不论生命经过多少委屈和艰辛，
我们总是以一个朝气蓬勃的面孔，
醒来在每一个早上。

我们学着对待流言，
学着从容而冷静地面对世事沧桑，
“猝然临之而不惊，无故加之而不怒”，
这便是我们的大勇，我们的修养。

我们学着只争朝夕，
人生苦短，
道路漫长，
我们走向并珍爱每一处风光，
我们不停地走着，
不停地走着的我们也成了一处风光。

走向远方，
从少年到青年，
从青年到老年，
我们从星星走成了夕阳。

【备选指南】

汪国真，中国当代著名诗人。《走向远方》是一首简单明了却又哲理深刻的诗歌。本诗给我们的启迪是深远的，它告诉我们人生苦短，虽然路途艰辛，但总要坚定地往前走。是男儿总要走向远方，既然目标是地平线，就应该把寒风苦雨抛在身后。朗诵时，应把握好层次，情感真挚饱满，基调积极向上，语言坚定有力。

此诗适合音色高亢的男生选取为自备稿件。

耶路撒冷

边　路

年老的你，
曾期待永世的和平与宁静；
年青的你，
又怎样去抚平子女的伤痕。

耶路撒冷，
你是否看到——
儿子背负行囊远走他乡；
耶路撒冷，
你是否听到——
女儿在呼啸的枪声下对家的呼唤。
流浪，
带着你的名字上路；
孤寂，
伴着你声名哭泣。
战争中，
你是三个孩子的母亲；
和平下，
你是三个孩子的寄托。
犹太、基督、伊斯兰，
你的三个忠诚的孩子，
是那样地爱着你——
他们共同的母亲。

可是，
耶路撒冷，
看着孩子们的相互厮杀，
你无言以对。
只有，
满面的泪水打湿历史的尘埃，
温暖的鲜血洒满冰冷的战场。
你曾想，
用和平的盾抵御战争的矛；
也曾经，
用宽宏的胸唤起远去的孩子。
远处，
你的孩子被人欺辱，
你无力地记录伤痛，
你的子女被人驱赶，
你无能地留着杀戮的证据。

终于，
有人为你带来梦的和平，
望着迟来的宁静，
人们希望你多一些遗忘。
是的，
多一些遗忘，
也许这是你唯一能做的。

【备选指南】

1948年，耶路撒冷成为国际共管城市。从1950年开始，耶路撒冷成为以色列的首都，之后该国的总统府、大部分政府机关、最高法院和国会均位于该市。1980年，以色列国会立法确定耶路撒冷是该国“永远的与不可分割的首都”。但是，大多数国家都不承认耶路撒冷是以色列的首都，认为该市的最终归属尚未确定，有待以色列和巴勒斯坦双方谈判决定。21世纪，耶路撒冷仍然是巴以冲突的核心。耶路撒冷同时也是犹太教、基督教和伊斯兰教三大宗教的圣地。朗诵这首诗时，要有明确的对象感。本诗把耶路撒冷比喻成一个饱经沧桑和苦难的母亲，诗歌的主题是拒绝战争、珍爱和平，整体基调和情感是深沉的，语速要快慢有致,向受众诉说出一位母亲的无奈与渴望。

此诗适合声音厚实的考生选取为自备稿件。

母亲 我是钓鱼岛

我不是汪洋里孤苦伶仃的水草,
任凭咸涩和风雨来把我飘摇。
七百年来挥之不去的魂牵梦绕,
母亲啊,我是你瞻望大海的
那一弯睫毛。
母亲,我是钓鱼岛!

我不是强盗桌上诱人口水的佳肴,
有血色的餐布和腥辣的调料。
七百年来挥之不去的魂牵梦绕,
母亲啊,我是你迎向大海的
那一根肋条。
母亲,我是钓鱼岛!

我不是你衣角上可有可无的珠宝,
是炎黄的姓氏让我忠心照耀。
七百年来挥之不去的魂牵梦绕,
母亲啊,我是你开拓大海的
那一尊火炮。
母亲,我是钓鱼岛!

七百年来挥之不去的魂牵梦绕,
母亲啊,我坚守贞操,不屈到老。
母亲,我是你的孩子,
我是钓鱼岛!

【备选指南】

所有中国人都知道,钓鱼岛自古以来就是中国的领土,它和台湾一样是中国不可分割的一部分,中国对钓鱼岛及其附近海域拥有无可争辩的主权。本诗以一个孩子的口吻诉说着钓鱼岛渴望回到祖国母亲怀抱的强烈愿望。朗诵时,情感浓烈,基调深沉,语气坚定有力。把握好本诗的四个层次,四句"母亲,我是钓鱼岛"要处理得有所区别。

此诗适合情感饱满、音域宽广的考生选取为自备稿件。

我是一个任性的孩子(节选)

顾　城

也许
我是被妈妈宠坏的孩子
我任性

我希望
每一个时刻
都像彩色蜡笔那样美丽
我希望
能在心爱的白纸上画画
画出笨拙的自由
画下一只永远不会
流泪的眼睛
一片天空
一片属于天空的羽毛和树叶
一个淡绿的夜晚和苹果

我想画下早晨
画下露水
画下所有最年轻的
没有痛苦的爱情

我还想画下未来
我没见过她，也不可能
但知道她很美
我画下她秋天的风衣
画下那些燃烧的烛火和枫叶
画下许多因为爱她
而熄灭的心

我是一个任性的孩子
我想涂去一切不幸
我想在大地上画满窗子
让所有习惯黑暗的眼睛
都习惯光明

我想画下风
画下一架比一架更高大的山岭
画下东方民族的渴望
画下大海——
无边无际愉快的声音

最后，在纸角上
我还想画下自己
画下一只树熊
他坐在维多利亚深色的丛林里
坐在安安静静的树枝上
发愣
他没有家
没有一颗留在远处的心
他只有，许许多多
浆果一样的梦
和很大很大的眼睛

我在希望
在想
但不知为什么
我没有领到蜡笔
没有得到一个彩色的时刻
我只有我
我的手指和创痛
只有撕碎那一张张心爱的白纸
让它们去寻找蝴蝶
让它们从今天消失

我是一个孩子
一个被幻想妈妈宠坏的孩子
我任性

【备选指南】

顾城是我国朦胧诗派的代表人物，他被称为以一颗童心看世界的“童话诗人”。在这首诗中，诗人以一个孩子的眼光和心灵去观察和感受世界，希望用彩色蜡笔在幻想的世界里勾画出一幅幅色彩斑斓的人生蓝图，画下“笨拙的自由”“永远不会流泪的眼睛”“没有痛苦的爱情”。然而，这幻想的美好蓝图在现实世界中能实现吗？诗人离开幻想回到现实。“没有领到蜡笔”，意思是“我”的理想蓝图并没有得到社会的认同，所以“我”在绝望中“只有撕碎那一张张心爱的白纸”。但诗人是否从此就停止对幻想的追求了呢？答案是否定的，诗的最后几句再次表明，“我”是“一个被幻想妈妈宠坏的孩子，我任性”，将仍然执着地追求幻想。朗诵时，注意把握诗的层次：第一部分（1—2 节），以一种天真的语气和孩童般纯真自然的感情来表达一个孩子的理想；第二部分（3—7 节），语速稍快，语气昂扬，充满斗志；第三部分（8—9 节），语速舒缓，情绪低落，语气中有孤独和希望；第四部分（最后一节），情感真挚，语气坚定有力。

此诗适合音色明亮的考生选取为自备作品。

你是我心底的一首歌

国　风

你是我心底的一首歌，
伴我走过了多少岁月，
歌声在心头萦绕，
梦般地柔婉、迷惘又凄切，
我悄悄地唱着这首歌，
像讲述一个美丽的传说。
也许它不是一首歌，
是心底流淌的一条河。

你是我心底的一首歌，
伴我度过了多少寂寞。
我用心把你歌唱，
歌声里有忧伤也有欢乐。
我轻轻地唱着这首歌，
忘记了孤独也忘记了羞涩。
真的，它不是一首歌——
是心在对你深情地诉说。

【备选指南】

每个人心里都会有一首歌，这首歌也许是我们的某个人生阶段，也许是曾经陪伴我们的某个人，也许两者都有。朗诵国风的这首《你是我心底的一首歌》时，语言要自然清晰，如同跟恋人诉说着自己的心里话，情感略带淡淡的伤感，在这淡淡的伤感中不时又有淡淡的甜蜜和羞涩。

此诗适合声音甜美的女生选取为自备稿件。

叶　笛

郭　风

啊，故乡的叶笛。
那只是两片绿叶。把它放在嘴唇上，于是像我们的祖先一样。
吹出了对乡土的深沉的眷恋，吹出了对故乡景色的激越的赞美；
吹出了对生活的爱，吹出自由的歌、劳动的歌、火焰似的燃烧着青春的歌……
像民歌那么朴素，
像抒情诗那么单纯。
比酒还强烈。

啊，故乡的叶笛。
那只是两片绿叶。把它放在嘴唇上，于是从肺腑里、从心的深处，
吹出了劳动的胜利的激情，吹出了对人民的赞美，吹出光明的歌、幸福的歌、太阳似的升在空中的旗帜的歌！
那笛声里，有故乡绿色平原上青草的香味，有四月的龙眼花的香味，
有太阳的光明。

【备选指南】

《故乡的叶笛》通过回忆故乡的叶笛，赞美故乡的美好，感情真挚深情，语言纯美质朴。朗诵基调为热情赞美，节奏于平缓中有高潮起伏。朗诵时应有画面感，感情要发自内心。注意两段开头的"啊"发音时嘴巴应逐渐张大，呈喇叭形变化；诗的排比句可以处理成"慢——快——慢"的节奏；两段文字要有区别地用表达技巧处理，不可雷同。

此诗适合音域较宽、感情丰富的考生选取为自备稿件。

不是再见

顾　城

我们告别了两年
告别的结果
总是再见
今夜，你真要走了
真的走了，不是再见
还需要什么？
手凉凉的，没有手绢
是信么？信？
在那个纸叠的世界里
有一座我们的花园

我们曾在花园里游玩
在干净的台阶上画着图案
我们和图案一起跳舞
跳着，忘记了天是黑的
巨大的火星还在缓慢旋转
现在，还是让火焰读完吧
它明亮地微笑着
多么温暖
我多想你再看我一下
然而，没有，烟在飘散

你走吧，爱还没有烧完
路还可以看见
走吧，越走越远
当一切在虫鸣中消失
你就会看见黎明的栅栏
请打开那栅栏的门扇
静静地站着，站着
像花朵那样安眠
你将在静默中得到太阳
得到太阳，这就是我的祝愿

【备选指南】

顾城早期的诗歌有孩子般的纯稚风格、梦幻情绪，用直觉和印象式的语句来咏唱童话般的少年生活。但是，在顾城充满梦幻和童稚的诗中，却充溢着一股成年人的忧伤。他在《一代人》中的那句"黑夜给了我黑色的眼睛/我却用它寻找光明"成为中国新诗的经典名句。这首《不是再见》是写爱情破裂的，却仍然带着孩子气的纯真。朗诵时要注意：本诗仿佛是一封写给曾经的恋人的信，细细回味着曾经的美好以及对恋人的祝福。语气于纯真中带着淡淡的伤感，要把握好每一段的具体感情基调。

此诗适合感情细腻的考生选取为自备稿件。

母亲的歌

徐迎华

你也是如花的少女
你也曾有美丽的青春
而今
岁月的印痕爬上了你的额头
那纵横交织的皱纹
让我读着你的苍老
属于你的
只有苍老吗

读一个母亲
读你这养育了我生命的人
怎么能是这样的简单
读你的目光
读你的叮咛
读你年年岁岁的呵护与关爱
母亲啊
我在自己成长的履历中
读到了你无私而又深沉的爱
因为这爱
光阴带走了你的韶华
因为这爱
岁月湮没了你的美丽
同样是因为这爱啊
我的母亲
你把生活编织得充实而美好

母亲
你是一本沉实而厚重的书
你让我读到了朝霞的灿烂
也让我读到了夕阳的美丽
我在读你的时候
懂得了
什么是伟大而永恒的爱
我永远感谢你
我的母亲

【备选指南】

母亲,这是一个意味着责任和付出的名字。所有的母亲,原本也是一个无忧无虑的女孩,今天的衰老正是因为她为子女付出了太多太多,所以,这是一种爱的衰老,这种衰老很美。这首《母亲的歌》是作为子女的我们唱给母亲的赞歌。朗诵时,注意层次的把握,情感应发自肺腑,以一种感恩、赞颂的语气向受众诉说。

此诗考生均可选取为自备稿件。

山雀子噪醒的江南(节选)

饶庆年

山雀子噪醒的江南,一抹雨烟
到处是布谷的清亮,黄鹂的婉转,竹鸡的缠绵
看夜的猎手回了,柳笛儿在晨风中轻颤
孩子踏着睡意出牧,露珠绊响了水牛的铃铛

扛犁的老哥子们，粗声地吆喝着问候
担水的村姑，小曲儿洒一路淡淡的喜欢

山雀子噪醒的江南，一抹雨烟
我的心宁静的依恋，依恋着烟雨的江南
故乡从梦中醒来，竹叶抖动着晨风的新鲜
走尽古老的石阶，已不见破败的童话
石砌的院落，新房正翘起昂起的飞檐
孩子们已无从知道当年蕨根的苦涩
也不再弯腰拾起落地的榆钱
乡亲们泡一杯新摘的山茶待我，我的心浸渍着爱的香甜
……

山雀子噪醒的江南，一抹雨烟
烟雨拂撩着我如画的江南
桂花酒新酿着一个现实的神话
荞花蜜将我久藏的童心点染
我的心交给了崖头的山雀
衔一片喜悦装点我迟到的春天
山雀子衔来的江南，一抹雨烟

【备选指南】

饶庆年的诗美丽、纯朴，洋溢着浓厚的乡土气息，他被称为当代中国乡土诗歌最具代表性的诗人之一。《山雀子噪醒的江南》分别从家乡的变化、孩子们的变化，以及他对故乡的情感等几个方面抒发了作者对故乡的热爱之情。朗诵时，语气清新自然，情感细腻真挚，朗诵者的心中和眼里要有江南美景的画面。

此诗适合音色甜美、气息饱满的女生选取为自备稿件。

我用残损的手掌

戴望舒

我用残损的手掌
摸索这广大的土地：
这一角已变成灰烬，
那一角只是血和泥；
这一片湖该是我的家乡，
（春天，堤上繁花如锦幛，
嫩柳枝折断有奇异的芬芳）
我触到荇藻和水的微凉；
这长白山的雪峰冷到彻骨，
这黄河的水夹泥沙在指间滑出；
江南的水田，你当年新生的禾草
是那么细，那么软……现在只有蓬蒿；
岭南的荔枝花寂寞地憔悴，
尽那边，我蘸着南海没有渔船的苦水……
无形的手掌掠过无限的江山，
手指沾了血和灰，

手掌沾了阴暗，
只有那辽远的一角依然完整，
温暖，明朗，坚固而蓬勃生春。
在那上面，我用残损的手掌轻抚，
像恋人的柔发，婴孩手中乳。
我把全部的力量运在手掌
贴在上面，寄予爱和一切希望，
因为只有那里是太阳，是春，
将驱逐阴暗，带来苏生，
因为只有那里我们不像牲口一样活，
蝼蚁一样死……
那里，永恒的中国！

【备选指南】

这首诗是雨巷诗人戴望舒在日寇的铁窗下，写给苦难祖国的一首抒怀之作。1942 年 4 月，诗人在香港参加了抗日运动，发表了抗日的文章，被捕入狱，受尽严刑拷打，导致残疾。但诗人的抗日精神依然不减，对日本的侵略更加痛恨，对祖国和人民更加同情。诗人饱含感慨，在狱中写下了这首如泣如诉的《我用残损的手掌》。“残损的手掌”既是写实，又是诗人坚贞不屈意志的写照。诗歌一方面从实处着笔，描写沦陷区的阴暗，表现出对祖国命运的深切关注；另一方面抒写解放区的明丽，侧重于写意，对象征着“永恒的中国”的土地发出深情的赞美。朗诵这首诗时，应气息饱满，语气深沉，注意把握诗歌的层次，情感中既要有对“残损”祖国的痛心，又要有对未来中国的信心和向往，最后一句要读得坚定有力、意味深长。

此诗适合声音饱满、厚实、有力的考生选取为自备稿件。

胭脂雪

刘凤侠

我不是花，我无语。
我不是水，我无声。

其实，我只是你前世遗落的一颗草籽，
在寂寞的天空下，
幻化出六瓣玲珑。

即使，你温热的唇
没有把我吻醒，
我也会带着前世的约定，
婉转，飘落。

我要用我如絮的轻柔
让你记起，
你姗然路过我的时光，
那一枚浅黄的昨日，
那一叶相依的灵犀。

穿一宵烟的缥缈，
越一片云的浮尘，
我只想独独为你，
绽放一树洁白。

我更想是你
牵手而行的一枚素袖，
在山香水色里，
且歌且行且舞，然后，
垂手，临了清波，
扬臂，远了峰影。

我是花，我无语。
我也是水，我无声。

我只想飘在你的天空，
轻染一片月光，

静听一涧水凉，
让一切忧伤水色的凝结，
澄明你夜夜旋落的回梦。

【备选指南】

这是一首意境优美的诗，我们仿佛看到了一个为爱痴狂，却又柔情似水的女子站在眼前。朗诵时，要充分表达出诗的意境，情感细腻、真挚，语气时而热情、时而温柔，整体基调有如轻吟低唱。

此诗适合声音柔美的女生选取为自备稿件。

妈妈，我等了你二十年（节选）

江　瑞

（在对越自卫反击战中，赵占英烈士光荣牺牲。由于生活困苦，二十年后，母亲才来到烈士陵前祭奠，为此，长眠地下的烈士等了二十年。）

妈妈，那一定是你，
我听到了，
那手工的绣花布鞋，
踏在地上的声音。

妈妈，二十年前，
当我被敌人罪恶的子弹击倒在前沿，
我多么想，你亲手为我合上双眼，
用你温柔的手，
再摸我的脸颊一遍，
让我在冥冥中，
再次接触你手上粗硬的老茧。
妈妈，我多想对你说，
我倒下的时候，
我的枪刺，
指向敌人阵地的那边。
妈妈，我多想向你证明，
我，作为一个军人，
没有给你丢脸。

妈妈，二十年来，
我和我忠实的弟兄们，
默默地站在这昔日的前线，
我昔日的兄弟姐妹们来过，
他们给我们带来了欢笑，
他们给我们倾诉衷肠，
他们把泪水洒在这墓前，
鲜花、美酒、醇烟，
还有他们的后代那红红的嫩脸。
可是，
没有妈妈那替代不了的抚摸，
我心中的寂寞，
永远无法排遣。

妈妈，二十年，
你走了好远，好远；
妈妈，二十年，
我知道你好难，好难。
我不怪你，
因为你没有足够的钱。

妈妈，我明白，
你还没有吃饭，
可惜我不能为你尽孝，
只能望着你无言。
妈妈，

你的哭声是那样辛酸,
我明白你嫌自己来得太晚,
妈妈,
你在我头上的拍打是那样的无奈,
我明白你在追问为什么要二十年。

妈妈,
在你的身后,
是飞速发展的喧闹,
是灯红酒绿的今宵,
是耸入云端的豪华,
但是,
你感受到了什么,妈妈?
我不求再有什么额外的照料,
一声“烈士”已经足够,
我只求下个清明,
我的妈妈,
能够再来抚摸我的墓碑,
因为我的妈妈,
没有剩下多少二十年。

【备选指南】

这是一个真实的故事,这也是一首饱含深情、催人泪下的诗。朗诵时,语速要快慢有致,感情要发自肺腑,以一个儿子的心态向母亲含泪诉说。全文有战士奋勇杀敌的自豪,有不能见到妈妈的痛苦和无奈,有心疼妈妈的辛酸等,朗诵时我们要细腻地体会,把握好情感的尺度,以情带气,以气托声。

诗歌的第一句“妈妈,那一定是你”,我们可以从中感受到这位战士在母亲时隔二十年来到墓前的那份喜悦。还有妈妈熟悉的脚步声,战士从小到大听了那么多年,那个“一定”用得很好,我们要读出这种笃定以及一下子触及回忆的温暖。“妈妈,二十年,你走了好远,好远;妈妈,二十年,我知道你好难,好难”表达了一位儿子对母亲的心疼以及阴阳相隔的无奈,情感此时是非常哀伤、痛苦、心疼的。所以处理重叠部分的时候,朗诵者可以带着虚声甚至是颤声,只有情感到位了,声音、气息才能够到位。

此诗适合声音厚实、情感丰富的男生选取为自备稿件。

忘掉她

闻一多

忘掉她,像一朵忘掉的花,
那朝霞在花瓣上,
那花心的一缕香,
忘掉她,像一朵忘掉的花!

忘掉她,像一朵忘掉的花!
像春风里一出梦,
像梦里的一声钟,
忘掉她,像一朵忘掉的花!

忘掉她,像一朵忘掉的花!
听蟋蟀唱得多好,
看墓草长得多高;
忘掉她,像一朵忘掉的花!

忘掉她,像一朵忘掉的花!
她已经忘记了你,
她什么都记不起;
忘掉她,像一朵忘掉的花!

忘掉她，像一朵忘掉的花！
年华那朋友真好，
他明天就教你老；
忘掉她，像一朵忘掉的花！

忘掉她，像一朵忘掉的花！
如果是有人要问，
就说没有那个人；
忘掉她，像一朵忘掉的花！

忘掉她，像一朵忘掉的花！
像春风里一出梦，
像梦里的一声钟，
忘掉她，像一朵忘掉的花！

【备选指南】

闻一多，现代著名诗人、文史学者、革命烈士。诗中的“她”是闻一多年仅四岁的长女闻立瑛，闻一多对她怜爱有加，但立瑛因病不幸夭折，死前爸爸并不在身边，等闻一多赶回老家时，见到的只是一片萋萋墓草。后来他写下了这首《忘掉她》，抒发自己心中的哀悼之情。朗诵时，情感基调压抑、深沉，要注意读好“忘掉她，像一朵忘掉的花！”这反复出现的一句话。整体情感要随着层次的变化而变化，“忘掉”其实是“忘不掉”，或者说“忘掉”是“不能忘却的纪念”。

此诗适合声音成熟的考生选取为自备稿件。

大漠敦煌（节选）

我多想带上装满梦的行囊
牵一只骆驼去那风沙弥漫的远方
我多想沿着遥远又遥远的古道
寻找我梦中的大漠敦煌

穿过祁连山的六月飞雪
走进炎风吹沙的大漠
我寻一把先人遗留在那里的石斧
看它是否还能劈出四千多年的火光

追赶丝绸之路落下的夕阳
跋涉在曾经鼓角争鸣的河西走廊
我想找到三苗人留下的陶器
让它盛满历史的冷热和苍茫
我想听到羌笛穿透千古的余音
在荒原的夜空里哀怨悠扬

借着大漠的冷月寒光
我多想找回乌孙人失散的牛羊
在漫漫狂野中赶路
我多想举起月氏人的宝刀将夜空划亮
我望见浩瀚的沙海如血的残阳
远处传来铁蹄铮铮烈马奔腾的轰响
一支剽悍的胡骑消失在流沙的尽头
远离了草原和毡房

我站在汉长城古烽燧遗址上
似乎还能听到
一腔长风万里的呼啸
我站在魏晋隋唐的古墓旁
似乎还能看到
边塞诗人雪山长云孤城遥望的豪情和惆怅

难忘美丽的敦煌啊
流光溢彩的故事有你大漠落日的悲怆
灿烂辉煌的历史有你光辉夺目的一章

我多想借反弹琵琶的神韵止住千年黄沙
我多想用飞天飘逸的梦想擦去百年彷徨
我多想牵来一股溪流为你栽上一排胡杨
我多想乘春风度玉门让梦露宿在你的身旁

【备选指南】

这是一首雄浑大气的诗歌,热情赞颂了作者梦中的大漠敦煌。敦煌是中国的历史文化名城,位于古代中国通往西域、中亚和欧洲的交通要道——丝绸之路上,曾经拥有繁荣的商贸活动,以"敦煌石窟""敦煌壁画"闻名天下,是世界遗产莫高窟和汉长城边陲玉门关、阳关的所在地。朗诵时,应气息饱满,情感厚重,读出大漠敦煌历史的凝重感、沧桑感、大气感。最后一句的断句为"我多想/乘春风/度玉门/让梦/露宿在你的身旁"。另外,朗诵此诗时可配上人气磅礴的同名交响乐《大漠敦煌》。

此诗适合气息饱满、音域宽广的考生选取为自备稿件。

灰色的人生

徐志摩

我想——我想开放我的宽阔的粗暴的嗓音,
唱一支野蛮的大胆的骇人的新歌;
我想拉破我的袍服,我的整齐的袍服,
露出我的胸膛,肚腹,肋骨与筋络;
我想放散我一头的长发,
像一个游方僧似的散披着一头的乱发;
我也想跳我的脚,跳我的脚,
在巉崖似的道上,快活地,无畏地走着。
我要调谐我的嗓音,
傲慢地,粗暴地,
唱一阕荒唐的,摧残的,弥漫的歌调;
我伸出我的巨大的手掌,
向着天与地,海与山,无畏地求讨,寻捞;
我一把揪住了西北风,问他要落叶的颜色,
我一把揪住了东南风,问他要嫩芽的光泽;
我蹲身在大海的边旁,倾听他伟大的酣睡的声浪;
我捉住了落日的彩霞,远山的露霭,
秋月的明辉,散放在我的发上,胸前,袖里,脚底……
我只是狂喜地大踏步向前——向前——
口唱着暴烈的,粗伧的,不成章的歌调;
来,我邀你们到海边去,听风涛震撼太空的声调;
来,我邀你们到山中去,听一柄利斧斫伐老树的清音;
来,我邀你们到密室里去,听残废的,寂寞的灵魂的呻吟;
来,我邀你们到云霄外去,听古怪的大鸟孤独的悲鸣;

来，我邀你们到民间去，
听衰老的，病痛的，贫苦的，残毁的，受压迫的，烦闷的，奴服的，懦怯的，丑陋的，罪恶的，自杀的，——和着深秋的风声和雨声——合唱的“灰色的人生”！

【备选指南】

这是一个有良知的知识分子面对国仇家恨时，痛苦的情感诗意地爆发。他要无限膨胀自己的力量，为的是改变现实，改变命运。灰色的人生并不值得歌唱，然而作者高声地唱着，“和着深秋的风声与雨声”便是对痛苦的昭示，这昭示的目的既是控诉又是激励。朗诵时，要充分体会作者对整个时代、民族的苦难的哀痛，最后几句的呼喊，可以用悲伤而高亢的语气，甚至是哭腔来表达。

此诗适合声音浑厚的男生选取为自备稿件。

雪白的墙

梁小斌

妈妈，
我看见了雪白的墙。

早晨，
我上街去买蜡笔，
看见一位工人，
费了很大的力气，
在为长长的围墙粉刷。

他回头向我微笑，
他叫我，
去告诉所有的小朋友，
以后不要在这墙上乱画。

妈妈，
我看见了雪白的墙。
这上面曾经那么肮脏，
写有很多粗暴的字。
妈妈，你也哭过，
就为那些辱骂的缘故，
爸爸不在了，
永远地不在了。
比我喝的牛奶还要洁白，
还要洁白的墙，
一直闪现在我的梦中，
它还站在地平线上，
在白天里闪烁着迷人的光芒，
我爱洁白的墙。

永远地不会在这墙上乱画，
不会的，
像妈妈一样温和的晴空啊，
你听到了吗？

妈妈，
我看见了雪白的墙。

【备选指南】

梁小斌的《雪白的墙》写于 1980 年，是对经历“十年浩劫”的人们心灵上的一次真切呼唤。“文革”之后，人们从劫后余生的创痛中复苏，开始憧憬美好的生活，并对过去进行深刻的反思。作者以一个孩子的眼光来看这个世界，用明白晓畅的语言、深邃的象征，去唤醒人们曾经麻木的心灵。朗诵时,语气应充满童真,但在这童真当中又要饱含对过去岁月的痛心和对未来生活的信心。

此诗适合声音甜美的女生选取为自备稿件。

相信未来

食　指

当蜘蛛网无情地查封了我的炉台,
当灰烬的余烟叹息着贫穷的悲哀,
我依然固执地铺平失望的灰烬,
用美丽的雪花写下:相信未来。

当我的紫葡萄化为深秋的露水,
当我的鲜花依偎在别人的情怀,
我依然固执地用凝霜的枯藤,
在凄凉的大地上写下:相信未来。

我要用手指那涌向天边的排浪,
我要用手掌那托住太阳的大海,
摇曳着曙光那枝温暖漂亮的笔杆,
用孩子的笔体写下:相信未来。

我之所以坚定地相信未来,
是我相信未来人们的眼睛——
她有拨开历史风尘的睫毛,
她有看透岁月篇章的瞳孔。

不管人们对于我们腐烂的皮肉,
那些迷途的惆怅、失败的苦痛,
是寄予感动的热泪、深切的同情,
还是给予轻蔑的微笑、辛辣的嘲讽。

我坚信人们对于我们的脊骨,
那无数次的探索、迷途、失败和成功,
一定会给予热情、客观、公正的评定,
是的,我焦急地等待着他们的评定。

朋友,坚定地相信未来吧,
相信不屈不挠的努力,
相信战胜死亡的年轻,
相信未来,热爱生命。

【备选指南】

食指是当代著名诗人郭路生的笔名,这首《相信未来》写于 1968 年。该诗以深刻的思想让人们懂得在逆境中应该热爱生命,相信未来。朗诵时,整体基调是积极乐观的,感情深邃而有激情,语速要有变化。注意把握这首诗的层次:前三节写我是怎样相信未来的,第四至六节写为什么要相信未来,最后一节呼唤人们对未来要有坚定的信念。

此诗适合声音厚实的考生选取为自备稿件。

春天,遂想起

余光中

春天,遂想起
江南,唐诗里的江南,九岁时
采桑叶于其中,捉蜻蜓于其中
(可以从基隆港回去的)
江南
小杜的江南
苏小小的江南
遂想起多莲的湖,多菱的湖

多螃蟹的湖，多湖的江南
吴王和越王的小战场
（那场战争是够美的）
逃了西施
失踪了范蠡
失踪在酒旗招展的
（从松山飞三个小时就到的）
乾隆皇帝的江南

春天，遂想起遍地垂柳的
江南，想起
太湖滨一渔港，想起
那么多的表妹，走在柳堤
（我只能娶其中的一朵）
走过柳堤，那许多的表妹
就那么任伊老了
任伊老了，在江南
（喷射云三小时的江南）
即使见面，她们也不会陪我
陪我去采莲，陪我去采菱
即使见面，见面在江南
在杏花春雨的江南
在江南的杏花村
（借问酒家何处）
何处有我的母亲
复活节，不复活的是我的母亲
一个江南小女孩变成的母亲
清明节，母亲在喊我，在圆通寺
喊我，在海峡这边
喊我，在海峡那边
喊，在江南，在江南
多寺的江南，多亭的
江南，多风筝的
江南啊，钟声里
的江南
（站在基隆港，想——想
想回也回不去的）
多燕子的江南

【备选指南】

余光中曾说过，如果乡愁只有纯粹的距离而没有沧桑，那么这种乡愁是单薄的。在这首诗中，我们看到余光中不是单纯地直诉思乡之情，而是采用了情在景中、景在情中等多种手法来表达。从祖国山河、人文历史、家乡亲人中，诗人看到了自己的童年、少年、中年，他深切地体会到隔开他和故乡的不是那三小时的路程，而是那流逝的时间和海峡之间难以跨越的距离。朗诵时，应以一个漂泊异乡的游子心态来倾诉思乡之情，声音沧桑、情感深沉。

此诗适合音域宽广、声音成熟的考生朗诵，选取为自备稿件时可做适当节选。

致凯恩

〔俄〕普希金

我记得那美妙的一瞬，
在我的面前出现了你，
有如昙花一现的幻影，
有如纯洁之美的精灵。

在无望的忧愁的折磨中，
在喧闹的虚幻的困扰中，
我的耳边长久地响着你温柔的声音，
我还在睡梦中见到你可爱的面影。

许多年过去了，
狂暴的激情，

驱散了往日的梦想，
于是我忘记了你温柔的声音，
还有你那天仙似的面影。

在穷乡僻壤，在囚禁的阴暗生活中，
我的岁月就那样静静地消逝，
没有倾心的人，没有诗的灵魂，
没有眼泪，没有生命，也没有爱情。

如今心灵已开始苏醒，
这时在我的面前又出现了你，
有如昙花一现的幻影，
有如纯洁之美的精灵。

我的心在狂喜中跳跃，
为了它，一切又重新苏醒，
有了倾心的人，有了诗的灵感，
有了生命，有了眼泪，也有了爱情。

【备选指南】

普希金，俄国诗人、小说家，被誉为“俄国文学之父”“俄国诗歌的太阳”。《致凯恩》是情诗的典范之作，是普希金写得最美的一首诗。诗的第一节写诗人当年在彼得堡初次遇见凯恩时的美妙情景；第二节写那一瞬间给诗人留下的长久的记忆；第三节写爱的淡忘；第四节写没有爱的阴暗生活；第五、六节写多年后两人再次相见时，诗人内心爱情的复苏。朗诵时，整体情感浓烈、语气真诚，声音要有高低起伏，节奏要快慢有致，要把握好诗歌的层次，每个小节的情感和基调要随着层次的变化而变化。

此诗适合情感丰富、气息饱满的考生选取为自备稿件，女生朗诵时可做适当修改。

忆

〔英国〕艾米莉·勃朗特

你冷吗？在地下，盖着厚厚的积雪
远离人世，在寒冷阴郁的墓里。
当你终于被隔绝一切的时间隔绝
唯一的爱人啊，我岂能忘了爱你？

如今我已孤单，但难道我的思念
不再徘徊在北方的海岸和山岗，
并歇息在遍地蕨叶和丛丛石南
把你高尚的心永远覆盖的地方？

你在地下已冷，而十五个寒冬
已从棕色的山岗上融成了阳春；
经过这么多年头的变迁和哀痛，
那长相忆的灵魂已够得上忠贞！

青春的甜爱，我若忘了你，请原谅我，
人世之潮正不由自主地把我推送，
别的愿望和别的希望缠住了我，
它们遮掩了你，但不会对你不公！

再没有迟来的光照耀我的天宇，
再没有第二个黎明为我发光，
我一生的幸福都是你的生命给予，
我一生的幸福啊，都已和你合葬。

可是，当金色梦中的日子消逝，
就连绝望也未能摧毁整个生活，
于是，我学会了对生活珍惜、支持，
靠其他来充实生活，而不靠欢乐。

我禁止我青春的灵魂对你渴望，
我抑制无用的激情迸发的泪滴，

我严拒对你的坟墓如火的向往——
那个墓啊，比我自己的更属于自己。

即使如此，我不敢听任灵魂苦思，
不敢迷恋于回忆的剧痛和狂喜；
一旦在那最神圣的痛苦中沉醉，
叫我怎能再寻求这空虚的人世？

【备选指南】

这首诗是19世纪英国女作家与诗人艾米莉·勃朗特写的，虽然她最著名的作品是《呼啸山庄》，但其实她的抒情诗、叙事诗也写得非常好。艾米莉生性独立、豁达、纯真，这首《忆》是对逝去的爱人的表白，从死亡角度展示了诗人的爱情观。

《忆》蕴含着诗人深深的感情，是艾米莉式的感伤和渴望。这种感伤不是一般人对逝者的泛泛伤怀，而是一颗向往美却又十分敏感的灵魂，在面对整个思想处在分裂状态时产生的沮丧与痛心。其中的渴望也不是一般人对生活天真的期待与理想，而是一颗桀骜不驯但又骚动不安的灵魂，在被生活折磨并落入绝望与苦难的深渊时，向超验世界倾注的一腔疯狂的渴念。朗诵时，声音应低沉、舒缓、伤感。

此诗适合音域较宽、中低声区的女生选取为自备稿件。

一片槐树叶

纪 弦

这是全世界最美的一片，
最珍奇，最可宝贵的一片，
而又是最使人伤心，最使人流泪的一片——
薄薄的，干的，浅灰黄色的槐树叶。

忘了是在江南，江北，
是在哪一个城市，哪一个园子里捡来的了。
被夹在一册古老的诗集里，
多年来，竟没有些微的损坏。

蝉翼般轻轻滑落的槐树叶，
细看时，还沾着那些故国的泥土啊。
故国哟，啊，啊，要到何年何月何日，
才能让我再回到你的怀抱里，
去享受一个世界上最愉快的，
飘着淡淡的槐花香的季节？
……

【备选指南】

纪弦是台湾诗坛的三位元老之一，在台湾诗坛享有极高的声誉。这首诗写于1954年，当时诗人已经远离大陆故土六年了。一次翻检旧书，夹在书中的一片槐树叶赫然映入眼帘，触动了诗人情感的弦，于是诗人写下了这首《一片槐树叶》。朗诵时，应情感细腻，语气自然。第一段深情、细致地描写槐树叶，第二段回忆槐树叶的得来以及重新看到它的惊喜，最后一段表达作者对物是人非的感慨以及对祖国的思念。

此诗适合气息饱满的考生选取为自备稿件。

多情自古江南雨

周　聪

都说雨中的江南最有味道。
我在蒙蒙细雨中,彻底感受到江南水乡的神韵。
站在廊棚下,听滴滴答答的雨
打在古老的琉璃瓦上,打在青石板上,
总有一种平平仄仄的韵律感。
看柔柔的雨丝顺着屋檐,串串珠儿似的洒落,
淅淅沥沥地落在烟雨蒙蒙的河里,感觉别有一番风味。

江南的雨,像牛毛,像花针,像细丝,
密密而斜斜,绵绵而潇潇,
似烟似雾,似幻似梦,为江南披上了一层神秘的面纱。
诗人们是从来都不会错过的,这擦肩而过的灵感。
戴望舒的一首《雨巷》,把梅雨时节江南小巷渺茫、朦胧的美
渲染得淋漓尽致。

江南的雨愁怅、委婉。
绵绵的雨丝像扯不完的银线,淅淅沥沥从早到晚下个不停。
这样的时候,很容易勾起人们对如烟往事的怀恋。
雨中的沈园,带来潮湿的忧思和惆怅,
那经久不衰的凄婉的爱情故事,总会浮现在眼前。
还有那座在梦里走过千百次的断桥,
那些雨中静默着的依依杨柳,
总会告诉人们一个个千古流传、永不褪色的情感故事。

江南的雨轻盈、柔和,
像一种淡淡的香气,不断弥散开来。
“一方水土养一方人”。
江南女孩在雨的滋润下,变得柔声细语,美丽动人。
她们淡雅而不失芬芳,带着雨的晶莹和剔透,甜甜地走入你的心里。

江南的雨淡雅、缥缈,
你放眼看去,整个天地笼在袅袅的烟雾里。

当柔柔细雨飘过江南古朴的小镇，
小镇便有了一种古典的忧郁，美得让你心动。
当你泛舟西湖上，体会着“山色空蒙雨亦奇”味道时，
即使你不是诗人，也会被这诗意的景象所感染，
空灵的天幕、无垠的湖面、缠绵的烟柳，都如诗如画。
江南的雨是婉约的雨。
江南的雨，如梦，如诗，如歌，如韵。

【备选指南】

这是当代诗人周聪的一首温婉华美的诗作，全诗场景朦胧空灵、意境优美，朗诵的总体基调是舒缓、柔美的。“空灵的天幕、无垠的湖面、缠绵的烟柳、都如诗如画”“江南女孩在雨的滋润下，柔声细语，美丽动人”，应用声音将这些优美的画面再现出来。朗诵时，以“雨”为核心，体会江南雨的温柔、雨的诗意，正如江南多情的女子，温婉而令人牵挂。

此诗适合声音甜美的女生选取为自备稿件。

寄自高原

林　莽

我来到的地方
有着悠久的历史
和古老的传说
有着朝圣者的荒漠古道
和挺立于心中的神女雪峰
她们圣洁的祷告
使树木狂舞　流水欢歌

我听见一个灵魂在抽泣
他把自己　神圣　纯洁
写在被泪水洗过的天空
写下树木的细语
太阳的浓香
古木和群鸟的声音
这是对大自然最神圣的颂歌
这是纯洁之泉
无限宽阔的源流
马群飞驰　我们扬鞭而来
高歌悠远　我们与神同在
一路上　我战栗而来
一路上　我哭泣而来
一路上　我屏住了呼吸
一路赞颂　一路敬仰
在漫漫长空
在无尽戈壁
在鸟群呼啦啦升腾的瞬间
在冷杉林的一片低鸣中
雪原消融　湖水流淌
闪烁着阳光一样的磁性
闪烁着一颗灵魂
崇高而神圣的敬意

【备选指南】

林莽，朦胧诗派代表人物之一。《寄自高原》像一封来自高原的赞美诗笺，蓝色的格调神圣而崇高。诗歌第一节用叙述的语言向我们展现了高原历史的悠久和古老；第二节借景抒

情,表现出诗人对高原的无比敬畏和景仰;第三节“一路上……”的重复出现,是诗人对高原敬畏和景仰之情的外显,要读出层次感。全文感情基调深沉,语气热情赞颂。

此诗适合声音表现力强的考生选取为自备稿件。

回　答

北　岛

卑鄙是卑鄙者的通行证,
高尚是高尚者的墓志铭。
看吧,在那镀金的天空中,
飘满了死者弯曲的倒影。

冰川纪过去了,
为什么到处都是冰凌?
好望角发现了,
为什么死海里千帆相竞?

我来到这个世界上,
只带着纸、绳索和身影,
为了在审判前,
宣读那些被判决的声音。

告诉你吧,世界,
我——不——相——信!

纵使你脚下有一千名挑战者,
那就把我算作第一千零一名。

我不相信天是蓝的,
我不相信雷的回声,
我不相信梦是假的,
我不相信死无报应。

如果海洋注定要决堤,
就让所有的苦水都注入我心中,
如果陆地注定要上升,
就让人类重新选择生存的峰顶。

新的转机和闪闪星斗,
正在缀满没有遮拦的天空。
那是五千年的象形文字,
那是未来人们凝视的眼睛。

【备选指南】

诗人北岛,原名赵振开,中国当代诗人,朦胧诗派代表人物之一。北岛的《回答》标志着朦胧诗时代的开始,诗中展现了悲愤之极的冷峻,以坚定的口吻表达了对暴力世界的怀疑。诗篇揭露了黑白混淆、是非颠倒的现实,对矛盾重重、险恶丛生的社会发出了愤怒的质疑,并庄严地向世界宣告了“我不相信”的回答。诗中既有直接的抒情和充满哲理的警句,又有大量语意曲折的象征、隐喻、比喻等,使诗歌既明快晓畅,又含蓄蕴藉,具有强烈的震撼力。朗诵时,把握好诗歌的层次和基调,情感深沉,气息饱满,语气要随着层次的变化而变化。

此诗适合声音厚实的考生选取为自备稿件。

你是人间的四月天

林徽因

我说你是人间的四月天,
笑声点亮了四面风,
轻灵在春的光艳中交舞着变。

你是四月早天里的云烟，
黄昏吹着风的软，
星子在无意中闪，
细雨点洒在花前。

那轻，那娉婷，你是，
鲜妍百花的冠冕你戴着，
你是天真，庄严，
你是夜夜的月圆。

雪化后那片鹅黄，你像，
新鲜初放芽的绿，你是，
柔嫩喜悦，
水光浮动着你梦中期待的白莲。

你是一树一树的花开，
是燕在梁间呢喃，
——你是爱，是暖，是希望，
你是人间的四月天！

【备选指南】

林徽因，建筑师、作家、新月派诗人之一。《你是人间的四月天》是林徽因的经典诗作，关于本诗的创作意图，有两种说法：一是为悼念徐志摩而作，一是为儿子的出生而作。对此，其子梁从诫在《倏忽人间四月天》中说："父亲曾告诉我，《你是人间的四月天》是母亲在我出生后的喜悦中为我而作的，但母亲自己从未对我说起过这件事。"这首诗韵律和谐，具有丰富的想象美和意境美。朗诵时，应情感真挚，语言中充满着爱意，语气积极向上，要有对象感、画面感。

此诗适合声音柔美、情感细腻的女生选取为自备稿件。

雪花的快乐

徐志摩

假如我是一朵雪花，
翩翩的在半空里潇洒，
我一定认清我的方向——
飞扬，飞扬，飞扬，——

这地面上有我的方向。
不去那冷寞的幽谷，
不去那凄清的山麓，
也不上荒街去惆怅——
飞扬，飞扬，飞扬，——
你看，我有我的方向！

在半空里娟娟的飞舞，
认明了那清幽的住处，
等着她来花园里探望——
飞扬，飞扬，飞扬，——
啊，她身上有朱砂梅的清香！

那时我凭借我的身轻，
盈盈的，沾住了她的衣襟，
贴近她柔波似的心胸——
消溶，消溶，消溶——
溶入了她柔波似的心胸！

【备选指南】

徐志摩，现代诗人、散文家。在徐志摩的诗中，爱情诗是最有特色的部分，这些爱情诗抒发了他对爱与美的追求。他有时以自己的感情为基础，有时则以假想的异性为对象。而在《雪花的快乐》中，诗人把感情作了升华，把对爱情的追求与改变现实社会的理想联系在一起，包含着反封建伦理道德、要求个体解放的积极因素，热烈而清新，真挚而自然，真切地表达了诗人对一切美好事物的执着追求。朗诵时，把握好本诗的层次和整体基调，语气自然，三句“飞扬，飞扬，飞扬，——”要读得不一样，要有画面感，而且每句中的三个“飞扬”又要有所区别。

此诗适合声音明亮的考生选取为自备稿件。

纸　船

——寄母亲

冰　心

我从不肯妄弃了一张纸，
总是留着——留着。
叠成一只一只很小的船儿，
从舟上抛下在海里。

有的被天风吹卷到舟中的窗里，
有的被海浪打湿，沾在船头上。
我仍是不灰心地每天叠着，
总希望有一只能流到我要它到的地方去。

母亲，倘若你梦中看见一只很小的白船儿，
不要惊讶它无端入梦。
这是你至爱的女儿含着泪叠的，
万水千山，求它载着她的爱和悲哀归去。

【备选指南】

冰心，原名谢婉莹，著名诗人、作家、翻译家、儿童文学家。古今中外表达母爱的诗作很多，冰心的这首诗却有着自己的独特之处。诗人以孩子般的纯洁和天真，从儿童的游戏世界中找到了一个可以寄托对母亲无限思念的中介物——纸船，并以此展开自己的情思。朗诵时，整体基调忧伤、渴望，语气、情感真实而深沉。

此诗适合气息饱满、情感细腻的女生选取为自备稿件。

你的名字

纪　弦

用了世界上最轻最轻的声音，
轻轻地唤你的名字每夜每夜。

写你的名字，
画你的名字，
而梦见的是你的发光的名字。

如日，如星，你的名字。

如灯，如钻石，你的名字。
如缤飞的火花，如闪电，你的名字。
如原始森林的燃烧，你的名字。

刻你的名字，
刻你的名字在树上，
刻你的名字在不凋的生命树上。

当这植物长成了参天的古木时，
啊，多好，多好，
你的名字也大起来。

大起来了，你的名字。
亮起来了，你的名字。
于是，轻轻轻轻轻轻地呼唤你的名字。

【备选指南】

这是一首很有新意的爱情诗。诗人没有歌颂爱情的崇高和坚贞，没有描述爱人之间难舍难分的感情，更没有赞美爱人的美貌和品德，甚至没有出现一个“爱”字，但是用复沓、叠词、叠句等艺术手法，在字字句句间传达出一种对爱人的爱意。朗诵时，全文基调温柔浪漫，感情层层递进，语气自然真挚，注意节奏的快慢交替。

此诗适合情感细腻的考生选取为自备稿件。

死　水

闻一多

这是一沟绝望的死水，
清风吹不起半点漪沦。
不如多扔些破铜烂铁，
爽性泼你的剩菜残羹。

也许铜的要绿成翡翠，
铁罐上绣出几瓣桃花；
再让油腻织一层罗绮，
霉菌给他蒸出些云霞。

让死水酵成一沟绿酒，
飘满了珍珠似的白沫；
小珠们笑声变成大珠，
又被偷酒的花蚊咬破。

那么一沟绝望的死水，
也就夸得上几分鲜明。
如果青蛙耐不住寂寞，
又算死水叫出了歌声。

这是一沟绝望的死水，
这里断不是美的所在，
不如让给丑恶来开垦，
看他造出个什么世界。

【备选指南】

1925年闻一多回国后，目睹了国内军阀混战、民不聊生的惨状，产生了极其失望的情绪，于1926年写下了这首诗。《死水》采用了象征和反讽的艺术手法，把黑暗腐败的旧中国比喻为“一沟绝望的死水”，表达了诗人对丑恶势力的憎恨和对祖国深沉的挚爱。诗的最后一节表明他一方面对死水，也就是对黑暗现实不存幻想，坚信丑恶断然产生不了美；另一方面，他没有真的绝望，并非心如死灰，而是痛恨这沟死水，要让它死亡。朗诵本诗时，注意体会作者写作的背景，感情深沉，语气中有讽刺，有失望，有激愤。

本诗适合声音厚实的男生选取为自备稿件。

别了,哥哥(节选)

殷　夫

别了,我最亲爱的哥哥,
你的来函促成了我的决心,
恨的是不能握一握最后的手,
再独立地向前途踏进。

二十年来手足的爱和怜,
二十年来的保护和抚养,
请在这最后的一滴泪水里,
收回吧,作为噩梦一场。

你诚意的教导使我感激,
你牺牲的培植使我钦佩,
但这不能留住我不向你告别,
我不能不向别方转变。

在你的一方,哟,哥哥,
有的是,安逸、功业和名号,
是治者们荣赏的爵禄,
或是薄纸糊成的高帽。

只要我,答应一声说,
“我进去听指示的圈套。”
我很容易能够获得一切,
从名号直至纸帽。

但你的弟弟现在饥渴,
饥渴着的是永久的真理,
不要荣誉,不要功建,
只望向真理的王国进礼。
……
别了,哥哥,别了,
此后各走前途,
再见的机会是在,
当我们和你隶属着的阶级交了战火。

【备选指南】

“左联五烈士”之一的殷夫,于“四一二”大屠杀两周年之际,写下了这首《别了,哥哥》,与在国民党政府任职的大哥彻底决裂。字里行间显露着一个铁骨铮铮的革命者在亲情与信念两难抉择中的勇气和决心。朗诵时,声音饱满,把握好诗歌的层次,情感和基调要有变化。前半部分(1—3 节)的情感中要有兄弟手足情深的一面,体现出作者对哥哥的感激;中间部分(4—6 节)情感的过渡和转折要自然;最后一节表明与哥哥彻底分清界限时的态度要坚定。

此诗适合音色高亢、声音厚实的男生选取为自备稿件。

祖国啊,我要燃烧

叶文福

当我还是一株青松的幼苗,
大地就赋予我高尚的情操!
我立志做栋梁,献身于人类,
一枝一叶,全不畏雪剑冰刀!

不幸,我是植根在深深的峡谷,
长啊,长啊,却怎么也高不过峰头的小草。
我拼命吸吮母亲干瘪的乳房,
一心要把理想举上万重碧霄!

我实在太不自量了：幼稚！可笑！
蒙昧使我看不见自己卑贱的细胞。
于是我受到了应有的惩罚——
迎面扑来旷世的风暴！
啊，天翻地覆……
啊，山呼海啸……
伟大的造山运动，
把我埋进深深的地层，
——我死了，那时我正青春年少。
我死了！年轻的躯干在地底痉挛，
我死了！不死的精灵却还在拼搏呼号：
“我要出去！我要出去！我要出去啊——
我的理想不是蹲这黑暗的囚牢！”
漫长的岁月，
我吞忍了多少难忍的煎熬，
但理想之光，依然在心中灼灼闪耀。
我变成了一块煤，还悲愤地捶打地狱的门环：
“祖国啊，祖国啊，我要燃烧！”
地壳是多么的厚啊，希望是何等的缥缈！
我渴望：渴望面前闪出一千条向阳坑道！
我要出去，投身于熔炉，化作熊熊烈火：
“祖国啊，祖国啊，我要燃烧——”

【备选指南】

这首诗以第一人称的方式叙述，通过描写一株植物变成煤的过程，强烈地表达了作者希望投身祖国建设、为社会作出贡献的感情。朗诵时，感情浓烈，层层推进，到最后如同火山爆发。但注意朗诵时不要流于表面，要读出精神实质——不怕牺牲，渴望为建设祖国而燃烧。

此诗适合音色高亢、音域宽广的男生或声音厚实的女生选取为自备稿件。

我眷恋这块土地

国　风

我眷恋这块土地
眷恋这块生我养我的土地
眷恋长江奔腾不息的波涛
眷恋黄河一泻千里的气势
眷恋这块土地上
生生不息的野草
眷恋这块土地上
云团滚滚的羊群
我眷恋这块土地
眷恋这块浸透着
祖先汗水的土地
眷恋她身上的累累伤痕
眷恋那斑斑殷红的血迹
眷恋这块土地上
父辈的眼泪
眷恋这块土地上
亲人的挚爱

我眷恋这块土地
眷恋这块给我力量的土地
眷恋河流　湖泊和高山
眷恋草原　沙漠和良田
即使蓝天作纸　大海作墨
也写不尽我眷恋的情怀
即使蓝天作纸　大海作墨
也写不尽我眷恋的情怀

【备选指南】

“为什么我的眼里常含泪水,因为我对这土地爱得深沉。”土地养育了我们,对土地的眷恋,就是对家乡的眷恋,就是对祖国的眷恋。朗诵时,气势磅礴,情感、语气深沉,节奏激昂。

此诗适合声音大气、情感丰富的考生选取为自备稿件。

青春中国(节选)

用茫茫的夜色作墨
用疮痍的土地作纸
在鸦片战争的硝烟之后
是谁?
写下的两个字——中国
让人读得昏暗,读得疲惫
更让人读得心痛,读得悲愤
那萎缩在清末史书里的
消瘦的中国啊
那跪倒在《南京条约》里的
软弱的中国啊

那一天,无数的青年
走上了街头
面对淋漓的鲜血
面对惨淡的人生
他们的呐喊如同一阵阵惊雷
激荡着这昏睡的土地
他们就像一束束火焰
在曲折的道路中蔓延
盛开成五月绚丽的花朵
此后,他们加入到共产党人的行列中
他们义无反顾地选择了
用铁锤砸碎黑暗
用镰刀收割光明
他们走过漫道
他们越过雄关
他们驰骋疆场
他们英勇杀敌
他们要以枪杆做笔
写下一个崭新的中国
他们要以热血为色
描绘一个青春的中国

今天,一个大写的中国
让人读得光明,读得酣畅
今天,一个腾飞的中国
更让人读得生动,读得自豪
这就是在世界的东方喷薄而出的
希望的中国
这就是我们的青春中国

【备选指南】

这是一首荡气回肠的诗篇,用简洁的结构、恢宏的气势、富有张力的旋律抒发了作者对革命先辈的敬意,热情讴歌了正在崛起、正值青春的伟大中国。朗诵时,第一段情感压抑、悲愤,节奏缓慢;第二段语气斗志昂扬,节奏较快,第三段情感热烈、自豪,语言铿锵有力。

此诗适合声音厚实、音域宽广的考生选取为自备稿件。

乌骓别霸王（节选）

苗　晓

这汗津津的一身疲惫
冷冷地包裹着我苍凉的心

霸王啊，我的霸王，我的横扫千军的霸王
就在你枕剑酣睡的时候
呼啸的狂风吹来了四面的楚歌
我腾地而起，用带血的嘶鸣把你唤醒

霸王啊，我的霸王，我的义薄云天的霸王
这黑沉沉的夜晚
这楚歌如潮的夜晚
这血雨腥风扑天而来的夜晚
你不该用缰绳窒息我的怒火，锁住我的悲愤
霸王啊，我的霸王，我的气吞山河的霸王
千万里的血流成河
没有阻挡我勇往直前的血性
数不清的刀光剑影
遮不住我喷发烈火的眼睛
霸王啊，今天晚上你不该用围栏困住我
　　为你冲杀的豪情
霸王啊，我的霸王，我的力拔泰山的霸王
就暂且放下你手中的酒杯吧
用你那把寒光凝血的利剑
砍断锁住我的缰绳
让我一声长啸，向你作生离死别的辞行

霸王啊，我的霸王，我的相依为命的霸王
你是我的生命，我也是你的生命

你举起了短剑，倒在了虞姬冰冷的怀中
我迈开了脚步，奔向乌江汹涌的江心
就让我悲愤的泪水汇入那无尽的江流吧
为你化作流传千秋永不停歇的嘶鸣

【备选指南】

据《史记·项羽本纪》记载，楚汉战争中项羽被刘邦打败后，项羽带领八百人马突出重围，来到乌江江畔，乌江亭长劝项羽赶快渡江，以图东山再起、报仇雪恨。可是项羽却笑着说："天之亡我，我何渡为！且籍与江东子弟八千人渡江而西，今无一人还，纵江东父兄怜而王我，我何面目见之？纵彼不言，籍独不愧于心乎？"于是拔剑自刎而死。乌骓是项羽的坐骑，传说项羽自刎于乌江边后，忠于主人的乌骓也跳乌江而死。朗诵时，整体基调苍凉悲壮，气息饱满，情感深沉，节奏要快慢有致，语言要有高低起伏。

此诗适合声音浑厚、情感丰富的考生选取为自备稿件。

重塑历史

边　路

是谁
铁马冰河 饮剑长啸
是谁的故事
让狂风卷起的尘埃掩埋
又是谁
被岁月的冲洗遗留

残存的剧场 掩映着孤独

复古的胶片 记录了年华

骑士 被导演成英雄
英雄 等待着孤傲的公主
公主 囚笼在深远的宫殿
宫殿 是封存的历史的废墟

是谁的琴弦 孤独弹唱
寂寞的年华 又是谁的眼泪

骑士 带着胜利归来
英雄 带着悲愤离去
历史的长河流淌着公主的泪

挥剑的那一刻
斩断历史的继续
于是
人们开始重塑——
一幕幕重演的历史

【备选指南】

英雄总是让人崇拜的。一个又一个的英雄人物在历史中来了又去,他们的故事既是振奋人心的,也是悲壮的。本诗意境悠远,基调悲壮,朗诵时,情感、语气时而大气,时而孤独,时而激昂,时而悲愤,时而平静。

此诗适合声音大气、气息饱满的男生选取为自备稿件。

希腊的战歌

〔英〕拜 伦

希腊人的子孙,起来!
光荣的时刻已到来,
要无愧于我们高贵的血脉,
看一看我们是谁的后代。

希腊人的子孙,让我们走!
拿起武器跟敌人斗,
让那仇恨之血聚成河,
在我们的脚下流。

做一个大丈夫,
鄙视那土耳其暴君的枷锁,
让祖国看见你们的奋起,
把那所有的枷锁打破。

回忆起你们的尼奥里达斯酋长,
你们一直在把他歌唱,
他曾将你们拯救于危亡,
他该是何等勇敢,何等坚强!
他曾率领着三百名勇士,
坚守阵地,开展了战斗,
如同一头怒吼的雄狮,
浴血坚持到最后。

【备选指南】

拜伦是英国杰出的浪漫主义诗人。这首诗号召希腊人民奋起抗争土耳其暴君的统治,为了自由而斗争到最后。诗歌情绪激昂,振奋人心,体现了“拜伦式英雄主义”的诗风。整首诗情感浓烈,朗诵时,声音要铿锵有力、掷地有声,语调要有高低起伏,语气要激昂、豪迈、奔放。

本诗适合声音浑厚的男生选取为自备稿件。

南方的夜

冯　至

我们静静地坐在湖滨，
听燕子给我们讲讲南方的静夜。
南方的静夜已经被它们带来，
夜的芦苇蒸发着浓郁的情热——
我已经感到了南方的夜间的陶醉，
请你也嗅一嗅吧，这芦苇丛中的浓味。

你说大熊星总像是寒带的白熊，
望去使你的全身都感到凄冷。
这时的燕子轻轻地掠过水面，
零乱了满湖的星影——
请你看一看吧，这湖中的星象，
南方的星夜便是这样的景象。

你说，你疑心那边的白果松
总仿佛树上的积雪还没有消融。
这时燕子飞上了一棵棕榈，
唱出来一种热烈的歌声——
请你听一听吧，燕子的歌唱，
南方的林中便是这样的景象。

总觉得我们不像是热带的人，
我们的胸中总是秋冬般的平寂。
燕子说，南方有一种珍奇的花朵，
经过二十年的寂寞才开一次——
这时我胸中忽觉得有一朵花儿隐藏，
它要在这静夜里火一样地开放！

【备选指南】

冯至被鲁迅誉为当时“中国最为杰出的抒情诗人”。《南方的夜》写于1929年，那时冯至虽然在北方任教，却把回忆中的南方写得如此亲切可感。开头第一句“我们静静地坐在湖滨，听燕子给我们讲讲南方的静夜”向读者拉开了宁静的画面。“请你也嗅一嗅吧，这芦苇丛中的浓味”让我们似乎也闻到了夏日的空气，语言于整饬中保持自然，旋律舒缓柔和，有内在的音节美与外在的视觉美。整首诗感情真挚，表达委婉细腻。最后一句“这时我胸中忽觉得有一朵花儿隐藏，它要在这静夜里火一样地开放”直抒胸臆，是诗人的感情迸发。

此诗适合声音明亮、情感细腻的考生选取为自备稿件。

第十二章　散文

老　树

庞华坚

那棵树,比所有人都起得早。三百年前它就醒了,站在村口,迎来送往。

请你告诉我,谁的根比它的根扎得更结实?谁比它更多地经历了尘世中的冷与热、生与死?

而它只是一棵树。三百年没能挪动半步。

守望或安然?焦急或无奈?这都是猜测。面对外面世界的精彩,它的双脚该如何踏实!

太阳升起时,我们看到老树,深深的纹路以及那些无法模仿的沧桑,在泥土中微微颤动。

【备选指南】

此文短小精悍,向我们展示了一棵饱经风霜的老树形象。朗诵时,气息饱满,情感深沉。此文适合声音浑厚的男生选取为自备稿件。

请让我做您的母亲

徐莉丽

不管是叱咤风云的女强人,还是平凡安稳的贤妻良母,她们小时候,都曾经是妈妈的乖女儿。在孩子越长越大的时候,妈妈就越变越衰老了。

十六七岁的我,以为自己是所谓的"新人类",妈妈是没法儿理解我现在的追求的。每次吵着要自己独立,不让妈妈管的时候,我都是那样的骄傲和自信。可是往往在受了伤、跌了跤的时候才知道,第一个喊出声的是"妈妈"。

在这人生路上,擦肩而过的人那么多。有几个能在你跌倒之后像妈妈那样心疼不已地呵护你呢?毫无疑问,妈妈是世上最伟大的人。每当听到那首《世上只有妈妈好》的歌,我都会特别地感动,妈妈的微笑、妈妈的声音、妈妈的皱纹、妈妈的身影,立刻会浮现在我的脑海中。

我想对妈妈说:"女儿已经长大了。这个世界上能做您的女儿,是我最大的荣幸。如果有来世,请让我做您的母亲吧!让我也像您爱我那样去爱您吧!"

【备选指南】

这是一篇歌颂母亲的文章，作者以女儿的身份对母亲说“请让我做您的母亲”，乍一听上去，好像是对母亲的一种不敬，其实，作者想表达的是女儿在长大成熟以后，才发现母亲的伟大与辛苦，所以，如果有来世，自己愿意以同样的方式回报母亲。朗诵时，情感真挚，语速平稳，气息饱满，语气充满感激之情。

本文适合情感细腻的女生选取为自备稿件。

春之怀古

张晓风

春天必然曾经是这样的：从绿意内敛的山头，一把雪再也撑不住了。噗嗤的一声，将冷面笑成花面，一首澌澌然的歌便从云端唱到山麓，从山麓唱到低低的荒村，唱入篱落，唱入一只小鸭的黄蹼，唱入软溶溶的春泥——软如一床新翻的棉被的春泥。

那样娇，那样敏感，却又那样混沌无涯。一声雷，可以无端地惹哭满天的云；一阵杜鹃啼，可以斗急了一城杜鹃花。一阵风起，每一棵柳都吟出一则则白茫茫、虚飘飘，说也说不清、听也听不清的飞絮；每一丝飞絮都是一株柳的分号。反正，春天就是这样不讲理、不逻辑，而仍可以好得让人心平气和。

春天必然曾经是这样的：满塘叶黯花残的枯梗抵死苦守一截老根，北地里千宅万户的屋梁受尽风欺雪压，犹自温柔地抱着一团小小的空虚的燕巢。然后，忽然有一天，桃花把所有的山村水廓都攻陷了，柳树把皇室的御沟和民间的江头都控制住了——春天有如旌旗鲜明的王师，因为长期虔诚的企盼祝祷而美丽起来。

而关于春天的名字，必然曾经有这样的一段故事：在《诗经》之前，在《尚书》之前，在仓颉造字之前，一只小羊在啮草时猛然感到的多汁，一个孩子放风筝时猛然感到的飞腾，一双患风痛的腿在猛然间感到舒活，千千万万双素手在溪畔、在塘畔、在江畔浣纱时所猛然感到的水的血脉……当他们惊讶地奔走互告的时候，他们决定将嘴噘成吹口哨的形状，用一种愉快的耳语的声音来为这季节命名：“春。”

鸟又可以开始丈量天空了。有的负责丈量天的蓝度，有的负责丈量天的透明度，有的负责用那双翼丈量天的高度和深度。而所有的鸟全不是好的数学家，它们吱吱喳喳地算了又算，核了又核，终于还是不敢宣布统计数字。

至于所有的花，已交给蝴蝶去点数；所有的蕊，交给蜜蜂去编册；所有的树，交给风去纵宠；而风，交给檐前的老风铃去一一记忆，一一垂询。

春天必然曾经是这样，或者，在什么地方，它仍然是这样的吧？穿越烟囱与烟囱的黑森林，我想走访那踯躅在湮远年代中的春天。

【备选指南】

每一片绿叶都在述说着春天的故事。在作家张晓风的笔下，春天被渲染得有灵性，有诗性，有个性，按照独特的方式酝酿着自身的故事、展现着自身的美丽。这是一篇借景抒情的诗性散文,字里行间流淌着作者对美丽自然的喜爱赞赏。朗诵时,全文的基调应明朗愉悦,语言自然,描写景物部分要细致优美,描写动物部分要生动活泼,抒发情感部分则要真诚细腻。

此文适合声音明亮、情感细腻的考生选取为自备稿件。

瞳　孔

屠　岸

幼小的时候,我爱看母亲的瞳孔,那瞳孔里有一个孩子的脸,那就是我自己。年轻的时候,我爱看爱人的瞳孔,那瞳孔里有一个青年的脸,那就是我自己。母亲瞳孔里的孩子常常笑,笑得那么傻气。爱人瞳孔里的青年也常常笑,笑得那么傻气。

如今,我想再看母亲的瞳孔,母亲已经不在了。如今,我想再看爱人的瞳孔,妻子已经衰老了。我努力睁眼去看妻子的瞳孔,却看不见任何人的面孔,因为我的眼睛已经昏花了。

有一个声音说,何必睁眼呢?把眼睛闭上吧。我闭上了眼睛。顿时,我看见了母亲的瞳孔,那瞳孔里有一个孩子的笑脸,那就是我自己。顿时,我看见了爱人的瞳孔,那瞳孔里有一个青年的笑脸,那就是我自己。我看见母亲的瞳孔对我笑,笑得那么慈祥。我看见爱人的瞳孔对我笑,笑得那么美丽。于是,我也笑了,笑得那么傻气。

【备选指南】

瞳孔是心灵的窗户,是最真实的一面镜子。它映照着人的一生,表达着人类最细腻的情感。这篇散文通过母亲、妻子瞳孔里的作者的自我形象,表达了母子、夫妻之间的深切感情。朗诵这篇文章一定要有情景再现,在读到每一个场景时,脑海中要活灵活现地出现此情此景。尤其是朗诵第三段文字时,声音应以虚声为主,表现出作者闭眼想象中的美好意境。

此文适合情感细腻的男生选取为自备稿件。

常常,我想起那座山(节选)

张晓风

常常,我想起那座山。

它沉沉稳稳地驻在那块土地上,像一方纸镇。美丽凝重,并且深情地压住这张纸,使我们可以在这张纸上写属于我们的历史。

有时是在市声沸天、市尘弥地的台北街头,有时是在拥挤而又落寞的公共汽车站,有时是在异国旅舍中凭窗而望,有时是在扼腕奋臂、抚胸欲狂的大痛之际,我总会想起那座山。

或者在眼中,或者在胸中,是中国人,就从心里想要一座山。

孔子需要一座泰山,让他发现天下之小。

李白需要一座敬亭山,让他在云飞鸟尽之际有“相看两不厌”的对象。

辛稼轩需要一座妩媚的青山,让他感到自己跟山相像的“情与貌”。

是中国人,就有权利向上帝要一座山。

……

我要的是一个似曾相识的山水——不管是在王维的诗里初识的，在柳宗元的永州八记里遇到过的，在石涛的水墨里咀嚼而成了痕的，或在魂里梦里点点滴滴一石一木蕴积而有了情的。

我要的一种风景是我可以看它也可以被它看的那种。我要一片"此山即我，我即此山，此水如我，我如此水"的熟悉世界。

有没有一种山水是可以与我辗转互相注释的？有没有一种山水是可以与我互相印证的？

【备选指南】

"是中国人，就从心里想要一座山。"山和水是中国文人最喜爱的题材，每个文人心中都有一个理想的山水之境。朗诵本文时，情感和语气要自然舒缓，特别要处理好几处排比语句，体现出作者对中国历史、人文的赞美之情。

此文适合声音厚实的考生选取为自备稿件。

剪烛西窗

刘　墉

"何当共剪西窗烛，却话巴山夜雨时。"这是唐代大诗人李商隐名作《夜雨寄北》的诗句。想那西窗下，荧荧一烛，诗人促膝夜谈，几番风雨成隔世，共话白头到眼前，看那烛光由短而长、由高而低、执剪修心，是何等的悠然？

你点过蜡烛吗？看过那跳动的烛光和飞舞的烛花吗？感受过那蕴藉中所含蓄的幽幽之情吗？选蜡烛，实在有很大的学问，尤其是那"烛心"，偏了的不能要，否则燃烧不会均匀；太粗的不可取，因那烛火虽强，却消逝得快，且少了情趣；太细的也不能用，因为一点微风，就会使它熄灭。至于点燃的时候，就更要讲究了：那烛台要正，免得炽泪自一边倾下；那烛心要直，免得一侧燃出个大缺口；那烛心要不长不短，短了烛火太弱，多了则要跳动生烟。懂得调整烛心的人，常能使蜡烛多燃许多时间，甚至在熔成一小摊的时候，只要烛心不偏，还能多耗些时。

听了这许多话，下次对着荧荧一烛，你一定会有许多新发现，而且即或没有烛火在前，何尝不能在自己的心中点起一盏烛光呢？

于是你的心，就是烛的心，要不粗不细，不偏不倚，且得常常修剪，剪得不长不短，恰恰托出一片蕴藉的光辉与温暖。

【备选指南】

刘墉，知名华人作家，他的处世散文和励志书籍经常成为华人世界的畅销作品。《剪烛西窗》告诉我们，从古至今，那些伟大的人物一直在不断地修剪自己的心，从而成就辉煌无比的事业。我们普通人也一样，只有不断反省自己，才能感受到亲情、友情、爱情的温暖。朗诵时，情感真实，语气自然，要有对象感，如同与老朋友聊天一样，整体基调亲切，娓娓道来。

此文适合声音明亮的考生选取为自备稿件。

冬天来了,春天更远

这是一个有关春天的故事。

一朵婷婷睡莲,池中静绽,灿烂而迷人。暖洋洋的春日午后,飞来一只红蜻蜓,落在莲美丽的花瓣上。蜻蜓因莲的绚丽而驻足,莲呢,因蜻蜓的到来而更灿烂。它们就这样度过了一个温馨而浪漫的下午。然后,红蜻蜓飞走了,越飞越远……后来呢?耐不住我的一再追问,朋友叹口气,你非要知道后来,那我告诉你……后来,红蜻蜓又飞回来了。可是,莲花已经凋谢,生命已经结束。朋友说着,眼睛里泪光闪动。

人和花一样,只有一个春天,只有一次花期。错过花期的花,不是季节的无意,就是被季节无情地伤害。

冬天来了,春天就不远了吗?岁月潜变,逝者如川,季节轮回的春天,还会是那一个春天吗?春天故事的主人公,还会是那两个不变的身影吗?

人不可能两次踏入同一条河流,也不可能两次走进同一个春天。

冬天来了,春天更远。春天,是对另一个春天的终结。

如果花开是一种幸福,那么幸福只有一个春天;如果雪飘是一种幸福,同样,幸福也只有一个冬天。

没有永恒的冬春,只有永恒的季节。

冬天来了,春天更远。冬天的记忆,让春天的逝去更彻底。

"面朝大海,春暖花开"的海子,终没有等来"春天,十个海子全都复活"。诗歌没有第二个春天,诗人也没有第二个海子。这是诗歌时代的春逝。

春天,无法复制。

"君到江南赶上春,千万和春住。"惜春词人的几多叮咛,道出了一个淳朴的真理:有花堪折直须折,莫待无花空折枝。

等待的春天只会更远。

【备选指南】

"冬天来了,春天还会远吗?"我们一直这样安慰着自己,其实,等待的春天只会更远。这篇散文告诉我们要珍惜当下,莫把一切寄托在未来。朗诵本文时,情感真诚,语言生动,文中叙述、议论、抒情的语气要有变化,结尾一句要意味深长。

此文适合情感细腻的考生选取为自备稿件。

梦里雪山

淡　茶

我的目光,穿过那皑皑的白雪,落在雪山之巅。在那不可企及的高度中,我的灵魂,被一次次震撼。

天空湛蓝,在广漠的天穹下,苍鹰在自由地盘旋。追寻着朝圣者的足迹,我的思想我的梦,向着那遥远的历史伸延……

经幡飘摇,诉说着古老的往事。在那淙淙流水经过的土地,又吟唱了多少悲欢的歌谣。沧海桑田,大海成山,亿万年的历史有雪山作证,亿万年的沧桑有蓝天为凭!亿万年啊!多么漫长!又多么短暂!有谁还记得这里曾是深深的海洋?有多少鱼儿在这里自由地生长,那暖暖的海风,可曾有一点冰冷的模样?可是亿万年实在是太短!当那高高的雪山耸立云端时,我们才发现,时间是如此的短暂。

时光如滚滚的车轮,碾过历史、碾过人生。当红尘历尽,在回眸一瞥中,才发现雪山依旧、往事成烟。只有那缥缈的梵唱,合着阵阵法螺,一声声、一声声在蓝天上回响……

那一座座雪山连绵,那一座座冰峰矗立,那亿万年绝韧的冰壁上,只有岁月的刻刀,独自镌刻着一首不朽的歌谣……千古传唱!苍茫之巅,白云之上,是谁成就了这永恒的绝响!

独对茫茫的雪山,壮士的豪气在胸中激荡!寒风如箭、雪花漫天!只为采摘那洁白的雪莲,用它高贵的芳香把我的灵魂浸染!在纤尘不染的心境中,才能体味雪山的柔美、雪山的无瑕、雪山的壮丽、雪山的博大!

曾几何时?铁马兵戈,气吞万里!曾几何时?风云色变,血映山河!几千年的喧嚣,无法改变雪山的姿态。几千年的繁华,无法磨去雪山的容颜!它静静地耸立在蓝天下,以悲悯的胸怀,包容着凡俗的尘埃……

所有的记忆在这里凝固,所有的历史在这里封存……

在这雪的国度里,映入眼帘的只有蓝与白。仿佛世上只有这两种色彩,蓝得深湛、白得无瑕。在湛蓝中飘浮的一朵白云,悠悠地诉说着古老的情怀。这是永恒的色彩、生命的色彩……

阳光、雪线,我向着雪峰凝望。所有的梦想在凛冽的寒风中生长,所有的渴望在雪山上萌发,所有的激情化作血脉中汩汩流淌的诗篇!那激昂的风声带着清越的呼啸,刺破蓝天、直达苍穹!在亿万年的岁月里,奏响着不朽的乐章……

亿万年的过去展现在历史的今天!亿万年的将来又以何种方式上演?

苍茫雪山!亘古的音律!

苍茫雪山!我梦里的情怀……

【备选指南】

雪山,多少人向往的地方,她充满神秘,象征着高洁的品质以及岁月的沉淀。文章热情地赞美了雪山。朗诵时,情感饱满,语气深沉大气,要感同身受,想象自己站在雪山之巅,俯瞰沧海桑田,进入作者为我们描绘的梦里雪山。

此文适合声音厚实、想象力丰富的考生选取为自备稿件。

成吉思汗

歌吟有梦

站在内蒙古的草原上,我没有看到大雕飞翔的影子,却忽然想起了你。想起了你,便有一股英豪之气,从草原和岁月的深处冲腾而起。

在想起你时,我才感到,其实我是为你而来的。为你而来,我走过了万水千山。为你而来,我穿过了浩渺的历史云烟。

啊!成吉思汗,我就这么来了,来到你世袭的领地,来到你辽阔而又美丽的梦想之中。

仰起头,在蔚蓝而高远的天空上,我依然没有看到飞翔的大雕,也没有看到弯弓搭箭的猎人。但我好像听到,你曾经射出的那支箭在风中呼啸,你曾经高扬的马鞭在驱赶着铁蹄奔跑。

战鼓隆隆,马蹄声声。你威武的身影在千里的疆场上驰骋。旌旗飘飘,刀光剑影。辽阔的疆土从你的脚下向着远方延伸。

草青草枯,云卷云舒。大风在草原上不知吹过了几多春秋?风吹草低见牛羊,那些云朵般的牛羊,早已跑进了历史的画框。

啊!成吉思汗,我看到你所在的那个地方,就是成群的牛羊正在奔去的地方。

辽阔的大草原,是你梦中的天堂。一个蒙古包,就是一座村庄;一片茂盛的草坡,就是一层起伏的碧浪;一个马背上的民族,就这样被你引领着走向辽阔,走向昌盛,走向富强。

兀立草原,我任凭自己的思绪脱缰而去。从奔马雄健的英姿,我想象着你昔日的勇敢和强悍。

你曾经改变了世界的版图,也改变了历史的时空。你是那个时代造就的英雄,因为有了你,那个时代的日月才会光芒四射。

啊!成吉思汗,我在草原上没有看到你,可我却看到四处闪射着你精神的光辉。

啊!成吉思汗,你是草原之鹰,你是草原之根,你是草原之魂!

【备选指南】

成吉思汗是中国历史上的英雄人物,毛泽东称其为“一代天骄”。12 世纪末至 13 世纪初,成吉思汗以杰出的政治谋略结束了蒙古草原四分五裂的局面,完成了蒙古族的统一。朗诵时,应声音有力,气息饱满,以一种崇敬的心态来歌颂一代英豪。

此文适合音色高亢、声音厚实的考生选取为自备稿件。

走近你,中国京剧(节选)

琴韵秋水

有一种艺术在我的心底回旋,有一种力量在拨动着我的心弦,让我急切地走近你,让我深情地恋着你——中国京剧!

聆听千遍也不舍你的悠悠古韵,观赏万回仍迷恋你的唱念做打,我是这样地痴迷着你——中国京剧!

走近你动人心魄的锣鼓点,聆听你舒缓流畅的皮黄腔,依稀仿佛中,看到了一代代皇家王朝的兴衰史,看到了一串串感天动地的恩仇泪,看到了一场场触目惊心的生死恨,看到了一幕幕荡气回肠的忠魂谱。

沿着你二百多年走过的岁月，看到了一座座里程碑，看到了碑铭上一个个不朽的名字。正是这一座座丰碑，才托起了京剧艺术流光溢彩的舞台。

悠悠百年，沧桑无尽；小小舞台，精彩无限；唱念做打，功在戏外；荡气回肠，情在戏中。这就是我们的京剧艺术，这就是我们的民族瑰宝！

就这样，满怀着敬仰的心情，走近你，中国京剧！

就这样，满怀着深切的感动，走近你，中国京剧！

【备选指南】

京剧是中国影响最大的戏曲剧种，有"国剧"之称。它走遍世界各国，成为介绍、传播中国传统文化的重要手段。朗诵时，应情感炽热，把对京剧的热爱由内而外展现得淋漓尽致。要注意停连技巧的运用，尤其是对几个排比句的表达，要读出气势。

此文适合情感丰富、声音厚实的考生选取为自备稿件。

唐诗里的中国（节选）

吴克欣

也许，在我们每个人的心底，都藏着一个小小的唐朝。所以在今天，唐装才重回我们的衣柜，中国结又重系我们的裙衫，唐诗又一遍遍回响在我们的耳畔……爱中国，可以有一千一万种理由，选一个最浪漫的理由来爱她吧——唐诗生于唐朝，唐朝生于中国，中国拥有世界上独一无二的唐诗。我爱唐诗，更爱中国。

翻开《唐诗三百首》，读一首唐诗，便如拔出了一支锈迹斑驳的古剑。寒光黯黯中，闪烁着一尊尊英雄不灭的精魂：死生无畏，气吞山河，金戈铁马梦一场，仰天长啸归去来……都在滚滚大浪中灰飞烟灭。多么豪迈的唐诗啊！读一首唐诗，宛如打开一枚古老的胭脂盒，氤氲香气中，升腾起一个个薄命佳人哀婉的叹息。思君君不知，一帘幽怨寒。美人卷帘，泪眼观花，多少个寂寞的春夜襟染红粉泪！多么凄美的唐诗呵！拭泪掩卷，浅斟低吟。

寒山寺的钟声余音袅袅，舒展双翼穿越时空，飞越红尘，似雁鸣如笛音，声声荡气回肠。世事更迭，岁月无常，更换了多少个朝代的天子！唐宗宋祖，折戟沉沙，三千粉黛，空余叹嗟。富贵名禄过眼云烟，君王霸业恒河消弭。唯有姑苏城外寒山寺的钟声，依然重复着永不改变的晨昏。唐朝的江枫渔火，就这样永久地徘徊在隔世的诗句里，敲打世人浅愁的无眠。

唐朝的月明，唐朝的酒烈，唐朝的离别苦，唐朝的诗人清高，唐朝的红颜多薄命。

万卷古今消永昼，一窗昏晓送流年。三百篇诗句在千年的落花风里尘埃落定。沏一杯菊花茶，捧一卷《唐诗三百首》，听一听巴山夜雨的倾诉，子夜琵琶的宫商角羽，窗外有风透过湘帘，蓦然间忘了今夕何夕。

唐装在身，唐诗在手，祖国在心中。

【备选指南】

唐诗是中华民族优秀传统文化的代表，影响了一代又一代中国人，在每一个炎黄子孙的心中都留下了不可磨灭的印记。朗诵时，要有感而发，由对唐诗的赞颂，体会到作者对博大精深的中华文明的热爱。语速的快慢交替、节奏的舒缓急徐要得心应手。

此文考生均可选取为自备稿件。

活　埋(节选)

远　方

在南京,在大屠杀纪念馆,一个巨大的头颅、一张巨大的嘴,在呐喊。呐喊声,在无涯的时间和空间里,凝固了。一个被日本人活埋的中国人,一个人,喊出了一个民族的痛。被埋在泥土下的躯体,在反抗,在挣扎,在竭尽全力爆发。血气上涌,眼眶通红,生命在呐喊声中,变得轻盈、飘逸,远离灵魂。

在看到一个人被另一个人埋进泥土,一个民族被另一个民族活埋的时候,会想些什么?

那些木然地,甚至欣喜若狂地挥舞铁锹,用泥土涂抹这幅图的所谓的"人",他们,挥动着恶之臂膀的他们,还能被称为人?

我无法透过一副骨架,拼凑成一个完整的、有血有肉的人。老的、少的、漂亮的、英俊的,只是看到了骨骼,完整的、白花花的、亮得刺眼的骨骼,人的骨骼。一副、两副、许多副,他们排着队,整齐而又凌乱。

在南京,在活埋者的头颅前,在万人坑的骨架前,我常常感觉到作为一个弱者的无助。我常常替他们挣扎着、呐喊着、逃跑着,可如果把我,放到这样一段日子里,除了挣扎、呐喊、逃跑,我还能做些什么?我的想象力,如此贫乏。

有一个人,或许,是一个作家,为我复原了一幅图:泥屑从头顶纷纷飘落的时候,一位母亲,把自己弯成一张弓,用身体为婴儿,挡住了这个世界强加给他的噩运。

从被活埋的数十万骨架中,突然看到这样一幅图,惊悚之中,一股暖意上升。透过这根月牙一样的残缺的脊梁,我分明看到了人性的圆满。

【备选指南】

南京大屠杀,是每一个中国人心中永远的痛,这是一段不能忘却的历史。铭记历史,对于今天的我们来说,除了纪念那些无辜死去的同胞们,更多的是提醒我们永远不要忘记"落后就要挨打"的血的教训。朗诵时,整体基调是深沉、悲痛的,短句要短促有力,把握好停连的节奏,注意情、声、气的结合。

此文适合音色高亢、声音厚实的考生选取为自备稿件。

苍鹰之死(节选)

你高踞于悬崖上,再度俯视着这个使你骄傲了一生的世界:蔚蓝色的海洋、起伏的山峦、茂密的丛林。这些,都在你的翅膀下颤抖过,但现在,这些都已不再属于你——你老了!

你曾锐利的双眼微微合闭着,已不再闪着透亮的光。你苦、你累、你欣慰、你骄傲、你沉默,你追求蓝天荒原,你的血液汹涌地沸腾。

你孤独一生,忧伤一生。你来到这个世界上,就注定了是一趟孤旅,你只能与蓝天白云为伍。你不断超越着，只有在不断的超越中，才能感受到生命的充实。

但现在，你不能再超越了，你只能仰望着白云，仰望着你曾拥有过的一切。

你是鹰，是不会向命运屈服的——有过辉煌历史的不落的鹰。

你在心中一遍遍呼叫着，看了最后一眼你曾拥有过的世界，然后奋力朝岩石撞去……一声悲壮而凄厉的长啸在夜色中久久回响！

一个巨大的身躯在血的飞溅中悠悠飘落！

一块带血的岩石在夜风中悲壮地鸣叫！

一个烈性的传说在这里升华！

山川听着千余年绵绵的传说，悲壮凄恻如歌如泣……

【备选指南】

这是一曲鹰的颂歌，它骄傲过、孤独过、辉煌过、忧伤过。面对衰老，它宁愿高傲地死也不愿卑微地活，即使是死，也要死得大气。朗诵时，应采用忧伤的基调，语气悲壮、感情饱满。

此文适合声音厚实的考生选取为自备稿件。

影的告别

鲁　迅

人睡到不知道时候的时候，就会有影来告别，说出那些话——

有我所不乐意的在天堂里，我不愿去；有我所不乐意的在地狱里，我不愿去；有我所不乐意的在你们将来的黄金世界里，我不愿去。

然而你就是我所不乐意的。

朋友，我不想跟随你了，我不愿住。

我不愿意！

呜呼呜呼，我不愿意，我不如彷徨于无地。

我不过一个影，要别你而沉没在黑暗里了。然而黑暗又会吞并我，然而光明又会使我消失。

然而我不愿彷徨于明暗之间，我不如在黑暗里沉没。

然而我终于彷徨于明暗之间，我不知道是黄昏还是黎明。我姑且举灰黑的手装作喝干一杯酒，我将在不知道时候的时候独自远行。

呜呼呜呼，倘是黄昏，黑夜自然会来沉没我，否则我要被白天消失，如果现是黎明。

朋友，时候近了。

我将向黑暗里彷徨于无地。

你还想我的赠品。我能献你甚么呢？无已，则仍是黑暗和虚空而已。但是，我愿意只是黑暗，或者会消失于你的白天；我愿意只是虚空，决不占你的心地。

我愿意这样，朋友——

我独自远行，不但没有你，并且再没有别的影在黑暗里。只有我被黑暗沉没，那世界全属于我自己。

【备选指南】

本文写于 1924 年 9 月，鲁迅当时正处于精神上第二个寂寞苦闷的时期。这篇文章是鲁迅当时孤独彷徨心境的写照。文章开篇对那些曾经意气风发，如今却“睡到不知道时候”的沉默、颓唐的青年发出了激越的呼喊。然而，面对现实，他自己的思想又是矛盾的。现实社会将向何处去？他感到茫然。但是，他并不沉默，仍奋然前行。宁愿与黑暗、虚空战死，也决不像“朋友”那样“睡到不知道时候”。朗诵时，要把握住作者内心的矛盾与彷徨，结尾的“我独自远行……”要读出一种坚定的信念感。

此文考生均可选取为自备稿件。

怀念一匹鹰

黎梦龙

平原的秋空，辽阔而明净。

一匹黑色的鹰，如同盛开的死亡玫瑰，穿越黄昏的瞳孔。

险峰绝壁，拴不住鹰的遐想；莽莽山林，写满鹰的孤独。

一匹黑色的鹰，以深邃如夜的目光，撕开世纪日历，俯瞰着乡村收获的田园、拥挤的篱笆，以及老人嘴边的童话。

它在欣赏，以天才的心态沉默；

它在流动，以旗帜的走向舒展。

晚云与炊烟渲染，冷暖乡村的生活画卷。

流浪的鹰，找不到栖息的高度，自己的影子是唯一的猎物。夜之空巢上，闪烁着星星的泪花。

一匹黑色的鹰，没有贻下一枚多余的羽毛，成为南方动人的传说，却以高远的真实，劫走了村庄平静的秋水和幽夜长梦。

【备选指南】

本文就像是一幅田园山水画，平原的秋空、黑色的鹰、险峰绝壁、莽莽山林、收获的田园、拥挤的篱笆、晚云、炊烟，既平静又有些微的伤感。朗诵时，注意画面的描述有动有静。

此文适合气息饱满、声音厚实的考生选取为自备稿件。

祖国抒怀(节选)

我怀着一种无比崇敬的心情，登上泰山的顶峰，看到了一轮红日喷薄而出……

我游览了白山黑水，看到了祖国的繁荣和富足。登上南沙群岛的珊瑚礁啊！我感受到了祖国幅员的广袤。

在八百里秦川，我听到了祖国儿女气势奔雷的心声。那一阵阵响入云天的威风锣鼓、那一声声惊天动地的浑厚呐喊、那一队队铿锵有力的整齐步伐，表述了我兄弟姐妹们的一腔豪情。

天山脚下、流沙深处，我看到了大漠孤烟直、长河落日圆的奇壮险美的景象，那不是海市蜃楼的虚幻，那不是梦魇中的天堂，那是开发大西北号角的召唤。

我站在青藏高原雪域顶端，畅饮一杯舒心醉情的怡人的奶茶，庆贺五十六个民族和睦和昌盛。

我徜徉在人间天堂香格里拉的红草地旁，端详着历经沧桑、千姿百态的古碉堡，我意识到了作为一个中国人的责任和尊严。

我沿着长江黄河纤夫的足迹，手抚被纤绳磨深印痕的石柱，心如潮涌，泪眼盈盈，苦难深重的祖国啊！你是那样的坚韧不屈和顽强！

我伫立在沟壑纵横的黄土高原，捧一把滚烫的黄土贴在我的心口，我感受到了祖国母亲的温情。

我再一次攀上泰山的顶峰，在历代先人驻足的地方期盼着，期盼着，期盼着再一次的东方红日喷薄腾升！

【备选指南】

《祖国抒怀》以磅礴大气的语言表达了作者对祖国大好河山的热爱以及强烈的民族自豪感。朗诵时，语气慷慨激昂，心潮汹涌澎湃。

此文适合音色高亢的男生或声音厚实的女生选取为自备稿件。

沈园的故事

夏雨清

一个宋朝的园林，能够一代代传下来，到今天还依然有名，也许只有绍兴的沈园了。沈园的出名却是由一曲爱情悲剧引起的。诗人陆游和表妹唐婉在园壁上题写的两阕《钗头凤》是其中的热点。

陆游也许是宋朝最好的一个诗人，但肯定不是一个值得唐婉为他而死的人。

表妹唐婉是在一个秋天忧郁而逝的，临终前，她还在念着表哥那阕被后人传唱的《钗头凤》。自从这个春天和陆游在沈园不期而遇后，病榻之上的唐婉就在低吟这阕伤感的宋词。

一枝梅花落在了诗人的眼里，这是南宋的春天，年迈的陆游再次踏进了沈园。在斑驳的园壁前，诗人看到了自己四十八年前题写的一阕旧词：

红酥手，黄縢酒，满城春色宫墙柳。

东风恶，欢情薄，一怀愁绪，几年离索。

错，错，错。

春如旧，人空瘦，泪痕红浥鲛绡透。

桃花落，闲池阁。

山盟虽在，锦书难托。

莫,莫,莫!

唐婉在临终的日子里,一遍遍回想自己和表哥那段幸福的岁月。陆游二十岁时初娶表妹唐婉,两人诗书唱和,绣花扑蝶,就像旧小说中才子佳人的典型故事。

可惜这样的日子太短了,唐婉只记得有一天,婆婆对她说,他们两个太相爱了,这会荒废儿子的学业,妨碍他考取功名的。

唐婉至死都没有想通,相爱也会是一种罪名。不过她更没想通的是,那个据说在大风雨之夜出生在淮河一条船上的诗人,后来又横戈跃马抗击金兵的表哥,竟然违不了父母之命,在一纸休书上签下了羞答答的大名。

陆游四十八年后重游沈园,发现了园壁间一阕褪色的旧词,也叫《钗头凤》,这是唐婉的词迹:

世情薄,人情恶,雨送黄昏花易落。

晓风干,泪痕残。

欲笺心事,独语斜阑。

难,难,难。

人成各,今非昨,病魂常似秋千索。

角声寒,夜阑珊。

怕人寻问,咽泪装欢。

瞒,瞒,瞒!

在南宋的春天,一枝梅花斜在了诗人的眼里,隔着梅花,陆游没能握住风中的一双红酥手。

【备选指南】

《沈园的故事》向我们讲述了南宋著名诗人陆游与表妹唐婉之间的悲剧爱情故事。“问世间情为何物,直教人生死相许”,朗诵时情感基调有伤感,有无奈,有感动,有遗憾。注意两首《钗头凤》的不同之处:陆游的词融情于景,描绘了一幅凄怆酸楚的感情画面;唐婉的词则更愁苦,“世情薄,人情恶”,抒写了封建社会中人情世故的丑恶,“怕人寻问,咽泪装欢”表现出在当时的社会中,做一个被休以后再嫁的女人处境之难。

此文适合情感细腻的考生选取为自备稿件。

秋　雨

张爱玲

雨,像银灰色黏湿的蛛丝,织成一片轻柔的网,网住了整个秋的世界。天也是暗沉沉的,像古老的住宅里缠满着蛛丝网的屋顶。那堆在天上的灰白色的云片,就像屋顶上剥落的白粉。在这古旧的屋顶的笼罩下,一切都是异常的沉闷。园子里绿翳翳的石榴、桑树、葡萄藤,都不过代表着过去盛夏的繁荣,现在已成了古罗马建筑的遗迹一样,在潇潇的雨声中瑟缩不宁,回忆着光荣的过去。草色已经转入忧郁的苍黄,地下找不出一点新鲜的花朵;宿舍墙外一带种的娇嫩的洋水仙，垂了头，含着满眼的泪珠，在那里叹息它们的薄命，才过了两天的晴美的好日子又遇到这样霉气薰蒸的雨天。只有墙角的桂花，枝头已经缀着几个黄金一样宝贵的嫩蕊，小心地隐藏在绿油油椭圆形的叶瓣下，透露出一点新生命萌芽的希望。

雨静悄悄地下着，只有一点细细的淅沥沥的声音。橘红色的房屋，像披着鲜艳的袈裟的老僧，垂头合目，受着雨的洗礼。那潮湿的红砖，发出有刺激性的猪血的颜色和墙下绿油油的桂叶成为强烈的对照。灰色的癞蛤蟆，在湿烂发霉的泥地里跳跃着；在秋雨的沉闷的网底，只有它是唯一的充满愉快的生气的东西。它背上灰黄斑驳的花纹，跟沉闷的天空遥遥相应，造成和谐的色调。它扑通扑通地跳着，从草窠里，跳到泥里，溅出深绿的水花。

雨，像银灰色黏濡的蛛丝，织成一片轻柔的网，网住了整个秋的世界。

【备选指南】

《秋雨》是中国现代女作家张爱玲15岁时所作，全篇没有一个愁字，但愁情却渗透在字里行间。张爱玲的文字仿佛有一种魔力，能入人心扉，仿佛悲伤的影子久久徘徊，驱之不去。备稿时，应着重感受张爱玲笔下细腻的思绪，这篇文章虽然是她15岁时写的，但也让我们不由地联想到她孤独、悲凉的一生。朗诵时，应好好品读文中的各种意象以及描写环境的文字，再形之于声，声动于情。

此文适合情感丰富的考生选取为自备稿件。

两千年前的闪击(节选)

王开岭

去西安的路上，突然想起了他。

两千年前那位著名的剑客。

他还有一个身份：死士。

漉漉雪雨，秦世恍兮。

眺望函谷关外那漫漶的黄川土壑，我竭力去模拟他当时该有的心情，结果除了彻骨的凉意和渐离渐远的筑声，什么也没有……

“风萧萧兮易水寒，壮士一去兮不复还。”

渐离的筑弦是你一生最大的安慰，也是你最当之无愧的荣誉。他的绝唱其实只奏给你一人听。

黄土、皑雪、白草……从易水河到咸阳宫，每一寸都写满了乡愁和忧郁。那种无人能代的横空出世的孤独，那种“我不去，谁去?”的剑客的自豪。

是的，没有谁能比你的剑更快！你是一条比蛇还疾的闪电！闪电正一步步逼近黑夜，逼近黑暗中硕大的首级。

那是一个怎样漆黑的时刻，漆黑中的你后来什么也看不见。

一声訇响，石破天惊的一声訇响。接着便是身躯重重摔地的沉闷。

死士，他的荣誉就是死。没有不死的死士。

除了死亡,还有世人的感动和钦佩。

那折剑已变成一柄人格的尺子。你的血只会使青铜平添一份英雄的光镍。

一个凭失败而成功的人,你是第一个;

一个以承诺换生命的人,你是第一个。

你让“荆轲”这两个普通的汉字,成为一个万古流芳的美学碑名。

那天,西安城飘起了雪,站在荒芜一人的城梁之上,我寂寞地走了几公里。

我寂寞地想,两千年前的那一天,是否也像这样飘着雪?那个叫荆轲的青年是否也从这个方向进了城?

这念头是否显得可笑?

我想起诗人一句话:“我将穿越,但永远无法抵达。”

荆轲终究没能抵达。

而我,和你们一样,也永远到不了咸阳。

【备选指南】

荆轲,战国末期卫国人,受燕国太子丹之托入秦刺杀秦王,结果失败,命丧大殿。“风萧萧兮易水寒,壮士一去兮不复还。”虽然行动失败,但他也因此成为历史上著名的勇士。朗诵时,应饱含崇敬之情,整体基调悲壮,语言要有力度。

此文适合情感深沉、声音厚实的考生选取为自备稿件。

我相信(节选)

柳　荫

我在冬天里寻找通向春天的路。听不见溪水潺潺流过,闻不到枝头上树叶的芬芳,看不清天上是否还飘着白云,感觉不到温馨的阳光。四周都是狂风、沙尘,寒冷与阴沉捆住了整个世界。我必须在这个噩梦里找到苏醒,通向春天的苏醒。

冬天的河干涸了,我相信春水还会来临,那时,白帆就是我心中的偶像;风中的树叶凋零了,我相信,泥土的梦将在枝头开花、结果。阴云在天空拥挤、聚集,你会看见一只鹰,就像闪电,挑破那罪恶的序幕,我相信,将有雨滴快乐地歌唱;大海在远方怒吼,你会看见水手与桅杆并肩归来,他们的微笑充满自信,我相信,生命将在这样的熔铸中刚强!

【备选指南】

当我们遇到坎坷和挫折时,一定要相信自己。相信虽然人生路上会有不平坦,但成功总有一天会来临。本文表达了一种乐观向上的积极心态,朗诵时整体基调明朗,语气先抑后扬,结尾句要收得坚定有力。

此文适合声音明亮的考生选取为自备稿件。

秀美的湘西(节选)

湘西是一个崇山峻岭、雾罩云绕、河溪纵横、灌木肆意的地方。

你可以睁大眼睛看，也可以竖起耳朵听，让你的感觉穿过时空隧道，让你与消逝的岁月对话。

湘西是山的天堂。山是主宰，山是天神，山是万物的依赖，山是生命的根基。在湘西，山在门前，山在窗里，山在脚下，山在眼里，山在梦里。你读懂了山，你的性情就有山的爽朗，你的灵魂就有山的厚重；你喜欢了山，你的情感就有山的执着，就有山的亘古。在湘西，山就是语言，山就是诗篇，山就是故事，山就是乳娘，山就是神父，山就是一切。

在这里，舞蹈是用脚踩出来的，那是山的脚步，飞舞间让你心潮澎湃；

在这里，歌声是用胸喊出来的，那是山的声音，在山间回荡，在峡谷穿梭，是那样的遥远，又是这般的贴近。

走进湘西，就走进了寂静，走进了生命中最甜美的那种感觉；

走进湘西，你的灵魂就飞了出去，就会在群山间展翅翱翔；

走进湘西，你的情感就会像山里薄雾，四处弥漫，连一片树叶也不放过，你的欲望就会化成一只小鸟，就会突然间只需要简单的快乐，也只会把简单的歌不停地歌唱；

走进湘西，就走进了音乐，走进了故事，就走进了对人生的感悟！

【备选指南】

湘西是一个神秘的代名词，也是一个美丽的代名词。那山、那水、那人、那情、那景，总是如此令人向往。朗诵时，要抒发一种对湘西、对大自然的热爱之情，时而优美，时而大气，让人心潮澎湃。

此文适合声音柔美的女生或者声音厚实的男生选取为自备稿件。

鹤　魂(节选)

韦　娅

她是来自大地的鹤。她飞翔，因为她热爱；她沉寂，因为她欢喜。

可此刻，飞翔已成为她往日的情结。蓝天在她眼前飞快地旋转，白云在她羽毛上痛苦地翻卷。她的翅翼扑打着，发出悲痛的哀号。

胸前，刚刚穿过寻欢者射出的子弹。

她多么不愿意，多么不愿意下坠。可她分明在下坠，身不由己。

辽阔的天空里，她如一片冬日里的雪花，凄迷地飘落。薄雾哭了，泣出一片雨雾；阳光不忍了，躲进哀伤的云层。

她飘落着。

前面有烧毁的林木，身后是淹没的村庄。山地里奔走着哭泣的生灵，江面上漂浮着污染的泡沫。什么时候开始，这天空不再湛蓝，这雨水不再清润，这土地越来越少，这森林愈来愈疏。

渐趋渐灭的难道仅仅是白鹤吗？

她愿最后一次轻盈地舞蹈，让善良与美丽再一次呈现人间。持枪的人，你黠慧的眼睛为何合上,你的手心可曾战栗!山脚旁炊烟下惊呆了的女孩子,你可否肯竖一方小小的墓碑!

她听见草叶们伤悼的哭声,听见空山长长的祈祷:覆盖她吧,天空!还有大漠!还有沼泽!让一朵柔弱而美丽的灵魂安息。

【备选指南】

本文看似讲述了一只鹤的死亡,其实讲述了一个人类的悲剧。现代社会,经济飞速发展,但随之而来的环境污染、道德底线丧失等问题已经向人类敲响了警钟,如果我们继续执迷不悟,渐趋澌灭的一定不仅仅是白鹤,人类社会也一定会受到大自然的惩罚。朗诵时,应情感深沉,气息饱满,有感而发。

此文适合气息饱满、声音厚实的考生选取为自备稿件。

闭月·月影貂蝉

周国平

皓月当空,天地已哑。露珠在翠叶上滚动,轻轻地、轻轻地,宛如无声的雷鸣。

而此刻,我的眼中已噙满泪水!

多少年又是多少年啊,一个传说为何如此地永恒?

我依稀能看到你的容颜,我仿佛能听到你的歌声!我在祖先沉睡的大地上,我在岁月流逝的虚空里,就像月光一样,完成了一次又一次由此及彼的移栖。

然而,我却不能将我的悲伤告诉你,我也不能将我的情愫带到你的身边。你是一个美丽的侧影,你是一幅绝伦的图画。你留下了一个永不易朽的名字:貂蝉!

英雄已去,誓言不改!儿女情长,宛在天地的中央。

究竟是什么让我如此地怀想?究竟是什么让我长久地迷茫?此刻,我的胸中已结满了秋天的诗句,我的额头已撞击出空旷的回声。

貂蝉,请将你衣袖上的泪水洒落到地上,请将你秀发间的落花轻拂于空中。

无论过去了多少岁月,无论时光怎样地流转,总会有人在歌声中让你还乡,总会有人在琴音里让你不再忧伤!

我不是你的第一位造访者,我更不是最后一位凝望你的人。你的一切,都已经成为了一个遥远的传说,你的一切,都已经化为了一滴永恒的泪珠!

【备选指南】

貂蝉是中国民间传说中的四大美女之一,朗诵前不妨对貂蝉的故事有所了解,以加深对文章的共鸣。朗诵时,基调忧伤,情感饱满,如歌如泣。

此文适合情感细腻的考生选取为自备稿件。

昭君出塞(节选)

振　荣

刺骨的寒风呼啸着从耳边吹过,我默默地站在明月初升的阴山上,遥望那古老的雁门,轻将琵琶拨响。

我有幸生长在屈原故里、宋玉家乡秭归，美丽的香溪伴我长大；我不幸生得容颜姣好偏又出身贫寒，入选宫门却无力与画工行贿，哪知毛延寿添恨害我贬入冷宫。

五年，整整的五年啊，我空望着花开花落，怕看这冬尽春残，奏一曲琵琶也饱含着深深的幽怨！

素指轻抬，拨响琴弦："我一怨君王无缘相见，二怨父母兄弟不得团圆，三怨红颜消退出头无望。"上苍啊，难道一道宫墙冷院就该锁住我绝世的才情？难道这更漏声声就能让我坐等红颜白发？

不，我不能让一座宫墙锁住一生的岁月！我要和大雁一样，飞出这高高的宫墙，在蓝天白云间自由地飞翔！

【备选指南】

本文以第一人称的方式，描写了王昭君内心的苦闷与希望。朗诵时，基调幽怨，表达出一代佳人的无奈与不甘。

此文适合情感丰富、声音成熟的女生选取为自备稿件。

天上的草原

阿木古郎

在儿时依稀的记忆中，我是出生在飘着炊烟的白色毡房，茫茫的大草原啊，是我熟睡时的摇篮，是我嬉戏时的玩伴，也是我学习时的殿堂。养育我的这片土地，我当作自己一样爱惜，沐浴我的这江河水啊，你为何总像母亲的乳汁一样醇香？苍鹰在天穹中寻望，黑色的骏马在肆意飞奔，平顶山下，成群的牛羊。还有你，我天上的草原，还有你那悠扬的牧歌，夜夜伴我入梦乡。我喜欢纵马驰骋，放声歌唱，那就像是回到了传说中的时代，我向往着像我的祖辈那样成为一匹苍狼去周游世界，去看看祖父故事中那无边的海洋。

而现在，我是真的离开了你，来到这陌生的地方，不见了蒙古包，不见了牧场，只为心中一个小小的理想而不停地奔忙。其间有欢笑也有泪水，曾经骄傲也曾经气馁。但是，但是我从未曾后悔呀，因为每当我拖着疲惫的身体入睡时，我发现你那悠扬的牧歌又在我的耳边回响；我发现我的那颗心啊，一直跳跃在绿宝石似的草原上。如水晶般清澈的河水啊，我真的发现，那歌声就像是号角，而那颗心源源不断地给我力量与希望！

滕格里塔拉，我天上的草原，直到现在我才明白，为什么我的祖辈千回百转历经艰险，都要重回你的身旁，为什么我身在异乡总觉得你在不住地把我盼望！

蒙古人，是草原的儿子，草原的儿子就是这样地恋乡啊。

滕格里塔拉，我天上的草原，请你听我讲，我也是草原的儿子啊！我也是草原的儿子啊！我今日所做的一切，就是为了有朝一日，能够重回你的身旁，替你抚去脸上的皱纹，替你驱赶那肆虐的风暴，让你昔日的笑容重新绽放！

等着我呀，我天上的草原，我长生天的故乡，我的亲娘！

【备选指南】

本文深情地表达了一个身在异乡的蒙古人对家乡的热爱与眷恋,感情充沛,情绪激越,文笔自然。朗诵时,前半部分的儿时记忆描写要细致生动,情景再现,有栩栩如生的画面感;后半部分主要是抒发作者对家乡诚挚的感恩与强烈的思念之情,应用声饱满,情感发自肺腑。

此文适合音域宽广、声音厚实的男生选取为自备稿件。

我的心(节选)

巴　金

近来,不知道什么缘故,我的这颗心痛得更厉害了。

我要对我的母亲说:“妈妈,请你把我这颗心收回去罢,我不要它了。”

记得你当初把这颗心交给我的时候说过:“你的爸爸一辈子拿了它待人、爱人,他和平安宁地过了一生。他临死把这颗心交给我,要我将来在你长成的时候交给你,他说,承受这颗心的人将永远正直、幸福,而且和平安宁地度过他的一生。现在你长成了,也就承受了这颗心,带着我的祝福,孩子,到广大的世界中去罢。”

这些年我怀着这颗心走遍了世界,走遍了人心的沙漠,所得到的只是痛苦与痛苦的创痕。正直在哪里?幸福在哪里?和平在哪里?这一切可怕的景象,哪一天才会看不见?这一切可怕的声音,哪一天才会听不到?这样的悲剧,哪一天才不会再演?一切都像箭一般地射到我的心上,我的心上已经布满了痛苦的创痕,因此,我的心痛得更厉害了。

我不要这颗心了。有了它,我不能闭目为盲;有了它,我不能够塞耳为聋;有了它,我不能吞炭为哑;有了它,我不能够在人群的痛苦中找寻我的幸福;有了它,我不能够和平地生活在这个世界;有了它,我再也不能够生活下去了。

妈妈,请你饶了我罢,这颗心我实在不要,不能够要了。

在这样大的血泪的海中,一个人一颗心算得了什么?能做什么?

妈妈,请你诅咒我罢,请你收回这颗心罢。我不要它了。

可是,我的母亲已经死了多年了。

【备选指南】

一个正直、正义、追求幸福的人,活在一个黑暗、动荡、不公平的社会,无疑是非常痛苦的。巴金的这篇《我的心》写于1929年,深刻地表达了作者当时内心的不安与迷茫,以及对真善美的强烈呼唤。朗诵时,注意把握文章的层次,情感真切,要表现出作者内心的压抑。

此文适合情感细胞、声音厚实的考生选取为自备稿件。

父亲的手

曾　秋

父亲的手,厚实有力,手背青筋纵横,手心老茧斑驳。儿时的我,曾被这双大手稳稳地抱起，越过父亲肩头，骑上他脖子，拥抱蓝天白云，无忧无虑地自由飞翔。

父亲的手，细腻温暖，他全年无休，常伏案至深夜。晚上我房间的玻璃窗总透着父亲书房的灯光。夜风悄悄地晃动窗上暖暖的橘色光圈，一切静好，静得仿佛能听到父亲写字的沙沙声。记得我初中时，沉默寡言的父亲就是用这双手，熬夜给我写信，用最朴实真诚的文字与我交流谈心，助我顺利度过了最桀骜不驯的青葱年华。

父亲的手，老茧累累，却异常灵活敏捷。他常年照顾患病的母亲，烧了一手好菜，擀了一手好面。记得每次倒垃圾，父亲都要用粗壮的手指把垃圾袋打上活结，我问他为何打活结，他用大手摸摸我的头，颔首微笑道："我们把垃圾袋打上结，垃圾不容易漏，环卫工人能轻松点，若有回收需要，打活结也可以方便那些有需要的人。"

父亲的手，枯槁冰凉，他老了，生病了。进手术室前，他带着呼吸机，大手轻拍我的手背，眼睛眯成弯月儿，嘴角拉扯出小弧度，手指僵硬地摆出 OK 状。我紧握父亲的大手，用僵硬的笑容回应老父亲，待手术室门关闭的那一瞬间，我的泪水断了线……

【备选指南】

这篇散文情动于衷、感人肺腑。父亲的手曾经很有力、很温暖，是家人的依靠、温情的呵护、力量的源泉，保护着我一点点长大；如今父亲老了、病了，手变得枯槁冰凉，软弱无力，即使要进手术室了，他还是怕我担心，想让我放心。朗诵时，一定要体会父亲对孩子的这种深沉的爱，以及孩子对父亲的理解和依恋。把握好本文的情感线索，整体基调舒缓、深情，声音娓娓道来，情感深厚。

此文适合音域较宽、情感丰富的考生选取为自备稿件。

李太白

（改编自重庆市高考满分作文）

黄沙漫天，北风吹雁，驴上的你高歌九天。

以虹为钩，以霓为线，钓鳌的你霸海独潜。

在那个烟花三月的时代，人们望你歌功颂德，取悦帝王，换取高官厚禄，而你偏要独上高楼，撒墨怒龙颜，放鹿青崖间。

于是，你便邀了那明月，独饮孤愁。

于是，你便斩了那傲骨，抛贵长眠。

你曾是黄河之水天上来，阴山动，龙门开。而今，黄河反从你的句中来，惊涛与豪笑，万里滔滔入海。黄河西来，大江东去，此外五千年都已沉寂！

李白啊，李白，历史的李白。你孤傲，你放浪，你潇洒，你畅脱，你闲怀。唐朝繁华数载，而当我们回望唐朝，站在盛唐中间的，不是帝王，而是你啊。

酒入豪肠，七分酿成了月光，剩下三分，啸成了剑气，袖口一吐，便是半个盛唐。

【备选指南】

李白，唐代伟大的浪漫主义诗人，字太白，号青莲居士，有"诗仙"之称。李白一生不畏权势,藐视权贵,以大胆反抗的姿态诠释了盛唐文化的英雄主义精神。朗诵时,气息下沉,情感浓烈,整体基调激昂,语气如行云流水,表达出对李白的敬佩、景仰之情。

此文适合气息饱满、声音厚实的考生选取为自备稿件。

卢沟桥的狮子,且听我吟

敖 情

1937 年,我走近你的前额,倾听你马蹄声碎,喇叭声咽,忍看你苍山如海,残阳如血。暗夜的颜色还没有褪尽,这段历史离我们的足音并不遥远,仅仅是 65 年啊,65 年!匆匆岁月中,我们常常浅薄了对生命的崇拜,我们常常忘记了对苦难的咀嚼,我们常常忽视了对昨天的回顾,这让我们曾经的伤痛更伤痛,这让我们曾经的屈辱更屈辱!在今天这个相同但绝不是简单重复的日子里,你让我想起了你,想起了 1937 年,想起了"七七"的炮声,想起了卢沟桥上的狮子,流水仍在,波心依旧,冷月无声。就是把那栏杆拍遍,又怎能还我一个未被蹂躏的河山!

1937 年,我无法离你近一些,更近一些,我只能从真实的历史底片里,感受这浓重如漆的悲凉!一声枪炮,惊醒了婴儿酣睡的梦境,家园不再平静;铁蹄嗒嗒,践踏了母亲羸弱的身体,疆土不再完整!就这样,在中国的土地上,在光天化日之下,开始了……砍头、剖腹、活埋,那是我们的父老乡亲啊,那是我们的兄弟姐妹啊,恐怖、死亡、狰狞、残酷,一个民族在呻吟,一个中国在阵痛,这是我们的故土啊,是我们的家园!

国破山河在,何处是神州?易水萧萧西风冷,热血男儿,哪堪独坐青灯;看家乡,日渐沦陷;想故国,何时月明?砭骨锥心,悲歌未彻,回首妖氛未扫,问人间,谁是英雄?风浩荡,欲举飞,铁锁横江,锦帆冲浪,折戟沉沙,誓将那青天刺破!花溅鸟惊,让多少儿女,不啼清泪长啼血,国恨家仇,让多少志士,镜里朱颜都变尽,只有丹心难灭!

【备选指南】

忘记历史,就意味着背叛。1937 年,日本帝国主义制造了卢沟桥事变,向中国发动了全面侵略战争,给中国人民带来了深重的灾难。朗诵时,整体的感情和基调是悲愤的,要联想到中国那段屈辱不堪的历史,读出战争场面的惨烈悲壮感。声音要有起伏变化,节奏要快慢交替。

此文适合情感丰富、音域宽广、声音厚实的考生选取为自备稿件。

永远的九岁(节选)

——写给小萝卜头

马凯臻

你,瘦骨嶙峋却挑着一颗大大的脑袋,令所有见到你的人都心生怜情!当你像羽毛一样飘落在血泊中时,你只有九岁,瘦小得就像一只嗷嗷待哺的小鸟,孱弱得就像一棵未及展开的幼苗。

我是在小说《红岩》里认识你的。我知道你刚满周岁就与父母流徙辗转，从此坠入了一个无尽的长夜。现在，我就站在重庆的歌乐山松林坡，你的生命就是在这里被无情地掠夺。面对你的雕像，许久我都没有转身。想起50年前的那晚，便觉得身上的体温被阴森的冷气带了去。

那天雾浓吗？那天的夜色稠吗？那一刻你害怕了吗？当刽子手将匕首插入你胸膛，当你渐渐暗淡下去的目光最终瞥向妈妈时，你看到妈妈那痛得滴血的双眸了吗？

现在，站在你的雕像前，抚摸你纤弱的臂膀和瘦弱的脚趾，我实在想不出刽子手将冰凉的匕首插进你胸膛的理由。有人说，你是共和国最年轻的烈士。对你，这是一份光荣，但我却觉得它太沉、太重，你是一个孩子啊！以你九岁的生命难道应该承受如此之重？当然，人们称你为烈士是因为在共和国的基石上，浸染了你的鲜血。就是因为这样纯洁、这样殷红的血，让无数人知道了什么是自由，什么是尊严，什么是人道，什么是理想和信念。

小萝卜头，没有人知道你的大名是宋振中。九岁时，你与你的父母被反动派杀害于新中国诞生的前夜，你的生命终结于九岁，也升华于九岁，灿烂于九岁。你放飞蝴蝶的一瞬，已凝固成中国人民热爱生命和追求自由的经典。

【备选指南】

小萝卜头宋振中遇害时不满九岁，但是，他在敌人的监狱里已经被关押了八年。他是在敌人的监狱里长大的，不知道外面的世界是什么样的。敌人不让他读书，经过地下党的斗争，他才在监狱里上了学，由地下党员和爱国志士做他的老师。后来，宋振中被追认为革命烈士，他的故事也影响了一代又一代中国少年儿童。朗诵时，基调悲伤，感情凝重，语气充满爱怜。

本文适合声音厚实、情感丰富的考生选取为自备稿件。

荷塘月色（节选）

朱自清

曲曲折折的荷塘上面，弥望的是田田的叶子。叶子出水很高，像亭亭的舞女的裙。层层的叶子中间，零星地点缀着些白花，有袅娜地开着的，有羞涩地打着朵儿的；正如一粒粒的明珠，又如碧天里的星星，又如刚出浴的美人。微风过处，送来缕缕清香，仿佛远处高楼上渺茫的歌声似的。这时候叶子与花也有一丝的颤动，像闪电般，霎时传过荷塘的那边去了。叶子本是肩并肩密密地挨着，这便宛然有了一道凝碧的波痕。叶子底下是脉脉的流水，遮住了，不能见一些颜色；而叶子却更见风致了。

月光如流水一般，静静地泻在这一片叶子和花上。薄薄的青雾浮起在荷塘里。叶子和花仿佛在牛乳中洗过一样；又像笼着轻纱的梦。虽然是满月，天上却有一层淡淡的云，所以不能朗照；但我以为这恰是到了好处——酣眠固不可少，小睡也别有风味的。月光是隔了树照过来的，高处丛生的灌木，落下参差的斑驳的黑影，峭楞楞如鬼一般；弯弯的杨柳的稀疏的倩影，却又像是画在荷叶上。塘中的月色并不均匀；但光与影有着和谐的旋律，如梵婀玲上奏着的名曲。

【备选指南】

《荷塘月色》是现代抒情散文的名篇，是朱自清任教清华大学时所写的一篇散文，因收入中学语文教材而广为人知。文章借对“荷塘月色”的细腻描绘，含蓄而又委婉地抒发了作者不满现实、渴望自由，想超脱现实而又不能的复杂的思想感情，为我们留下了正直的知识分子在苦难中徘徊前进的足迹。节选的片段主要是对荷塘及月色的描写，朗诵时，语言要生动形象，要有画面感，体会作者在静谧的月夜看见美丽的风景时淡淡的喜悦之情。

此文适合音色明亮、情感细腻的考生选取为自备稿件。

清净之莲

林清玄

偶尔在人行道上散步，忽然看到从街道延伸出去，在极远极远的地方，一轮夕阳正挂在街的尽头，这时我会想：如此美丽的夕阳实在是预示了一天即将落幕。

偶尔在某一条路上，见到木棉花叶落尽的枯枝，深褐色的孤独地站在街边，有一种萧索的姿势，这时我会想：木棉又落了，人生看美丽木棉花的开放能有几回呢？

偶尔在路旁的咖啡座，看绿灯亮起，一位衣着素朴的老妇，牵着衣饰绚如春花的小孙女，匆匆地横过马路，这时我会想：那年老的老妇曾经是花一般美丽的少女，而那少女则有一天会成为牵着孙女的老妇。

偶尔在路上的行人陆桥站住，俯视着陆桥下川流不息、往四面八方奔窜的车流，却感觉那样的奔驰仿佛是一个静止的画面，这时我会想：到底哪里是起点？而何处才是终站呢？

偶尔回到家里，打开水龙头要洗手，看到喷涌而出的清水，急促地流淌，突然使我站在那里，有了深深的颤动，这时我想着：水龙头流出来的好像不是水，而是时间、心情，或者是一种思绪。

偶尔在乡间小道上，发现了一株被人遗忘的蝴蝶花，形状像极了凤凰花，却比凤凰花更典雅，我倾身闻着花香的时候，一朵蝴蝶花突然飘落下来，让我大吃一惊．这时我会想：这花是蝴蝶的幻影，或者蝴蝶是花的前身呢？

偶尔在静寂的夜里，听到邻人饲养的猫在屋顶上为情欲追逐，互相惨烈地嘶叫，让人的汗毛全部为之竖立，这时我会想：动物的情欲是如此的粗糙，但如果我们站在比较细腻的高点来回观人类，人不也是那样粗糙的动物吗？

偶尔在山中的小池塘里，见到一朵红色的睡莲，从泥沼的浅地中昂然抽出，开出了一个美丽的音符，仿佛无视于外围的污浊，这时我会想：呀！呀！究竟要怎么样的历练，我们才能像这一朵清净之莲呢？

偶尔……

偶尔我们也是和别人相同地活着，可是我们让自己的心平静如无波之湖，我们就能以明朗清澈的心情来照见这个无边的复杂的世界，在一切的优美、败坏、清明、污浊之中找到智慧。我们如果是有智慧的人，一切烦恼都会带来觉悟，而一切小事都能使我们感知它的意义与价值。

在人间寻求智慧也不是那样难的，最要紧的是，使我们自己有柔软的心，柔软到我们看到一朵花中的一片花瓣落下，都使我们动容颤抖，知悉它的意义。

惟其柔软，我们才能敏感；惟其柔软，我们才能包容；惟其柔软，我们才能精致；也惟其柔软，我们才能超越自我，在受伤的时候甚至能包容我们的伤口。

柔软心是大悲心的芽苗，柔软心也是菩提心的种子，柔软心是我们在俗世中生活，还能时时感知自我清明的泉源。

那最美的花瓣是柔软的，那最绿的草原是柔软的，那最广大的海是柔软的，那无边的天空是柔软的，那在天空自在飞翔的云，最是柔软！

我们心的柔软，可以比花瓣更美，比草原更绿，比海洋更广，比天空更无边，比云还要自在。柔软是最有力量，也是最恒常的。

且让我们在卑湿污泥的人间，开出柔软清净的智慧之莲吧！

朗诵指导

文章用一串排比段，将一个个人生片段满含深情地展现在我们面前，使文章的语言具有诗意美，读来清新流畅。朗诵时，应以低缓的语气，娓娓道出那么多个“偶尔……”，这些段落末尾的问句应徐缓送出，稍稍上扬，表现出感悟与思索。作者讲述“柔软的心”的相关语句，朗诵时以平和为主调，表达可适度强烈，语速可随之加快。

此文适合音色柔和、情感细腻的考生朗诵，在选取为自备稿件时，可做适当节选。

我有一个梦想(节选)

〔美〕马丁·路德·金

朋友们，今天我对你们说，在此时此刻，我们虽然遭受种种困难和挫折，但我仍然有一个梦想，这个梦想深深扎根于美国的梦想之中。

我梦想有一天，这个国家会站立起来，真正实现其信条的真谛：“我们认为真理是不言而喻的，人人生而平等。”

我梦想有一天，在佐治亚的红山上，昔日奴隶的儿子能够和昔日奴隶主的儿子坐在一起，共叙兄弟情谊。

我梦想有一天，甚至连密西西比州这个正义匿迹、压迫成风、如同沙漠般的地方，也将变成自由和正义的绿洲。

我梦想有一天，我的四个孩子将在一个不是以他们的肤色，而是以他们的品格优劣来评价他们的国度里生活。

今天，我有一个梦想。我梦想有一天，亚拉巴马州能够有所转变，尽管该州州长现在仍然满口异议，反对联邦法令，但有朝一日，那里的黑人男孩和女孩将与白人男孩和女孩情同骨肉，携手并进。

今天,我有一个梦想。我梦想有一天,幽谷上升,高山下降;坎坷曲折之路成坦途,圣光披露,满照人间。

这就是我们的希望。我怀着这种信念回到南方。有了这个信念,我们将从绝望之岭劈出一块希望之石。有了这个信念,我们将把这个国家刺耳的争吵声,改变成一支洋溢手足之情的优美交响曲。

【备选指南】

本文选自马丁·路德·金的一篇演讲稿。他是美国黑人民权运动领袖,1963 年 8 月 28 日,为了争取民权,25 万黑人在华盛顿林肯纪念堂前举行盛大的集会,马丁·路德·金在会上发表了这篇著名的演说。朗诵时,基调昂扬,感情真挚,排比句逐层加深,力量加强,充满号召力和感染力。

此文适合音色明亮、高亢的考生选取为自备稿件。

第十三章　小说、故事

被人相信是一种幸福

一艘货轮在烟波浩渺的大西洋上行驶。一个在船尾搞勤杂的黑人小孩不慎掉进了波涛滚滚的大西洋。孩子大喊救命，无奈风大浪急，船上的人谁也没有听见。他眼睁睁地看着货轮拖着浪花越走越远……

求生的本能使孩子在冰冷的水里拼命地游，他用全身的力气挥动着瘦小的双臂，努力将头伸出水面，睁大眼睛盯着货轮远去的方向。

船越走越远，船身越来越小，到后来，什么也看不见了，只剩下一望无际的汪洋。孩子的力气也快用完了，实在游不动了，他觉得自己要沉下去了。“放弃吧”，他对自己说。这时候，他想起了老船长那慈祥的脸和友善的眼神。

“不，船长知道我掉进海里后，一定会来救我的！”想到这里，孩子鼓足勇气用生命的最后力量又朝前游去。终于，船长发现那黑人孩子失踪了，当他断定孩子是掉进海里后，下令返航，回去找。这时，有人劝他：“这么长时间了，这孩子就是没有被淹死，也让鲨鱼吃了……”船长犹豫了一下，还是决定回去找。又有人说：“为一个黑奴孩子，值得吗？”船长大喝一声：“住嘴！”

终于，在那孩子就要沉下去的最后一刻，船长赶到了，救起了孩子。

当孩子苏醒过来之后，跪在地上感谢船长的救命之恩时，船长扶起孩子问：“孩子，你怎么能坚持这么长时间？”

孩子回答：“我知道您会来救我的，一定会的！”

“你怎么知道我一定会来救你的？”

“因为我知道您是那样的人！”

听到这里，白发苍苍的船长泪流满面：“孩子，不是我救了你，而是你救了我啊！我为我在那一刻的犹豫而感到耻辱……”

【备选指南】

有时候，人的信任会产生一种力量，被人信任是一种幸福。朗诵时，要运用情景再现的技巧，将黑人小孩在水中挣扎的情景像放电影一般地表现出来，文中的对话也要力求生动、感人。

此文适合声音表现力强的考生选取为自备稿件。

街头音乐家

那是在1908年,奥地利首都维也纳到处张贴着意大利小提琴家帕格尼尼的海报,他要在这里举办世界巡回演出的首场演唱会。

有一天,他在街上散步,突然,路边传来吱吱呀呀的小提琴声,一个小孩正在拉一把破旧的小提琴,地上还放着一顶空空的破帽子。帕格尼尼问:“这是?”陪同的人说:“孩子的母亲病了,唉,家里没钱啊。”

帕格尼尼沉默了一会儿,诚恳地对孩子说:“请把琴给我。”帕格尼尼动情地拉起了小提琴,悠扬的琴声立刻吸引了很多行人,有人还认出了帕格尼尼,但是大家都奇怪,大名鼎鼎的音乐家为什么在街头卖艺呢?

帕格尼尼向小孩儿递了个眼色,小孩心领神会,手捧帽子转了一圈,钱币像冰雹一样洒下来。

帕格尼尼完全沉浸在音乐之中,当他用琴弓急速地演奏完最后一段,围观的人好一会儿才从美好的意境中苏醒过来,掌声、喝彩声、口哨声像急风暴雨响了起来。

帕格尼尼把琴还给小孩,然后拿着帽子有礼貌地走近每一个人,钱币再一次叮叮当当地落进帽子里。他用刚学会的奥地利话连连说:“谢谢!谢谢!”然后把盛满钱币的帽子还给小孩:“孩子,你满意了吗?”孩子点点头,然后眨巴眨巴眼睛问:“您是谁?”陪同的人敬佩地看着帕格尼尼说:“孩子,这是大音乐家尼可罗·帕格尼尼啊!快回家告诉你妈妈,记住这一天吧。”

一直到这会儿,人们才终于明白是怎么回事,经久不息的鼓掌声、欢呼声、口哨声再一次响了起来。围观的人自动让出一条路,帕格尼尼微笑着点头通过,他的背影消失在人群中……

【备选指南】

意大利小提琴家帕格尼尼的这个故事,向我们展示了一个真正的艺术家形象。朗诵时,开始要有悬念感;中间要有画面感,仿佛自己就在现场,看到了这感人的一幕;结尾在平和的语气中,应暗含一种赞扬之情。

此文考生均可选取为自备稿件。

一件没有织完的毛衣

每当我看见这件毛衣总会想起我的妈妈。

那年秋天,妈妈因病住院了,从爸爸那失去欢笑的脸可以看出妈妈的病很重了,家里把钱都用来给妈妈看病,可我却一直想买一件漂亮的毛衣。

有一天,我去医院看妈妈,我对妈妈说:“妈,你瞧我这件旧毛衣都穿了好几年了,袖口都破了,你再给我买一件新的吧!”只听妈妈用微弱的声音说道:“孩子,妈妈知道,这天气一天比一天冷了,等妈身体好点就给你织一件……”“织,织,又是织,行了不买算了!”没等妈妈说完我便气哼哼地走了。在爸爸的规劝下，一周之后我才肯去看妈妈。

妈妈依然是散乱的头发、梨黄色的脸，见我来了急忙起身拿出她织了一半的毛衣：“来，娇娇，看这样子你喜欢么？如果不好，拆了，妈再给你重织，不麻烦的……”此时此刻，我的喉咙像塞了铅似的，千言万语涌到嘴边只挤出三个字“妈妈您……”便再也说不下去了。就这样我含着眼泪回了家。

忽然有一天，医院来了紧急电话，我不顾一切地跑到了医院，只见妈妈躺在一张病床上，盖着雪白的床单，我扑了过去，用力摇晃妈妈那一动不动的身体，大声喊道：“妈妈您看我一眼哪，我是娇娇啊！妈妈……”妈妈没有回答我，依然安静地躺在那，我再也忍不住了：“妈妈我错了，我真的错了，妈妈……”妈妈听不见女儿的声音了，可女儿依然听得到妈妈的声音：“如果不好，拆了，妈再给你重织，不麻烦的……”

妈妈远去了，在那个大雪纷飞的夜晚，我紧紧地抱着那件没有织完的毛衣。

【备选指南】

人都会犯错，有一些可以弥补，但有一些也许永远都只能是遗憾了。朗诵时，情感深沉，重点是把握好“我”的情绪变化，开始是抱怨、急躁、发火，后面是羞愧、懊悔、伤心。语言的节奏要快慢有致。

此文适合情感丰富的女生选取为自备稿件。

咬了一口的汉堡包

在一个下雨的早晨，为了赶着上学，我进了一家快餐店，点了早点。环顾四周，餐桌上都是没有来得及收拾的饭盒、纸杯、薯条。

这时候，一位阿姨带着一位五六岁的小男孩走进来，他们坐下来点菜时又进来一个成年男人，他的头发像堆草，背有点驼，穿着一件破烂的上衣。他缓慢地走到一张狼藉的桌子前，仔细地检查每一个饭盒，显然是在寻找别人吃剩下的残羹剩饭。当他抓起一把薯条放在嘴边的时候，小男孩问妈妈：

“妈妈，那个叔叔怎么吃别人的东西呀？”

“那个叔叔呀，他饿了，他又没有钱。”

“妈妈，那我们能给他买一个汉堡吗？”

“儿子，我想他就吃别人不要的东西。”

当女服务员递给母子俩两袋外卖食品的时候，小男孩突然从他的纸袋里拿出一个汉堡，轻轻地咬了一小口，然后跑到那个男子坐的地方，把汉堡放在他面前的桌上。这个举动让这个乞丐很吃惊，愣了一下，他忽然用双手蒙住脸，停了三四秒钟，然后猛地抬起头，感激的双眼直勾勾地盯着小男孩远去的背影，呆呆地，坐了很久很久。

童心可贵。小男孩的可爱举动让我们感慨万千。正是由于孩子的天真纯洁，让这个小小的快餐店一下子变得那么美好。相比而言，孩子稚嫩朴素的心和美好善良的举动，不正是我们这个社会所缺少的吗？不也正是我们这个社会有良心、有正义感的人一直呼唤渴望的吗？

【备选指南】

在物欲横流的今天,这个故事让我们很多人自惭形秽。如果我们每个人都能像文中的孩子一样纯真、善良,那么这个世界一定会更加美好。朗诵时,人物的刻画要细致,对乞丐的外在形象、穿着打扮和行为举止的描绘要细致入微,母子的对话要真实自然,展现出小男孩天真纯洁的心灵美。

此文适合音色明亮的考生选取为自备稿件。

爱的故事

〔美〕安妮·尼尔森

一个失去了双亲的小女孩与奶奶相依为命,住在楼上的一间卧室里。一天夜里,房子突然起火了,奶奶在抢救孙女时不幸被火烧死。大火迅速蔓延,一楼已是一片火海。

邻居已呼叫过火警,无可奈何地站在外面驻足观望,火焰已经封住了所有的进出口。小女孩出现在楼上的一扇窗口,哭喊着救命,人群中流传着消息说:消防队员正在扑救另一场火灾,要晚几分钟才能赶来。

突然,一个男人扛着梯子出现了。梯子架到墙上,人钻进火海之中。他再次出现时,手里抱着小女孩。将孩子交给了下面迎接的人群,男人消失在茫茫夜色之中。

调查发现,这孩子在世上已经无亲无故了。几周后,镇政府召开群众集会,商议谁来收养这孩子。

一位教师希望收养这孩子,说她能保证孩子受到良好的教育。一个农夫也想收养这孩子,他说孩子在农场会生活得更加健康、惬意。其他人也纷纷发言,讲述把孩子交给他们抚养的种种好处。

最后,本镇最富有的居民站起来说话了:“你们提到的所有好处,我都能给她,并且能给她金钱和金钱能够买到的一切东西。”

从始至终,小女孩一直沉默不语,眼睛望着地板。

“还有人要发言吗?”会议主持人问道。这时,一个男人从大厅的后面走上前来。他步履缓慢,似乎正在忍受着剧烈的痛苦。他径直来到小女孩的面前,朝她张开了双臂。人群一片哗然。他的手上和胳膊上布满了可怕的伤疤。

孩子叫出声来:“这就是救我的那个人!”她一下子蹦起来,双手紧紧地抱住了男人的脖子,就像她遭难的那天夜里一样。她把脸埋进他的怀里,抽泣了一会儿,然后,她抬起头,朝他笑了。

会议主持人宣布:“现在休会……”

【备选指南】

这个故事告诉我们真正的爱与教育无关,与健康无关,更与金钱无关,真正的爱是在患难中见真情。朗诵时,火灾的描述语言要营造出紧张危急的氛围,大家的发言要塑造出每个人物的性格特点,结尾要意犹未尽。

此文考生均可选取为自备稿件。

没有上锁的门

〔美〕罗伯特·斯特恩德利

在苏格兰南部的港城格拉斯哥，一个小女孩像今天许多年轻人一样，厌倦了枯燥的家庭生活，不愿受父母的管制。

她离开了家，决心要做一个不受别人约束的人。她每次满怀希望求职时，都被无情地拒绝了。她只能走上街头，开始出卖肉体。许多年过去了，她的父亲死了，母亲也老了，可她仍然在泥沼中醉生梦死。

其间，母女俩从没有联系。可当母亲听说女儿的下落后，就不辞辛苦地找遍全城的每个街区、每条街道。她每到一个收容所，都停下脚步，哀求道："请让我把这幅画贴在这儿，好吗？"画上是一位面带微笑、满头白发的母亲，下面有一行手写的字：我像以前一样爱你……快回家吧！

几个月过去了，没有一点消息。一天，女孩懒洋洋地晃进一家收容所，准备领取一份免费晚餐。她排着队，心不在焉，双眼漫无目的地从告示栏里随意扫过。就在那一瞬间，她看到了一张熟悉的面孔，"那会是我的妈妈吗？"

她挤出人群，走到告示栏前仔细察看，不错，真的是妈妈！纸上有一行字：我像以前一样爱你……快回家吧！

这时，天已经黑了下来，但她不顾一切地向家奔去。当她赶到家的时候，已经是凌晨了。站在门口，任性的女儿迟疑了一下。该不该进去呢？终于，她敲了敲门。奇怪！门自己开了，怎么没锁门？不好，是不是有贼闯进来了？记挂着母亲的安危，她三步并作两步冲进卧室，却发现母亲正在安然地睡觉。她把母亲摇醒，喊道："妈妈，是我，我回来了。"

母亲不敢相信自己的眼睛，两个人紧紧地抱在一起。女儿问："妈妈，门怎么没有锁？我还以为贼进来了。"

母亲擦了擦泪水，笑着说："自打你离家后，这扇门就再也没有上过锁。"

【备选指南】

哪怕这个世界上所有的大门都向你关闭，但总有一扇门是向你敞开的，这扇门就是母亲的心门。不管你是贫穷还是富有，不论你是疾病还是健康，她都会一如既往地爱着你。朗诵时，要体会女儿内心情感的变化，叙述语言要自然生动，母女的对话感情要真实、动人。

此文适合情感丰富的女生选取为自备稿件。

生命的清单

五官科病房里两位病人在等待着化验结果。

甲说，如果是癌症，我就马上去旅行，首先去拉萨。乙也表示同意。结果出来了：甲得了鼻癌，乙长的是鼻息肉。

乙在医院住了下来。甲却列了一张告别人生的计划表，离开了医院。

甲的计划是：去一趟拉萨和敦煌；从攀枝花坐船一直到长江口；到海南的三亚以椰子树为背景，拍一张照片；从大连坐船到广西的北海；登上天安门；读完莎士比亚的所有作品；听一次瞎子阿炳原版的《二泉映月》；成为北京大学的一名学生；写一本书……凡此种种，共27条。

当年，甲就辞掉了公司的职务，去了拉萨和敦煌。第二年，他又以惊人的毅力和韧劲通过了成人考试，成为北京大学中文系的一名学生。这期间，他登上了天安门，去了内蒙古大草原，还在一户牧民家里住了一个星期。现在甲正在实现他出一本书的夙愿。

有一天，乙在报纸上看到甲写的一篇散文，打电话去问甲的病，甲说："我真的无法想象，要不是这场病，我的生命该是多么的糟糕。你生活得也挺好吧！"乙没有回答，因为他在医院时说的一切，早已因患的不是癌症而放到脑后去了。

在这个世界上，我们每个人都患有一种"癌症"，那就是不可抗拒的死亡。我们之所以没有像那位患鼻癌的甲一样，列出一张生命的清单，抛开一切多余的东西去实现梦想，也许是因为我们认为自己还会活很久。也许正是这一点差别，使我们的生命有了质的不同：有些人把梦想变成了现实，有些人把梦想带进了坟墓。

【备选指南】

这是一个饱含人生哲理的故事，告诉我们要珍惜当下，莫带着遗憾碌碌无为地度过这一生。朗诵时，基调明朗，情感真挚，语言节奏前面可稍快，结尾部分则应放慢一些，给人思考的空间。

此文考生均可选取为自备稿件。

妈妈喜欢吃鱼头

陈运松

在我依稀记事的时候，家中很穷，一个月难得吃上一次鱼肉。每次吃鱼，妈妈先把鱼头夹在自己碗里，将鱼肚子上的肉夹下，极仔细地挑去很少的几根大刺，放在我碗里，其余的便是父亲的了。当我也吵着要吃鱼头时，她总是说："妈妈喜欢吃鱼头。"

我想，鱼头一定很好吃。有一次父亲不在家，我趁妈妈盛饭之际，夹了一个鱼头，吃来吃去，却觉得没有鱼肚子上的肉好吃。

那年外婆从江北到我家，妈妈买了家乡很金贵的鲑鱼。吃饭时，妈妈把本属于我的那块鱼肚子上的肉，夹进了外婆的碗里。外婆说："你忘啦？妈妈最喜欢吃鱼头。"

外婆眯缝着眼，慢慢地挑去那几根大刺，放进我的碗里，说："孩子，你吃。"接着，外婆就夹起鱼头，用没牙的嘴，津津有味地嚼着，不时吐出一根根小刺。我一边吃着没刺的鱼肉，一边想："怎么妈妈的妈妈也喜欢吃鱼头？"

29岁时，我成了家，另立门户。生活好了，我俩经常买些鱼肉之类的好菜。每次吃鱼，最后剩下的，总是几个无人问津的鱼头。

而立之年，喜得千金。转眼女儿也能自己吃饭了。有一次午餐，妻子夹了一块鱼肚子上的肉，极麻利地挑去刺，放在女儿的碗里。自己却夹起了鱼头。女儿见状也吵着要吃鱼头。妻说："乖孩子，妈妈喜欢吃鱼头。"

谁知女儿说什么也不答应，非要吃不可。妻无奈，好不容易从鱼鳃边挑出点没刺的肉来，可女儿吃了马上吐出，连说不好吃，从此再不要吃鱼头了。

打那以后，每逢吃鱼，妻便将鱼肚子上的肉夹给女儿，女儿总是很艰难地用汤匙切下鱼头，放进妈妈的碗里，很孝顺地说："妈妈，您吃鱼头。"

打那以后，我悟出了一个道理：女人做了母亲，便喜欢吃鱼头了。

【备选指南】

歌颂母亲的文章和故事有很多，但本文选取的角度十分新颖，作者选材并不是面面俱到，而是紧紧锁定"妈妈吃鱼头"这一细节，用它串起一幅幅画面，表现了博大的母爱，具有以小见大的效果。朗诵时，语气自然，把握全文的层次，细节的描写要细腻而生动，对话要有鲜明的性格特点。

此文适合声音成熟的考生选取为自备稿件。

与母亲约会

吴惟　编译

结婚21年后，我才懂得了爱的真谛。那是在我与妻子之外的一位女人约会之后，而且约会是妻子的主意。

"我知道你爱她。"有一天妻子这样对我说，我吃了一惊。"我爱的是你！"我反驳道。"我知道，但你也爱她。"

妻子让我约会的女人就是我的母亲。自从19年前父亲去世后，她一直一个人生活，而且心脏不大好。但工作和三个孩子占去了我的大部分时间，我只能偶尔去看望她。

于是一天晚上，我打电话给母亲，邀请她周末和我吃顿晚饭，然后看场电影。

"出什么事了吗？你还好吧？"母亲问道。她是那种谨小慎微的人，如果我很晚打电话或突然上门，她就会认为有什么坏事发生。"我只不过想和您度过一个夜晚，"我回答，"就我们两个。"她考虑了片刻，然后说道："我喜欢这个主意。"

星期五下班后，我开车去接她。不知为什么，对于和母亲约会我有些不安。当我来到她家门口时，我注意到她也有些不自然。她已经等在门口，头发精心地盘了起来，穿着那条她和父亲庆祝最后一个结婚纪念日时穿过的裙子。看到我，她微笑起来，笑容像天使一样灿烂："我告诉朋友们今晚我要和儿子约会，他们都迫不及待地想知道约会的经过呢！"

我们来到一家餐厅。它虽然算不上高档，环境却很优雅。母亲挽着我的胳膊，好像她是第一夫人一样。

落座后，我开始给她念菜谱。她的视力越来越差了，只能看到大写的字母。念到一半时我抬起头，注意到母亲正眼睛一眨不眨地盯着我，嘴角带着一丝怀旧的微笑。"记得你小的时候都是我给你念菜谱的。"她说。"所以现在轮到我为您效劳了。"我回答。

晚餐过程中我们聊得非常愉快,没什么特别的事,都是彼此生活中最近发生的一些琐事。我们谈得如此尽兴,结果错过了看电影。

当我把母亲送回家时,她对我说:“我会再和你约会的,但下次得让我请你。”我答应了她,并和她吻别。

“约会怎么样?”回到家后,妻子问我。“非常好,比我预想得还要好。”

几天后,母亲突发心脏病去世。事情来得非常突然,我根本来不及为她做什么事。

过了一段时间我收到一封信,里面是我和母亲约会的那家餐厅的一张收据附件,此外还有母亲写给我的一张便条:“我已经付过账了。我几乎可以肯定不能赴约,但我还是订了两个座位,一个给你,一个给你妻子。你也许体会不到那天晚上我有多开心。我爱你。”

就在那一刻,我才意识到及时说出“我爱你”这三个字有多么重要。世界上没有什么比我们的家人更重要,因此一定要找时间对我们爱的人说出这句话。你要知道,有些事情是不能拖延的。

【备选指南】

这是一个感人的故事,也是一个遗憾的故事。为了生活,我们四处奔波,很多人在奔波中迷失了自己,忘记自己为什么而奔波了。所以,无论自己再忙再累,也不要忘了:家,永远是我们幸福的港湾。把时间多留一些给家人吧,你会发现,幸福其实真的很简单。朗诵时,感情真挚,人物的对话自然生动,注意不同人物说话语气、语速的不同,语言节奏快慢有致。

此文适合音色浑厚的男生选取为自备稿件。

容　纳

陈进光 译

人们讲述了越战中一个士兵的故事——

他打完仗后回国,从旧金山给父母打了一个电话:“妈妈,爸爸,我要回家了!但是我想求你们帮一个忙,我要带一位朋友一起回来。”

“当然可以,”父母回答道,“我们见到他会很高兴的。”

“有些事必须告诉你们,”儿子继续说,“他在战斗中受了重伤。他踩着一个地雷,失去了一只胳膊和一条腿。他无处可去,我希望他能来我们家和我们一起生活。”

“我很遗憾听到这件事,孩子。也许我们可以帮他另找一个地方住下。”

“不,我希望他能和我们住在一起。”

“孩子,”母亲说,“你不知道你在说些什么。这样一个残疾人会给我们带来沉重的负担。我们有自己的生活,我们不能让这种事干扰我们的生活。我想你还是赶快回家来,把这个人忘掉,他自己会找到活路的。”

就在这个时候,儿子挂上了电话。

父母再也没有得到他们的孩子更多的消息。然而几天之后,他们接到旧金山警察局打来的电话。他们被告知,他们的儿子从高楼上坠地身亡。警察局认为是自杀。悲痛欲绝的父母前往旧金山，并被带往市里的陈尸所辨认儿子的尸体。他们认出了他，然而他们惊愕地发现，他们的儿子只有一只胳膊和一条腿。

【备选指南】

这是一个饱含人生哲理的故事。朗诵时，要把握好儿子与父母对话时的心态和语气，整体基调较为凝重，结尾部分语气要有悬念感，直到最后一句，令听众恍然大悟。

此文适合声音厚实的考生选取为自备稿件。

第八次微笑

乔　叶

他精心策划了许久，决定去报仇，但是等到他藏着尖刀立于仇家的床前时，忽然发现只有一个五个月大的婴儿在熟睡，其他人都不在家。

这是一个男婴，白白胖胖的，十分可爱，在梦中还微笑着。仇家只有这一根“独苗儿”。

他从怀里摸出了刀，婴儿的笑容便映着刀的寒光又绽放开来。

他心上的岩石不由地一点一点地松动起来。子不孝，父之过。可是父不善，难道也是子之过吗？

但是，无论如何，得有人去承受“过”的结果。他想。

婴儿又笑起来。那笑容一丝丝地摧毁着他的意念。他思忖了一会儿，终于下定决心：从现在起，等婴儿笑够八次，就杀了他。

如初春的柳枝在风中荡漾，婴儿的第一次微笑写在了脸上；

如盛夏的荷香穿越了水波，婴儿的第二次微笑写在了脸上；

如深秋的蓝天飞翔过雁群，婴儿的第三次微笑写在了脸上；

如严冬的蜡梅映红了白雪，婴儿的第四次微笑写在了脸上。

第五次、第六次、第七次。

他把刀揣进怀里，转身而去。他不敢再去看那第八次微笑。他知道其实无论婴儿的第几次微笑对自己来说都不过是趋恶避善的一个借口。

现在，他要趋善避恶。他不再需要借口。

就在他跨出门槛的一刹那，蓦然间，他听到了一阵轻微的响动，他不禁回首——

如一年四季尽情倾洒的纯净阳光，婴儿的第八次微笑写在了脸上。

【备选指南】

人之初，性本善。面对孩子纯真的微笑，即使是再穷凶极恶的人，内心也会被融化。朗诵时，要把握好“他”的心理活动的过程，报仇还是放过这个婴儿，他的内心十分矛盾。朗诵者的眼前要有画面，心中要有感受；节奏的快慢转换、语言的高低强弱要随着感情的变化而变化。

本文适合声音厚实、语言表现力强的男生选取为自备稿件。

月光曲

一百多年前，德国有个音乐家叫贝多芬，他谱写了许多著名的曲子。其中有一首钢琴曲叫《月光曲》，传说是这样谱成的：

有一年秋天，贝多芬去各地旅行演出，来到莱茵河边的一个小镇上。一天夜晚，他在幽静的小路上散步，听到断断续续的钢琴声从一所茅屋里传出来，弹的正是他的曲子。

贝多芬走近茅屋，琴声突然停了，屋子里有人在说话。一个姑娘说："这首曲子多难弹啊！我只听别人弹过几遍，总是记不住该怎样弹，要是能听一听贝多芬自己是怎样弹的，那该有多好啊！"一个男的说："是啊，可是音乐会的入场券太贵了，咱们又太穷。"姑娘说："哥哥，你别难过，我不过是随便说说罢了。"

贝多芬听到这里，就推开门，轻轻地走了进去。茅屋里点着一支蜡烛。在微弱的烛光下，男的正在做皮鞋。窗前有架旧钢琴，前面坐着个十六七岁的姑娘，脸很清秀，可是眼睛瞎了。

皮鞋匠看见进来个陌生人，站起来问："先生，您找谁？走错门了吧？"贝多芬说："不，我是来弹一首曲子给这位姑娘听的。"

姑娘连忙站起来让座。贝多芬坐在钢琴前面，弹起盲姑娘刚才弹的那首曲子。盲姑娘听得入了神，一曲完了，她激动地说："弹得多纯熟啊！感情多深哪！您，您就是贝多芬先生吧？"

贝多芬没有回答，他问盲姑娘："您爱听吗？我再给您弹一首吧。"

一阵风把蜡烛吹灭了。月光照进窗子来，茅屋里的一切好像披上了银纱，显得格外清幽。贝多芬望了望站在他身旁的兄妹俩，借着清幽的月光，按起琴键来。

皮鞋匠静静地听着。他好像面对着大海，月光正从水天相接的地方升起来。微波粼粼的海面上，霎时间洒遍了银光。月亮越升越高，穿过一缕一缕轻纱似的微云。忽然，海面上刮起了大风，卷起了巨浪。被月光照得雪亮的浪花，一个连一个朝着岸边涌过来……皮鞋匠看看妹妹，月光正照在她那恬静的脸上，照着她睁得大大的眼睛，她仿佛也看到了，看到了她从来没有看到过的景象，在月光照耀下的波涛汹涌的大海。

兄妹俩被美妙的琴声陶醉了。等他们回过神来，贝多芬早已离开了茅屋。他飞奔回客店，花了一夜工夫，把刚才弹的曲子——《月光曲》记录了下来。

【备选指南】

《月光曲》是一篇意境优美的文章，讲述了著名音乐家贝多芬创作《月光曲》的背景故事。这个故事虽然只是个美丽的传说，但它表现了贝多芬对穷苦人民的同情与关心，也告诉我们，美好艺术的产生不仅要靠丰富的想象力与艺术才华，更要靠高尚而真挚的情感。朗诵时，要把握好情景再现的技巧，想象自己听到了美妙的钢琴声，看到了月亮升起的画面，注意语言美、情感美、意境美。

此文适合画面感强、音色明亮的考生选取为自备稿件。

孔乙己(节选)

鲁　迅

孔乙己是站着喝酒而穿长衫的唯一的人。他身材很高大;青白脸色,皱纹间时常夹些伤痕;一部乱蓬蓬的花白的胡子。穿的虽然是长衫,可是又脏又破,似乎十多年没有补,也没有洗。他对人说话,总是满口之乎者也,教人半懂不懂的。因为他姓孔,别人便从描红纸上的“上大人孔乙己”这半懂不懂的话里,替他取下一个绰号,叫作孔乙己。孔乙己一到店,所有喝酒的人便都看着他笑,有的叫道,“孔乙己,你脸上又添上新伤疤了!”他不回答,对柜里说,“温两碗酒,要一碟茴香豆。”便排出九文大钱。他们又故意地高声嚷道,“你一定又偷了人家的东西了!”孔乙己睁大眼睛说,“你怎么这样凭空污人清白……”“什么清白?我前天亲眼见你偷了何家的书,吊着打。”孔乙己便涨红了脸,额上的青筋条条绽出,争辩道,“窃书不能算偷……窃书!……读书人的事,能算偷么?”接连便是难懂的话,什么“君子固穷”,什么“者乎”之类,引得众人都哄笑起来:店内外充满了快活的空气。

在这些时候,我可以附和着笑,掌柜是绝不责备的。而且掌柜见了孔乙己,也每每这样问他,引人发笑。孔乙己自己知道不能和他们谈天,便只好向孩子说话。有一回对我说道,“你读过书么?”我略略点一点头。他说,“读过书,……我便考你一考。茴香豆的茴字,怎样写的?”我想,讨饭一样的人,也配考我么?便回过脸去,不再理会。孔乙己等了许久,很恳切地说道,“不能写罢?……我教给你,记着!这些字应该记着。将来做掌柜的时候,写账要用。”我暗想我和掌柜的等级还很远呢,而且我们掌柜也从不将茴香豆上账;又好笑,又不耐烦,懒懒地答他道,“谁要你教,不是草头底下一个来回的回字么?”孔乙己显出极高兴的样子,将两个指头的长指甲敲着柜台,点头说,“对呀对呀!……回字有四样写法,你知道么?”我愈不耐烦了,努着嘴走远。孔乙己刚用指甲蘸了酒,想在柜上写字,见我毫不热心,便又叹一口气,显出极惋惜的样子。

有几回,邻居孩子听得笑声,也赶热闹,围住了孔乙己。他便给他们吃茴香豆,一人一颗。孩子吃完豆,仍然不散,眼睛都望着碟子。孔乙己着了慌,伸开五指将碟子罩住,弯腰下去说道,“不多了,我已经不多了。”直起身又看一看豆,自己摇头说,“不多不多!多乎哉?不多也。”于是这一群孩子都在笑声里走散了。

【备选指南】

《孔乙己》是鲁迅的代表作之一,是鲁迅在五四前夕继《狂人日记》之后写的第二篇白话小说。这篇小说主要描写了一个没有考上秀才的读书人孔乙己悲惨的一生,他丧失了做人的尊严,沦落为小酒店里人们嘲笑的对象。他不是坏人,在他身上还保留着善良、诚实的品性,但他又是一个被旧社会扭曲了灵魂的“多余的人”,注定了不可挽救的悲剧命运。朗诵时,应用一种回忆的语气来讲述,细致地描绘出孔乙己落魄的外在形象。文中的对话要把握好人物的性格特点,嘲笑他的人是一种调侃、挖苦的口气,他自己则是一种自尊心强,但又心虚、迂腐的口气。

此文适合音色明亮、画面感强的考生选取为自备稿件。

聪明人和傻子和奴才

鲁 迅

奴才总不过是寻人诉苦。只要这样,也只能这样。有一日,他遇到一个聪明人。

“先生!”他悲哀地说,眼泪联成一线,就从眼角上直流下来。“你知道的。我所过的简直不是人的生活。吃的是一天未必有一餐,这一餐又不过是高粱皮,连猪狗都不要吃的,尚且只有一小碗……”

“这实在令人同情。”聪明人也惨然说。

“可不是么!”他高兴了。“可是做工是昼夜无休息的:清早担水晚烧饭,上午跑街夜磨面,晴洗衣裳雨张伞,冬烧汽炉夏打扇。半夜要煨银耳,侍候主人耍钱;头钱从来没分,有时还挨皮鞭……”

“唉唉……”聪明人叹息着,眼圈有些发红,似乎要下泪。

“先生!我这样是敷衍不下去的。我总得另外想法子。可是什么法子呢?……”

“我想,你总会好起来……”

“是么?但愿如此。可是我对先生诉了冤苦,又得你的同情和慰安,已经舒坦得不少了。可见天理没有灭绝……”

但是,不几日,他又不平起来了,仍然寻人去诉苦。

“先生!”他流着眼泪说,“你知道的。我住的简直比猪窠还不如。主人并不将我当人,他对他的叭儿狗还要好到几万倍……”

“混账!”那人大叫起来,使他吃惊了。那人是一个傻子。

“先生,我住的只是一间破小屋,又湿,又阴,满是臭虫,睡下去就咬得真可以。秽气冲着鼻子,四面又没有一个窗……”

“你不会要你的主人开一个窗的么?”

“这怎么行?……”

“那么,你带我去看去!”傻子跟奴才到他屋外,动手就砸那泥墙。

“先生!你干什么?”他大惊地说。

“我给你打开一个窗洞来。”

“这不行!主人要骂的!”

“管他呢!”他仍然砸。

“人来呀!强盗在毁咱们的屋子了!快来呀!迟一点可要打出窟窿来了!……”他哭嚷着,在地上团团地打滚。

一群奴才都出来了,将傻子赶走。

听到了喊声,慢慢地最后出来的是主人。

“有强盗要来毁咱们的屋子，我首先叫喊起来，大家一同把他赶走了。”他恭敬而得胜地说。

“你不错。”主人这样夸奖他。

这一天就来了许多慰问的人，聪明人也在内。

“先生，这回因为我有功，主人夸奖了我了。你先前说我总会好起来，实在是有先见之明……”他大有希望似的高兴地说。

“可不是么……”聪明人也代为高兴似的回答他。

【备选指南】

鲁迅的这篇文章短小精悍，明白晓畅，寓意深刻，全文几乎由对话组成，聪明人、傻子、奴才这三个角色被刻画得入木三分。朗诵时，要塑造好三个人物形象：聪明人圆滑世故，他倾听奴才的诉苦，尽力作出悲悯和同情的样子，但他其实没有给奴才任何实际的帮助；傻子正直、鲁莽，他为奴才的悲惨生活和主人的残酷而愤愤不平，替奴才将黑暗阴湿的屋子开窗，结果却被他想帮助的奴才赶走；奴才可怜、可悲，他身受主人残酷的剥削压迫，但丝毫不想反抗主人的压迫以改善自身的处境，只是逢人便流泪诉苦，满足于虚伪廉价的同情和空洞浅薄的安慰。

此文适合音色多变、画面感强的考生选取为自备稿件。

母　爱

丁一平

这是一个真实的故事。故事发生在西部的青海省，一个极度缺水的沙漠地区。这里，每人每天的用水量严格地限定为三斤，这还得靠驻军从很远的地方运来。人们日常的饮用、洗漱、洗衣，包括喂牲口，全部依赖这三斤珍贵的水。

人缺水不行，牲畜一样，渴啊！终于有一天，一头一直被人们认为憨厚忠实的老牛渴极了，挣脱了缰绳，强行闯入沙漠里唯一的也是运水车必经的公路。终于，运水的军车来了。老牛以不可思议的识别力，迅速地冲上公路，军车一个紧急刹车戛然而止。老牛沉默地立在车前，任凭驾驶员呵斥驱赶，不肯挪动半步。五分钟过去了，双方依然僵持着。运水的战士以前也碰到过牲口拦路索水的情形，但它们都不像这头牛这般倔强。人和牛就这样耗着，最后造成了堵车，后面的司机开始骂骂咧咧，性急的甚至试图点火驱赶，可老牛依然不为所动。

后来，牛的主人寻来了，恼羞成怒的主人扬起长鞭狠狠地抽打在瘦骨嶙峋的牛背上，牛被打得皮开肉绽、哀哀叫唤，但还是不肯让开。鲜血沁了出来，染红了鞭子，老牛的凄厉哞叫，和着沙漠中阴冷的酷风，显得分外悲壮。一旁的运水战士哭了，骂骂咧咧的司机也哭了，最后，运水的战士说：“就让我违反一次规定吧，我愿意接受一次处分。”他从水车上倒出半盆水——正好3斤左右，放在牛的面前。

出人意料的是，老牛没有喝以死抗争得来的水，而是对着夕阳，仰天长哞，似乎在呼唤什么。不远的沙堆背后跑来一头小牛，受伤的老牛慈爱地看着小牛贪婪地喝完水，伸出舌头舔舔小牛的眼睛,小牛也舔舔老牛的眼睛。静默中,人们看到了母子眼中的泪水。没等主人吆喝,在一片寂静无语中,它们掉转头,慢慢往回走。

【备选指南】

母爱,是世界上最伟大的爱。为了自己的孩子,人和动物其实都是一样的,有时甚至宁愿牺牲自己的性命。朗诵时,要把握好全文的语言节奏,前后可稍平缓,中间人、牛对抗时的节奏要紧凑,营造一种紧张、感人的氛围。

此文考生均可选取为自备稿件。

严监生之死(节选)

〔清〕吴敬梓

过了灯节后,严监生就叫心口疼痛。初时撑着,每晚算账,直算到三更鼓。后来就渐渐饮食少进,骨瘦如柴。又舍不得银子吃人参。赵氏劝他道:“你心里不自在,这家务事就丢开了吧。”他说道:“我儿子又小,你叫我托哪个?我在一日,少不得料理一日。”不想春期渐深,肝木克了脾土,每日只吃两碗米汤,卧床不起。及到天气暖和,又勉强进些饮食,挣起来家前屋后走走。挨过长夏,立秋以后病又重了,睡在床上,想着田上要收稻,打发了管家的仆人下乡去,又不放心,心里只是急躁。

自此,严监生的病一日重似一日,再不回头。诸亲六眷都来问候,五个侄子穿梭地过来陪郎中弄药。到中秋以后,医家都不下药了,把管庄的家人都从乡里叫了上来。病重得一连三天不能说话。晚间挤了一屋的人,桌上点着一盏灯。严监生喉咙里痰响得一进一出,一声不倒一声的,总不得断气,还把手从被单里拿出来,伸着两个指头。大侄子走上前问道:“二叔,你莫不是还有两个亲人不曾见面?”他就把头摇了两三摇。二侄子走上前来问道:“二叔,你莫不是还有两笔银子在哪里,不曾吩咐明白?”他把两眼睁得滴溜圆,把头又狠狠摇了两摇,越发指得紧了。奶妈抱着哥子插口道:“老爷想是两位舅爷不在跟前,故此纪念。”他听了这话,把眼闭着摇头,那手只是指着不动。赵氏慌忙揩揩眼泪,分开众人,走上前道:“爷,别人说的都不相干,只有我能知道你的心事。你是为了那盏灯里点的两茎灯草,不放心,恐费了油。我如今挑掉一茎就是了。”说罢,忙去挑掉一茎。众人看严监生时,点一点头,把手垂下,登时就没了气。

【备选指南】

本文节选自吴敬梓的《儒林外史》,吝啬鬼这一典型形象在文学作品中时常出现,国外有个葛朗台,中国则有个严监生。朗诵时,语言层次要分明,叙述语言要清晰生动,文中每个人物说话的语气要性格鲜明、各有特点。严监生一直不咽气的原因要保有悬念,直到最后才缓缓道出。

此文适合音色多变、声音塑造能力强的考生选取为自备稿件。

红　岩(节选)

罗广斌、杨益言

一阵狂风卷过，寒气阵阵袭来，矗立在签子门边的余新江浑身发冷，禁不住颤抖了一下，屋瓦上响起了“哗哗哗”的声音，击打在人的心上。“是暴雨?”这声音比暴雨更响，更加嘈杂，更加猛烈。“冰雹!”余新江听见有人悄声喊着，他也侧耳听那屋瓦上的响声。在沉静的寒气里，在劈打屋顶的冰雹急响中，忽然听出一种隆隆的轰鸣。这声音夹杂在冰雹之中，时大时小。余新江渐渐想起，刚才在冰雹之前的狂风呼啸中，似乎也曾听到这种响声，只是不如现在这样清晰，这样接近;因为他专注地观察敌人，所以未曾引起注意。这隆隆的轰鸣，是风雪中的雷声么？余新江暗自猜想着：在这隆冬季节，不该出现雷鸣啊！难道是敌人爆破工厂，毁灭山城么？忽然，余新江冰冷的脸上，露出狂喜，他的手里激动得冒出了汗水。他忽然一转身，面对着全室的人，眼里不可抑制地涌出滚烫的泪水。

“听！炮声，解放军的炮声!”

【备选指南】

本文节选自小说《红岩》，作者罗广斌、杨益言曾被共同关押在集中营里，亲身经历过敌人的种种野蛮暴行和共产党人不屈不挠的斗争生活。朗诵时，要营造出监狱阴森、寒冷的氛围;另外，重点把握好余新江在听到声响之后的心理判断过程;最后一句，情感爆发，但声音要有所控制。

此文适合画面感强的考生选取为自备稿件。

高原的茶花(节选)

滕利娜

那年的冬天，新年快到了。这一天，从山东农村来的军嫂贺英奇带着年仅四岁的女儿小茶花坐在开往昆仑山巅不冻泉兵站的卡车上，心急如焚。她怎么也没有想到，在高原恢宏美丽的外表背后，等待她的却是残酷而严峻的现实。

此时，小茶花昏昏沉沉地睡在妈妈的怀里，双唇干裂，小脸蜡黄，几天几夜的路程使孩子像变了个人，只是嘴里不停地喊着：“爸爸……爸爸。”

贺嫂把孩子紧紧地搂在怀里，双眼直直地盯着前方，她的心里只有一个愿望：无论如何也要和老贺一起过个年。5年了，茶花已经4岁了，可是从来还没有见过爸爸。

为了这个愿望，贺嫂早已忘记兵站有条不成文的规定：不能带小孩上雪线。

汽车向着兵站驶去，一程又一程，终于到达了目的地。然而小茶花已经停止了呼吸，贺嫂抱着的是女儿微温的尸体。悲剧已经发生在了路上。

整个兵站的人都惊呆了，大家围着这辆汽车，脱帽默默肃立着。贺嫂抱着小茶花坐在驾驶室里一动也不动。

此时的老贺却不在兵站，他还在百里以外的哨卡执行任务，妻子到站和发生的悲剧他自然一概不知。

天黑后,战士们实在不忍心再这样让贺嫂抱着小茶花坐在冰冷的驾驶室里,便劝她进站歇歇。贺嫂下了车,只是依旧抱着女儿,不说一句话。

不冻泉兵站的元旦之夜,仿佛被推到了一个寂冷、死亡的角落。没有笑声,没有歌声,甚至连灯光也没有。警卫班长心疼贺嫂,对她说:"嫂子,你太累了,让我抱抱咱们的小茶花吧!"说完,他从贺嫂手里接过了孩子。

看着班长这么做,所有的战士都跑过来排队等候抱小茶花。就这样,你抱半小时,他抱10分钟,一直到天亮,又到天黑。

整整两天两夜呀,小茶花的小身体在不冻泉兵站指战员的手里传递着。直至老贺执勤回来,站上才爆发出雷吼一般的哭声。

昆仑山跟着士兵一起恸哭。

这一夜,不冻泉兵站的指战员们唱起了《十五的月亮》,一遍又一遍……

昆仑山的落雪依然无声。

(为考试朗诵需要,本文略作改动)

【备选指南】

这是一个感人的故事,朗诵时要准确捕捉人物的性格特点与心理感受:贺嫂的母爱与执着、小茶花的坚持与渴望、战士们的惊讶与痛苦等,表达人物形象的动作细节、形象语言时应自然细腻,脑海中要有画面感,将真情实感融入有声语言之中。

此文适合情感丰富的考生选取为自备稿件。

母亲的姿势

吴志强

这是一个真实的故事。他们就住在一套用木板隔成的两层商铺里。母亲半夜起床上厕所,突然闻到一股浓浓的烟味,便意识到家中出事了。等丈夫从梦中惊醒,楼下已是一片火海,全家两个女儿三个儿子以及两位雇工都被困在大火中。

孩子们被叫醒后,个个如受惊的小兔子,逐一聚拢到母亲身边。幸好阁楼上的天花板只有一层,砸开它,就可以攀上后墙逃生。绝望之余,父亲带着两个雇工砸开天花板,并第一个抢先翻过墙头。父亲出去后,再也没有回来,他只顾呼唤邻居救火。高墙里面,大火离母亲和五个孩子越来越近了。可是,五个孩子中,最高的也仅有1.54米,而围墙竟有两米多高。他们没有一个人能单独攀上去。幸运的是,墙头上有一个雇工留了下来,他一手抓房顶横梁,另一只手伸向墙内的母亲和五个孩子。

"别怕,踩着妈妈的手,爬上去!"母亲蹲在地上,抓牢大儿子的脚,大儿子用力一蹬,抓住雇工的手攀上了墙头翻身脱离了险境。用同样的办法,母亲把二儿子和小儿子一一举过了墙。

此时,火舌已舔到脚掌,母亲奋力抓起二女儿。此时,她的力气已用尽,浑身不停地颤抖。大女儿急中生智，协助妈妈把妹妹举过了墙。火海中，仅剩母亲和大女儿。大火已卷上了她们的身体，烧着了她们的衣服。大女儿哭着让妈妈离开，但母亲坚决地将女儿拉了过来，拼尽最后一口气，将大女儿托过墙头。当工人再次把手伸向母亲的时候，她竟然连站立的力气也耗尽了，转眼间，便被大火吞没了。墙外，5 个孩子声泪俱下地捶打着墙，大喊着“妈妈”。而墙内的母亲再也听不见了，永远地闭上了眼睛。

消防人员赶到，20 分钟便将大火扑灭。人们进去寻找这位母亲，看到了极为悲壮的一幕：母亲跪在阁楼内的墙下，双手向上高高举起，保持着托举的姿势。

这个故事就发生在深圳，人们也将永远铭记这位英雄母亲的名字——卢映雪。

【备选指南】

本文讲述了一个感人至深的故事，我们常说“灾难无情人有情”，越是在大灾大难中，我们越能感到爱的伟大。这篇文章讲述的是母亲的姿势，也是爱的姿势。朗诵时，要把火灾发生时的紧张、慌乱、争分夺秒的氛围营造出来，而母亲的那一句“别怕，踩着妈妈的手，爬上去”则是温暖、坚强、有力的。另外，结尾的叙述语言要满含深情。

此文考生均可选取为自备稿件。

永远的第 11 位教师

一所偏远的山村学校，因为各方面条件极差，一年内已经陆续走了七八位教师。乡里实在派不出人来，后来只好请了一位刚刚毕业等待分配的女大学生来代一段时间课。

三个月后，女大学生的分配通知到了。在她含泪告别淳朴的乡民、走下山坡的时候，背后突然传来孩子们朗朗的读书声“离离原上草，一岁一枯荣，野火烧不尽，春风吹又生……”

这声音在山谷间低回传诵，久久不绝。这是她第一节课交给孩子们的诗，年轻的女教师回头望去，顿时被惊呆了：二十几个孩子齐刷刷地跪在高高的山坡！谁能承受得起这天地为之动容的一跪啊。她顷刻间明白了，这是渴求知识的孩子们纯真而无奈的挽留啊！她的脚步凝滞了，她重新把行李扛回学校，成了村里的第 11 位教师。

往后的日子里，她从这所小学校里送走了一批又一批孩子去读初中、高中、大学……这一留就是整整 20 年。

有一天上课时，老师突然晕倒在讲台上，学生们哭喊着跑上去：“老师，老师，您快醒醒。”老师安慰着学生“孩子们，老师没事”。可是，老师还是走了，离开了她热爱的事业，离开了她心爱的讲台，离开了她朝夕相处的孩子们，也离开了她曾经教给孩子们的那首诗“离离原上草，一岁一枯荣，野火烧不尽，春风吹又生……”

【备选指南】

教师，是人类灵魂的工程师，是太阳底下最神圣的职业。用“春蚕到死丝方尽，蜡炬成灰泪始干”来形容这“永远的第 11 位教师”一点也不为过。朗诵时，感情应真实自然，注意语气的变化，开头的语气是叙述性的，结尾的语气伤感，意境悠远。

此文适合情感丰富的考生选取为自备稿件。

生命接力

吴 天

一天半夜,一场特大的泥石流吞没了熟睡中的小山村。天亮时分,救援人员赶到,小山村已经夷为平地,泥石流中东一条胳膊西一条腿,惨不忍睹。全村无一人幸免于难。

突然,有人发出一声惊叫:"下面有声音!"大伙儿跑拢来一看,一间埋在泥石流下的小木屋,仅剩下一角屋顶。

救援人员刨开泥土,掀开屋顶,只见屋里全被泥沙填满,唯独房梁下还有小小的一点空间。一个赤裸裸的小女孩一动不动地蜷缩着!看样子还不到四岁。救援人员赶紧将她抱出来,她却死活不肯离开,指着小屋哭出了声:"妈——"顺着小女孩的手指看去,在她蜷缩过的泥沙处,隐隐约约露出一双泥手,十个手指。有人惊叫:"下面还有人!"顿时,救援人员以那双手为中心,沿着四周小心翼翼地往下刨。不一会儿,眼前出现了一幅惊心动魄的画面:一个半身赤裸的女人,个子很矮,全身呈站立姿势,双臂高高举过头项,像一尊举重运动员的雕塑,这女人竟是一个盲人!她被挖出来时已经僵硬了。小女孩仍不肯走,指着刨出的泥坑,又哭喊出一声:"爸——"天哪,难道下面还有人?大伙儿立刻继续往下刨,就在女人的脚下又刨出一个半身赤裸的男人,他昂然屹立,身子直挺,双肩高高耸起,这男人也是一个盲人!

原来,矮女人正是站在男人的双肩上,双手高高举着小女孩,小女孩终于得救了,奇迹一般,成为这场泥石流中唯一的幸存者!

【备选指南】

爱情也许会变心,友情也许会变质,唯有父母对孩子的爱,永远是那么无私,那么深沉。读完《生命接力》这个故事,我们会被这种爱深深地震撼。朗诵时,第一段要充分渲染灾难的无情,救援的过程语气要层层递进,保有悬念,直到最后,感情到达最高点。

此文考生均可选取为自备稿件。

明湖居听书(节选)

〔清〕刘 鹗

正在热闹哄哄的时节,只见那后台里,又出来了一位姑娘,年纪约十八九岁,装束与前一个毫无分别,瓜子脸儿,白净面皮,相貌不过中人以上之姿,只觉得秀而不媚,清而不寒,半低着头出来,立在半桌后面,把梨花简丁当了几声,煞是奇怪:只是两片顽铁,到他手里,便有了五音十二律似的。又将鼓槌子轻轻地点了两下,方抬起头来,向台下一盼。那双眼睛,如秋水,如寒星,如宝珠,如白水银里头养着两丸黑水银,左右一顾一看,连那坐在远远墙角子里的人,都觉得王小玉看见我了;那坐得近的,更不必说。就这一眼,满园子里便鸦雀无声,比皇帝出来还要静悄得多呢,连一根针掉在地下都听得见响!

王小玉便启朱唇,发皓齿,唱了几句书儿。声音初不甚大,只觉入耳有说不出来的妙境:五脏六腑里,像熨斗熨过,无一处不伏贴;三万六千个毛孔,像吃了人参果,无一个毛孔不畅快。唱了十数句之后，渐渐地越唱越高，忽然拔了一个尖儿，像一线钢丝抛入天际，不禁暗暗叫绝。那知他于那极高的地方，尚能回环转折。几啭之后，又高一层，接连有三四叠，节节高起。恍如由傲来峰西面攀登泰山的景象：初看傲来峰削壁千仞，以为上与天通；及至翻到傲来峰顶，才见扇子崖更在傲来峰上；及至翻到扇子崖，又见南天门更在扇子崖上：愈翻愈险，愈险愈奇。

那王小玉唱到极高的三四叠后，陡然一落，又极力骋其千回百折的精神，如一条飞蛇在黄山三十六峰半中腰里盘旋穿插。顷刻之间，周匝数遍。从此以后，愈唱愈低，愈低愈细，那声音渐渐地就听不见了。满园子的人都屏气凝神，不敢少动。约有两三分钟之久，仿佛有一点声音从地底下发出。这一出之后，忽又扬起，像放那东洋烟火，一个弹子上天，随化作千百道五色火光，纵横散乱。这一声飞起，即有无限声音俱来并发。那弹弦子的亦全用轮指，忽大忽小，同她那声音相和相合，有如花坞春晓，好鸟乱鸣。耳朵忙不过来，不晓得听那一声的为是。正在缭乱之际，忽听霍然一声，人弦俱寂。这时台下叫好之声，轰然雷动。

【备选指南】

《明湖居听书》的作者为刘鹗，本段节选自《老残游记》第二回。这段文字刻画人物、描写说书效果十分生动形象，在语言运用和表现手法上也很有特色。朗诵时，可借鉴评书这一艺术形式的技巧，注意气息的运用，文中多处可采用抢气、托气等方法。另外，要从视觉、听觉等多方位来塑造说书者的形象，给受众以身临其境的感觉。

此文适合画面感强、音色明亮的考生选取为自备稿件。

半瓶香油

彭永强

故事发生在1993年，那时离春节只有一个月的时间了，从香港海关到内地的人特别多，因此，工作人员也格外忙碌。

一位老人吸引了他们的目光，他衣着朴素，随身仅带一个简易的旅行包。然而，令人不解的是，他的左手竟然提着一个瓶子，瓶子里有半瓶黄澄澄的液体。

一位工作人员按捺不住好奇心，问他："这位先生，您的瓶子里装的是什么？"

老人淡淡地说："是香油……"

这时，在场所有人都感到不可思议，这位老人千里迢迢地赶往内地，不带名贵的东西，竟只带了半瓶香油。"您这是为什么呢？"另一位女士终于忍不住问道。

老人脸上浮出了凄楚的神色，缓缓地说："这是我母亲要我买的。44年前的一个中午，母亲正在做饭，我正在玩。饭马上就要做好了，却发现家中没有了香油。她拿出些零钱来，让我到不远处的一家卖油铺去打半斤香油。临走时，母亲嘱咐我：'孩子，你跑快一点啊，娘马上就把饭做好了，别耽误吃饭，娘等着你……'"

这时，泪水从老人的眼角流出来。顿了一顿，老人接着说："我刚走出家门，就碰到了一群穿军装的人，他们用枪逼着我，让我帮他们拉大炮。后来，为了活命，我就跟随他们一起打仗。再后来,我随着军队到了台湾。这几十年,我得不到一点儿家中的消息。直到三年前,我才和家乡的亲人联系上。他们说,我母亲在我走了之后就疯了,见人就说等我打香油回家。”

老人的故事讲完了。所有的人都安静地听着,不少人眼中泛起了闪闪的泪水。

【备选指南】

儿行千里母担忧,再长的时间、再远的距离,也无法阻隔母子之间的思念。半瓶香油的故事,让我们感受到的是满满的爱。朗诵时,感情应自然流露,有遗憾,有后悔,有深深的思念。节奏平缓,于淡淡的叙述中表达出最真实的感动。

此文适合声音成熟的男生选取为自备稿件。

周恩来

位于文津街的解放军305医院有两套宽敞的病房。一套是为毛泽东主席准备的,他没有住。另一套住进了人,他是我跟随已久的周恩来总理。

1975年5月的一天,周总理在散步时,曾问身边的医护人员:“你们说实话,我究竟还能坚持多久?”医护人员猛地一怔,赶紧露出笑容,想用几句轻松安慰的话语搪塞过去。

周总理抬眼望着天空,仿佛在正视那冥冥之中的死神,忽然坦然地笑了。

他渐渐收起笑容,换上一副严肃的神情:“你们一定要把我的病情随时随刻如实地告诉我,因为还有许多工作,我要做个交代啊。”

医护人员的眼里陡地涌起一层泪花:“总理,你叫我们怎么讲呢……”

周总理的脸上逐渐恢复一丝不易辨清的浅笑,他缓缓说道:“好了,不用说了。”

1975年6月,周总理毅然拒绝所有医生的劝告,拖着沉重的病体,去参加为贺龙元帅举行的骨灰安放仪式。

签过到,他便朝休息室走去,在门口他就大声呼唤:“薛明,薛明啊!”贺龙的遗孀薛明闻声抬头,叫一声:“总理!”奔了过来,满脸是泪,周总理紧握住她的双手,身体由于悲恸而颤抖着。“薛明啊,我没有把他保护好啊……”说着,泪如泉涌。

贺龙的女儿紧握着周总理的手说:“周伯伯,您要保重身体啊。”周总理无言地望着她,片刻,平静地说:“我的时间也不长了。”

这令人心碎的叹息,又一次引来悲声四起。

1976年1月8日早晨8点左右,小高像往常那样来接班。简单交接过后,我便要离开了。在门口,我像往常那样回头再望一眼我们的总理。

他仍在昏睡着。唉,他这一生睡得太少,太少了!在正常年月里,总理每天能睡四个小时;可是近十年中,天下大乱,总理每天只能睡两到三个小时。什么叫全心全意?什么叫鞠躬尽瘁?什么叫夜以继日、不知疲倦?你只需在总理身边待一待便一切都明白了。

“老张!老张!”小高旋风似的卷进来,他脸色煞白,声音随着目光一道颤抖着:“总理、总理不好了!”我像被电打了一样,从瘫软中一跃而起,赶忙往下跑去。

下楼后，我看到周总理的床前只站着几名专家医生，其余二十几名医生都已稍稍后撤，环绕四周默立。

我赶紧冲到周总理的床前，一把抓住他的手，“总理、总理！”我叫着，可是手掌却分明感觉到他的手指发了凉，那么快，那么突然。我慌极了，摸着、抚着，想温暖回来，想把我的热和血输送过去。可是，转瞬间总理的手掌也凉了，并且像退潮一样迅速凉到了胳膊。我急眼了，叫着：“大夫，大夫，这是怎么了呀？”

张医生沉重地摇摇头，绝望地叹息道：“唉……不行了……”四周围陡地静了下来，世界哑了一般！我从来不曾遇到过这种场面，茫然四顾，我早已不会说话，但是我的心在滴血。

蓦地，我看到一圈低垂的头。我哭出了声音，所有人都放开了悲声。

“总理啊——！”

【备选指南】

本文选自“齐越朗诵节”参赛作品。周恩来是中华人民共和国的开国元勋之一，作为第一任国务院总理，他以卓著的功勋、崇高的品德、光辉的人格被铭记在全国人民心中，在国际上也享有很高威望。这篇文章以周总理身边工作人员的身份来追忆总理逝世前在医院的一段生活，让我们真实地感受到了一个可敬可爱的平民总理。朗诵时，应带着深情的回忆，讲述的语气要真诚，情感自然，仿佛自己就是这名工作人员，看到了周总理在最后的岁月里依然鞠躬尽瘁的模样。注意文中说话的语气要符合规定情境。

此文考生均可选取为自备稿件，选用时可做适当节选。

钱学森

1955年9月17日，一艘从美国旧金山开往香港的邮轮停靠在洛杉矶港口。一对中年华人夫妇，携一双儿女匆匆地登上了甲板。

当轮船缓缓离开港口驶向大海时，中年男人长长地嘘了口气——他要回家了！为了这次归程，他准备了整整六年！

他叫钱学森。

六年前，他收到一位朋友的来信，得知祖国发生了天翻地覆的变化，一个新的中国躁动于母腹之中。这个国家未来的领导人希望他能早日回到祖国！

同样，这也是他父亲的愿望。

父亲——他十分敬爱之人。他们分别时，钱学森曾与他发生过激烈的争执。

1935年8月，钱学森赴美深造，打算攻读航天理论，但父亲坚持：必须研究飞机制造技术。钱学森告诉父亲，只有掌握了航天理论，中国才有超越西方的可能。父亲却说：理论救不了中国！

十年了，严厉而又仁慈的父亲终于理解了儿子：儿子要的并非只是一门养家糊口的技术，他要的是超越列强、崛起的中国！

是的，在钱学森心中，甲午的硝烟还未褪尽，圆明园的伤痛犹在心底，九一八的炮声又萦绕耳际，南京城的血海流在梦里……弱国贫民、兵连祸结，灾难深重、盼望崛起！

发奋啊！30岁的钱学森取得了航空、数学博士学位，成为世界级的空气力学家；36岁的钱学森，成为麻省理工学院最年轻的终身教授；40岁的钱学森，又成为美国国防部空军咨询团和美国海军研究所顾问。

然而，“身在曹营心在汉”，这位科学的骄子，并不属于美国！

他站在甲板上，遥望着那渐渐消失的特米娜岛。在那个小岛的囚禁室里，钱学森渡过了黑暗而又屈辱的15天。15天之后，他的夫人去接他，他形同骷髅，体重减少了15公斤；他不再说话，他以沉默表达着最深沉的愤怒！

——这个在东海岸竖起了自由女神像的国家，却在西海岸关押了一个只是渴望自由、渴望回到父母身边的孩子！

为什么？一位美国将军回答：“无论在哪里，他都能抵得上五个海军陆战师，宁可杀了他，也不能放他走。”

一位美国科学家说道：“美国如果失去了钱学森，就是一个无法估量的损失。”

科学没有国界，科学家却有自己的祖国。他，不属于美国！

邮轮驶入了公海，太平洋的上空已经罩上了浓浓的夜幕。钱学森想：地球的那一面，正升起黎明的曙光。——那里，就是自己的祖国！他的生命之帆在那里升起，他的力量的源泉同样也来自那个方向。

就在两个多月前，那张写着钱学森急切呼救声的香烟盒纸，远涉重洋，辗转飞到了共和国总理周恩来的手中：“我身陷囹圄，省亲探友之愿难偿，回乡报国之梦难圆……恳请祖国，助我回家。”

周恩来拍案而起：“好，这就是铁证。看他们还有什么理由阻挠华人和留学生回国！”

谈判桌上，那张烟盒纸，让那些鼓噪“民主、自由、人权”的对手们哑口无言。那张烟盒纸，成为火箭专家钱学森为祖国制造出来的第一枚“火箭”，而这枚火箭的“发射架”，就是他亲爱的祖国！

钱学森离开美国的那天，洛杉矶《帕萨迪纳晨报》上印着特大字号的通栏标题——火箭专家钱学森今天返回红色中国；21天后，新华社向全世界发出电讯，醒目的标题是——钱学森到达广州。

一声汽笛长鸣！他的眼泪夺眶而出：“我回来了！我的祖国！”

钱学森离开洛杉机时，一位美国学者说了一句意味深长的话：“钱学森回国绝不是去种苹果树的。”

钱学森到达广州时，一位美国战略家道出了一句真实的预言：“由于钱学森的归来，使红色中国的‘两弹一星’提前了半个世纪。”

【备选指南】

本文选自“齐越朗诵节”参赛作品。钱学森，享誉海内外的杰出科学家，中国航天事业的奠基人，中国两弹一星功勋奖章获得者。他放弃在美国的优越条件，历经千辛万苦只为回国报效的故事感染了一代又一代中国人。朗诵时，以叙述语气为主，美国人对钱学森回中国的评价应意味深长，表明钱学森是不可多得的卓绝的科学家。整体基调为热情赞颂。

此文适合音色明亮的考生选取为自备稿件，选用时可做适当节选。

奇迹的名字叫父亲

叶倾城

1948年，在一艘横渡大西洋的船上，一位父亲带着小女儿，去和在美国的妻子会合。

海上风平浪静，晨昏瑰丽的云霓交替出现。一天早上，父亲正在舱里用腰刀削苹果，船却突然剧烈地摇晃起来。父亲摔倒时，刀子插进胸口。他全身都在颤抖，嘴唇瞬间乌紫。六岁的女儿被父亲的瞬间变化吓坏了，尖叫着扑过来想要扶他，他却微笑着推开女儿的手："没事，只是摔了一跤。"然后轻轻地拔出刀子，很慢很慢地爬起来，不引人注意地用大拇指揩去了刀锋上的血迹。

此后三天，父亲照常每晚为女儿唱摇篮曲，清晨为她系好美丽的蝴蝶结，带她去看大海的蔚蓝。仿佛一切如常，而小女儿没有注意到父亲每一分钟比上一分钟更衰弱、苍白，他看向海平面的眼光是那样忧伤。

抵达纽约的前夜，父亲来到女儿身边，对她说："明天见到妈妈的时候，请告诉妈妈，我爱她。"女儿不解地问："可是你明天就要见到她了，为什么不自己告诉她呢？"他笑了，俯身在女儿的额上深深印下一个吻。

船到纽约港，女儿一眼便在熙熙攘攘的人群里认出母亲，她大喊着："妈妈！妈妈！"就在这时，周围一片惊呼，女儿一回头，看见父亲已经仰面倒下，胸口血如井喷，刹那间染红了整片天空……

尸解的结果让所有人惊呆了：那把刀无比精确地刺穿了父亲的心脏，他却多活了三天，而且不被任何人察觉。唯一可能的解释是因为创口太小，使得被切断的心肌依原样贴在一起，维持了三天的供血。

这是医学史上罕见的奇迹。医学会议上，有人说要称它为大西洋奇迹，有人建议用死者的名字命名……

"够了！"那是一位坐在首席的老医生，须发皆白，皱纹里满是人生的智慧，此刻一声大喝，然后一字一顿地说："这个奇迹的名字，叫父亲。"

【备选指南】

母爱如河，父爱如山；母亲的爱是细腻的，父亲的爱则是深沉的。《奇迹的名字叫父亲》给我们展示了一个坚强的男人、一个真正的父亲。朗诵时，感情层层递进，前半部分节奏平缓，语气自然；后半部分节奏稍快，情感充沛，老医生的话要一字一顿读出，深沉而有力量。

此文适合音色明亮的考生选取为自备稿件。

月光下的蛙鸣

查一路

十几年前的一个寻常的夏天,我枕戈待旦地准备参加那年的高考。

在那样一个年代里,高考直接决定着一个青年一生的命运。而我的情况更为特殊,三岁时失去了父亲,是母亲含心茹苦把我带大的。

苦难中的母亲,眼巴巴地盼望着我能考上大学。我也想,如果能在这一年如愿以偿,就是我对母亲最好的报答,能减轻母亲经济上和精神上的压力。

但竞争是残酷的,同学们奋力苦战,在学习上你追我赶。高考一个月前的预考中,我意外地遇到了惨败。我很清楚,巨大的精神压力起了很大的负面作用。母亲见我面容憔悴,很心疼。我家离学校不远,她就跟老师说情,说寝室里吵闹,让我回家住,早晚照料我,给我增加营养。

那段时间里,她杀光了家中的三十几只鸡,想尽一切办法,让我增强体质。

我房间的后窗正对着屋后的一方池塘。正是燥热的6月,夜晚,一池塘的青蛙,叽叽呱呱,呼朋引伴,叫声格外响亮悠远。一池的蛙声就这样紧紧缠住我的一双耳朵,此起彼伏地一次又一次将我惊醒。

惭惭地,蛙声不再吵闹了,每晚都有香甜的梦。但是,母亲却变了,日日坐在椅子上打盹。一天,隔壁的大妈偷偷地拉住我,跟我说我母亲为了让我睡好觉,夜夜替我赶青蛙呢。我将信将疑。第二天夜里,在月光下的池塘边上,我真的看见了我的母亲。

母亲手拿一根长长的竹竿,轻轻地敲打池塘边的每一处草丛,做得认真又虔诚。她绕着池塘一圈圈小心地走着,一遍遍用竹竿仔细地敲打。有时她停下来,站一会儿,轻轻地咳嗽几声,用手捶捶背。月光把她的白发染得更白了。我大声喊母亲,母亲却听不见,她全神贯注于手中的竹竿,生怕遗漏了一处蛙声……

一直到现在,我坚信,有一种爱,能唤起一个人内心潜在的力量,战胜一切困难。这一年高考,我被一所重点大学录取了。很多年过去了,蛙声也一点点远逝,可是,我觉得它时时都在我的枕边,一声声,像不倦的提醒和教诲,给我许多鼓舞和激励。

【备选指南】

什么能唤起一个人内心潜在的能量?答案是高尚的母爱。这篇文章通过赶蛙这件事,表达了对母爱的真挚赞美。朗诵时,声音起伏变化不要太大,气息平稳。讲述母亲赶蛙的细节时,声音轻柔,有画面感。

此文考生均可选取为自备稿件。

面包与微笑

改编自欧·亨利《女巫的面包》

玛莎小姐是街角上那家小面包店的女老板,今年四十岁了,她有两千元的银行存款、两枚假牙和一颗多情的心。结过婚的女人可不少，但同玛莎小姐一比，她们的条件可差远啦。有两个男人每周都会光顾面包店两三次，玛莎小姐逐渐对他们产生了好感。

每次年轻男人来买面包时，玛莎都挑最大最好的，临走时年轻男人会得到一个甜美的微笑，这微笑是玛莎对着镜子练了无数遍的。

每次中年男人来买面包时，总会向玛莎多讨一些面包碎屑。同样，中年男人临走时也会得到一个微笑，这微笑是玛莎十年间送走每一位顾客时都会流露出的。

一天，玛莎路过中心广场。年轻男人和中年男人恰巧都在。年轻男人注视着一幅画，拿着画笔的是一位美貌的姑娘，旁边放着玛莎那最大最好的面包。中年男人面前是一群流浪狗，地上的面包碎屑正是从玛莎的店里得来的。

第二天，年轻男人来到店里，临走时得到玛莎十年间送走每一位顾客时都会流露出的微笑。中年男人也来了，临走时得到一个玛莎对着镜子练了许久的微笑。

【备选指南】

这个故事短小精悍，读完之后让人会心一笑。朗诵时，语言应娓娓道来，注意把握玛莎小姐对待年轻男人与中年男人的微笑的变化：以前，玛莎小姐对年轻男人的微笑是发自内心的，对中年男人的微笑是职业的；看到中心广场的一幕之后，玛莎小姐对年轻男人的微笑是职业的，而对中年男人的微笑则是发自内心的。

此文考生均可选取为自备稿件。

孤独与奋斗

改编自海明威《老人与海》

旁　白：那老人再一次扛起他的桨，朝海边走去。

老　人：已经85天了，一条鱼都没打到，我好像已经老了，开始背运了，可是我的胳膊倒还是有着劲儿的。

旁　白：他慢慢地升起那张补过的旧帆，那帆看上去就像一面永不失败的旗帜。

老　人：太阳升起来了，耀眼的阳光已经把我的眼睛刺痛了一辈子，我感到我有点力不从心了，可年轻的时候我曾经是个好的水手啊！

旁　白：船划得久了，汗珠从脊背上一滴滴地流淌下来，老人想……

老　人：我可以任船漂流，打一个盹或系个绳扣，把鱼绳系在脚趾上。

旁　白：他没有那样做，他相信那条大鱼就藏在附近的什么地方。不知过了多久，老人发现，那绿色的浮杆急速地往水底沉去，他拉了拉鱼绳，感到了沉重的分量。

老　人：我钓住的是一条什么样的鱼呀?！我还从来没有见过有这么大劲儿的，它只要一跳或向前一蹿，也许就会要了我的命。

旁　白：老人全身心地等待着他和那条大鱼最后的搏斗，他想他这辈子再也不会遇到这么大的鱼了，他要最后再赢一次。太阳落下去了，夜晚来临，那鱼拖着他的小船在海上游了一夜，他没想到等待一场搏斗需要那么长的时间。

老 人:我已经感到了你的力量,让我们面对面地斗一斗吧,我们谁也没有帮手,这很公平。来吧,我早已做好了准备,我不会后悔死在一条金枪鱼的手里。

旁 白:夜幕再次降临,老人筋疲力尽。

老 人:它不会有那么大,不会的!

旁 白:它就是那么大,大得出乎老人的意料。

老 人:我只有一次机会,这是生死决斗,不是我叉死它,就是它撕碎我!

旁 白:老人觉得自己快要撑不住了,他用绵软的双手努力握紧他的鱼叉,将鱼叉举过头顶,他把鱼叉举到了不可能再高的高度。

老 人:来吧,冲着这儿来吧!让我们来做临死前的最后一次决斗吧!我老了,没什么力气了,我跟你磨了三天,我等了你一辈子了,老兄,我从来没见过比你更大更美更沉着的鱼呢。来吧,让我们来看看究竟谁杀死谁!

旁 白:那条大鱼挣扎着向老人的小船冲过来,老人拼尽他最后的力气将鱼叉扎入了大鱼胸鳍后面的鱼腰里,那鳍停在空中高过老人的胸膛。老人扎中了大鱼的心脏,那鱼生气勃勃地做了最后一次挣扎,而后"咕隆"一声落入水中。啊……老人赢了,他战胜了自己,战胜了那条大鱼,他没有发现一群无所畏惧的鲨鱼正嗅着血迹向这里涌来。

老 人:你们这群厚颜无耻的家伙,真会选择时机,但我不怕你们,不怕你们!人并不是生来就要给你们打败的,你可以消灭他,可就是打不败他,你们打不败他!

旁 白:成群结队的鲨鱼向船边的大鱼发起猛攻,那撕咬鱼肉的声音,使老人再一次站立起来,他决心捍卫自己的战利品,就像捍卫他的荣誉。当老人终于回到他出海的那个港口,天空第三次黑暗下来。

老 人:人并不是生来就给你们打败的,你可以消灭他,可就是打不败他,打不败他。

旁 白:老人在船上睡着了,他梦见年轻时的非洲,他梦见了狮子。

【备选指南】

《老人与海》是海明威最著名的作品之一,主要讲述了一位老年古巴渔夫,与一条巨大的马林鱼在海上搏斗的故事。选择这篇稿件,要对主人公有深刻的理解。老人是一个不向命运低头的"硬汉",无论在怎样艰难的困境中,他都表现出不屈服的斗士精神和乐观的人生态度。朗诵时,要注意旁白与老人的声音塑造,旁白的语气以叙述为主,老人的音色低沉、沧桑,但又不能虚弱,要有一定的力度,体会老人决心用生命捍卫自己荣誉的内心感受。

此文适合声音厚实、音色多变的男生选取为自备稿件。

第十四章　寓言、童话

不爱听恭维的狮子

狮王坐在宝座上，它对于臣民的恭维已经听厌了。“真讨厌！它们每天对我说一大堆恭维的话，我的耳朵都快要听得生老茧了！它们真愚蠢，以为我是一个喜欢被人恭维的狮王！”

这时候，一只打扮得很华丽的狗走到宝座前面，它一边摇尾巴，一边战战兢兢地献上它的颂词：“统治万兽的王啊！没有您，我们如何能安居乐业啊！我们全体兽国的臣民都誓死忠于您。为了您，就是牺牲自己的生命也愿意。”

“滚开！”狮王咆哮着从宝座上跳起来，“你不要到我这儿来拍马屁！我最不喜欢人家的奉承话！”

狗夹着尾巴走开以后，又来了一只温文尔雅的狐狸，它打扮得很高贵，显出它是一个极有修养的学者。它对狮王行了一个不卑不亢的礼，然后对那只狗看了一眼，轻声说：“王啊，您何必生气呢？您是最明白的，像狗那么无聊的家伙，它会说出什么聪明的话！它真是糊涂透顶了！连您是世界上最不爱被人恭维的也搞不清！——但是这也难怪，世界上不喜欢恭维的是多么少呀！像您这么聪明正直，我敢发誓，我还是第一次看到呢！”

“你说得对，”狮王眉飞色舞地说，“来，让我赏你一只肥大的母鸡！”

【备选指南】

这篇寓言生动形象地讽刺了那些溜须拍马以及喜欢被恭维的人。狮王口口声声说自己不喜欢被恭维，但狡猾的狐狸只是拐了个弯恭维它，它马上就眉飞色舞了。朗诵时，要注意塑造狮王、狗、狐狸的形象，比如：狮王威严，声音厚重；狗低眉顺眼，声音谄媚；狐狸狡猾做作，声音尖细。根据这些形象变化自己的音色及语气。

此文适合音色多变、语言表现力强的考生选取为自备稿件。

月亮出奔

据说，在很久很久以前，有一年中秋的夜晚，月亮听到了人们对她的赞美和夸奖，禁不住内心的高兴，以致飘飘然。啊——我是多么明媚，多么皎洁，多么美丽，多么娇艳！要是白天也能够和人们见面,那该有多少荣誉和赞美落到我的身上!——就是那个太阳逼得我不能露脸!

于是,月亮忍不住了,怒气冲冲地对太阳说:“你干吗老瞧着我?让人家看起来,好像我的光辉倒是你给的。再说,老让我围着你转,这样下去,就会埋没我的天才!”

太阳忠告她说:“每一个星球都有自己的位置,在这个位置上可以发挥自己的全部才能和力量,要是离开这个位置,就会沉入宇宙的底部。”

地球也忍不住地对她说:“你呀,要是离开太阳就会失去一切光辉和温暖,要是离开了太阳,就会迷失方向。”

可是,月亮更恼火了:“好哇,你们串通一气来欺负我。你们以为我要是离开你们就不行吗?不,没有太阳,我自己可以发热发光。没有地球,宇宙中有善感的织女、多情的牛郎,他们会对我作出崇高的评价、正确的估量。成年累月地跟着你们转,有什么出息?我要独自创立一番事业。”说罢,月亮真的离开太阳去了,走向那个无边的星空、浩瀚的宇宙。月亮越来越寒冷,越来越凄凉。面对着茫茫的前途,她感到无限地悔恨和懊丧,最后终于忍不住放声痛哭起来,泪水落在身上凝成了一座座冰山。

慈祥的太阳听到了月亮的哀哭,就用强大的引力把她重新吸到自己身旁,这就是我们今天所看到的月亮。

【备选指南】

《月亮出奔》这篇寓言讽刺了那些自高自大、自以为是、不尊重科学规律的人。朗诵时要注意:月亮的语气是怒气冲冲、不服气的,太阳和地球的语气则是真诚劝慰的,要把这两种语气鲜明地表现出来。

此文适合音色明亮的考生选取为自备稿件。

杰米扬的鱼汤

〔俄〕克雷洛夫

“好邻居,亲爱的!请啊,请吃啊。”

“邻居,我已经吃得很饱了。”

“没有关系,请再吃一盆。瞧,这的确是挺好的鱼汤!”

“我已经吃过三盆了。”

“哎,算它干吗?只要你喜欢,为了健康,再吃完它!多鲜美的鱼汤!多么丰美,上面浮着一层油,简直跟琥珀一样。为了叫我高兴一下,亲爱的朋友!请吃一点鱼吧,还有炖肝和鱼片!再吃一小勺吧!”

邻居杰米扬这样款待他的邻居福卡,不让他休息,不让他停嘴。福卡早已吃得满头大汗,然而他还是接受了一盆,勉强把它吃完了。

“这样的朋友我才喜欢!”杰米扬叫嚷起来,“那些摆架子的人我是受不住的。哎,再吃一小盆,我亲爱的朋友!”

于是这位可怜的福卡，无论他怎样爱吃鱼汤，也难免再也吃不下了，他捧着腰带和帽子，神情恍惚地匆匆回家去了。从此以后，他再也不敢踏进杰米扬的家门了。

【备选指南】

《杰米扬的鱼汤》告诉我们“己所不欲，勿施于人”，就算是“己所欲”也不要强加于人。不然，好事也会变坏事，落得个“好心没好报”的下场。朗诵时，对话要生动，一个热情过度，一个勉为其难，可适当地加入一些肢体语言。

此文考生均可选取为自备稿件。

小猫的倾听

有一天，猫妈妈把小猫叫来，说：“你已经长大了，三天之后就不能再喝妈妈的奶了，要自己去找东西吃。”小猫惊恐地问妈妈：“那我该吃什么东西呢？”

猫妈妈说：“你要吃什么食物，妈妈一时也说不出来，就用我们祖先留下的方法吧。这几天你躲在屋顶上、梁柱间、箱笼里、陶罐边，仔细倾听人们的谈论，他们自己会教你的。”

第一天晚上，小猫躲在梁柱间偷听，一个大人对孩子说：“小宝，把鱼和牛奶放在冰箱里，小猫最爱吃鱼和牛奶了。”

第二天晚上，小猫躲在陶罐边，听见一个女人对男人说：“老公，帮我的忙，把香肠、腊肉挂在梁上，小鸡关好，别让小猫偷吃了。”

第三天晚上，小猫躲在屋顶上，从窗户里看到一个妇人唠叨自己的孩子：“奶酪、肉松、鱼吃剩了，也不收好，小猫的鼻子特别灵，明天你就没得吃了。”

就这样，小猫每天都非常开心，它回家告诉猫妈妈：“妈妈，果然像你说的一样，只要我保持倾听，人们每天都会教我该吃些什么。”

靠听别人的谈话，学习生活的技能，小猫终于成为身体敏捷、肌肉强健的大猫。后来它有了孩子，也是这样教导孩子的。

【备选指南】

在生活中，我们要学会倾听，才能不断地完善自己。朗诵时，要把握好文中的各种语气，猫妈妈的语气是慈爱的，小猫开始的语气是惊恐的，大人的语气是亲切的，女人的语气是温柔的，妇人的语气是埋怨的，小猫最后的语气是高兴的。

此文适合声音甜美的女生选取为自备稿件。

强者不吹牛

小老鼠、小白兔、大公鸡比谁最厉害，在一起吹牛。

小老鼠说：“我最厉害。我有一次和大象决斗，钻进它的鼻孔里，咬得它直喊饶命！对于我，大象都不在话下，还有什么可怕的呢！”

小白兔对小老鼠说：“你这个小不点儿，也敢在这儿逞能！我获得过三次马拉松的冠军，有一次还创造了世界纪录，连赛跑能手猎豹都怕我三分！”

大公鸡说:“你们都给我闭嘴!俗话说‘雄鸡一唱天下白’,太阳都按我的叫声出来,连人类也听我的指挥,按我的命令起床,因此我才是天下第一!”

它们正在不着边际地吹牛,旁边的草丛中躺着一只老虎,似睡非睡,似醒非醒,听了它们的话,闭目微笑。过了一阵,老虎忽然打了一个哈欠,不由自主地说:“好饿呀!”

小老鼠、小白兔、大公鸡一听,马上逃走了。

【备选指南】

俗话说“一桶水不响,半桶水晃荡”,这个寓言就告诉了我们这个道理。朗诵时,要塑造好小老鼠、小白兔、大公鸡不同的形象特点,它们共同的特点则是语气都很得意嚣张。老虎的语气则是轻松自然的,结尾一句要读出讽刺意味。

此文考生均可选取为自备稿件。

少年雄鸡

一只少年雄鸡,守候在他那垂危的父亲身旁。

“孩子,我的时间已经不多了,”老雄鸡说,“从今以后每天早晨呼唤太阳的重任,要由你来承担了。”

少年雄鸡很伤心,他注视着父亲慢慢闭上眼睛。

第二天一早,少年雄鸡飞上谷仓的屋顶。他高高地站在那儿,脸朝着东方。

“我必须设法发出最大的声音。”他说着,就抬头啼叫。但是,从他喉咙里发出来的,是一种缺乏力量的、时断时续的嘎嘎声。太阳没有升起,阴云铺满了天空,湿漉漉的毛毛细雨整天下着,畜牧场上的所有动物都来责怪小雄鸡。

“这真是倒霉透了!”猪叫道。

“我们需要阳光!”羊叫道。

“雄鸡,你必须大声啼叫!”公牛说,“太阳离我们有一亿五千万公里远,你的叫声那么细小,他能听见吗?”

第二天清晨,少年雄鸡又一早就飞上了谷仓的屋顶,他深深地吸了一口气,伸长脖子,放开喉咙大声啼叫。他这次发出的声音非常洪亮、非常有力,是他自学习啼叫以来从来没有过的。

畜牧场上,那些正在睡梦中的动物,一个个都被唤醒了。

“这是一种什么声音?”猪说。

“我的耳朵怕被震聋了!”羊叫道。

“我的脑袋都听得快要炸开了!”公牛说。

“我很抱歉,”少年雄鸡说,“但是,这是我应尽的职责。”

他的自尊心受到了很大的打击,感到十分委屈。但他终于看见在遥远的东方,一轮红日正从丛林后面冉冉地升起来。开头的失败,为后来的成功准备了条件。

【备选指南】

这则寓言告诉我们，失败乃成功之母，做任何事情只要持之以恒，总会有所收获。朗诵时，讲述要生动，老雄鸡的语言是奄奄一息的感觉，猪、羊、公牛第一次说话的感觉是责备的语气，而后面则是吃惊的语气，反衬出少年雄鸡声音的洪亮有力。

此文适合音色多变的考生选取为自备稿件。

画　饼

有这么俩人拜了把兄弟。一天，二弟要出远门，就到大哥家里辞行。去之前，用高粱秆儿和细米儿扎了一只"鸡"，给大哥送礼去了。到大哥家里，只有大嫂子在家。

"大嫂子，我快出远门啦，今儿个给大哥辞行来啦，没有什么好东西送给您，得啦，瓜子儿不饱是人心，您就把这只'鸡'收下吧！"

大嫂子一看，心说："真有你的！"

"哎呀，二弟，你怎么这么客气呀，每回来都叫你破费。"说着把这只"鸡"收下了。想了想又说："二弟呀，你这出去一趟不定多会儿才能回来，今儿别走，无论如何在家里吃饭，也没有什么好吃的，家常便饭，坐下，坐下。"说着就在桌子上摆了两双筷子，放上两个碟儿，然后拿出她男人用的毛笔来，蘸了点儿墨，找了张纸，在纸上画了一张烙饼。

"兄弟，吃吧，趁热吃，凉了就不好吃啦！"

这位二弟用筷子假装夹着这张"饼"，搁在嘴里嚼了半天，然后放下筷子说："行啦，今儿吃得太饱啦，谢谢您啦，我就不等我大哥回来了！"

二弟走后不一会儿，大哥回来了，大嫂子说："二弟今儿个给你辞行来啦，还送了只'鸡'。"说着把那只"鸡"拿给大哥瞧了瞧，大哥说："人家给咱们送礼来，没留人家吃饭吗？"

"留他吃了！"

"吃的什么呀？"

"烙饼，这不，还在这儿搁着呢！"

大哥过去瞧了瞧这张"饼"："咳，这都怨我不在家，就凭这只'鸡'，说什么也不能给他这么大张饼啊！"

【备选指南】

这则寓言故事活灵活现地刻画了三个吝啬鬼的形象：二弟、大嫂子、大哥，三个人一个比一个小气。本文的特点是对话比较多，朗诵时，找准符合性格的声音形象很重要。我们可以从年龄、性别、身份的不同来塑造这三个吝啬鬼，用语气、语调、副语言将他们区分开来。

此文适合音色多变的男生选取为自备稿件。

蠢　驴

邵　京

有头驴子，听到人们骂它"蠢驴"，很不服气，它想学样本事，气气人们。

驴子想:我跟谁学本事呢?对了,跟老虎学捕食。啊,不行,它虽然有本事,可太凶残了。对了,跟孔雀学化妆。啊,不行,它虽然有本事,可太风流了。对了,跟蜜蜂学建筑。啊,不行,它太爱唠叨。哎,跟谁学好呢?

驴子思前想后,觉得没有合适的本事可以学。于是,它决定拜访猴子,请它出出主意。要知道,猴子可是有个聪明的脑袋。

猴子听驴子诉完了苦衷,想了一会儿,说:"我看啊,你还是去买些书吧!据我所知,有学问的人都有很多书。要知道,有学问可是件好事,会得到许多人的赞扬。"

就这样,驴子买来了许多书,它觉得,从此以后,自己就是学问家了,人们再也不会对它出言不逊了。谁知,它还是听见人们骂它"蠢驴"。

驴子伤心极了,决定再去问问猴子。

猴子听完驴子的叙述,埋怨道:"你可真笨,买了书要看啊!要知道,有学问的人可都爱咬文嚼字!"

驴子茅塞顿开,它乐颠颠地跑回家,拼命咬书,看见字就嚼,折腾了好几天,才把文"咬"掉,把字"嚼"完。这下,驴子可神气啦,认为自己真的成了天下有名的学问家。

可是,真奇怪,不知为什么,驴子仍然听见人们叫它"蠢驴"。

【备选指南】

这则寓言告诉我们:学本事需要刻苦勤奋,努力上进,而不是急于求成,更不能误解了学习方法去走捷径,只有这样才能真正获得智慧。朗诵时,应把握好驴子急躁的性格和猴子智者的身份。

此文考生均可选取为自备稿件。

知　音

从前有一个弹琴的人,自认为是天下少有的名手,可是旁人听了不但不称赞,反而都觉得十分讨厌,真把他气坏了,他决定离家出走,他想:"这儿都是些俗人,他们怎么能听懂我美妙的琴声呢?我一定要周游各地,寻访我的知音。"

然而走了许多地方,从没有一个人称赞过他一句。

一次,他在一家旅馆过夜,半夜三更,他又弹起琴来了。正当他弹得起劲的时候,忽然听见不远处传来一阵女子凄惨的哭声。当他连忙把琴停下来想仔细听时,哭声也跟着停止了。等他再弹时,哭声又起,一连几晚都是如此。这时他又奇怪又高兴,他想,这一次可真遇到知音了。

他把旅馆的伙计找来,问那哭的女子是什么样的人,伙计告诉他是个寡妇,丈夫刚死去不久。他听了更觉得高兴,心想:从前司马相如不是因弹琴而打动了卓文君吗?他连忙叫伙计把那妇人找过来。

他问道:"你为什么每晚都要哭呢?是不是听了我琴声的缘故?"

"是的。"她答道。

“为什么呢?”他高兴起来了。

“因为一听见你的琴声我就想起死去的丈夫。”她伤心地说。

“你丈夫也很会弹琴吗?”他又问。

“他不会。”

“那他是干什么的呢?”他感到很奇怪。

“他是弹棉花的。”

【备选指南】

这则寓言构思巧妙,故事的结尾令人捧腹大笑,讽刺了生活中那些自以为是的人,他们总是把失败归结于他人,而不从自己身上找原因。朗诵时,要像讲相声一样,“我本无心说笑话,谁知笑话逼人来”,直到最后一句话才把包袱甩出。

此文适合语言塑造能力强、音色多变的考生选取为自备稿件。

乌鸦和猪的“谅解”

湛　庐

乌鸦在一棵树上看见下面有一头浑身长满黑毛的猪。

“哈哈！这个黑家伙,多难看呀!”乌鸦说。

猪向四处看了看,发现说话的是乌鸦,就说:“讲话的,原来是一个黑得可怜的小东西!”

“你说谁？你也不看看你自己!”乌鸦气愤地说。

“你也看看你自己吧!”猪也很气愤。

它们争吵了一阵,就一道去池塘,证实谁更黑得更难看。它们从水里照了照自己,又互相端详了一下,谁也不开口了。忽然,乌鸦高兴地说:“其实,黑有什么不好看呢?”

“我也以为黑是很好看的。”猪也快乐地说。

【备选指南】

这则寓言基本由乌鸦和猪的对话组成,它告诉我们不能因为大家有共同的缺点就互相包庇,把缺点当作优点来称赞。朗诵时,用两种不同的音色塑造出乌鸦和猪的形象,注意两者对话的语气的不同,有一个由开始互相攻击到最后握手言和的变化。

此文考生均可选取为自备稿件。

懒一下

狐狸艾克找了一天的吃的,累了,便坐在月光下的一块空地上乘凉。夏天,夜里很热,四下里都可以听到小虫和青蛙的叫声。

突然,艾克发现一只蝎子朝自己的裆下爬来。别看蝎子身体小,它的尾巴可毒得很,被它蛰一下,可不是闹着玩儿的。

艾克本想起身避一避,但是它转念一想:“哎,月光下的蝎子是走直线的,我只要把屁股抬一抬,这家伙不就爬过去了吗？嗯,算了吧！能懒一下就懒一下,何必起身呢？怪累的!”

于是艾克稍稍抬起屁股,蝎子呢,就爬进它裆下的阴影里了。

事情就是这样巧。这只蝎子也是一只懒蝎子,它来到阴影里,心想:“唉,这个大门洞底下倒挺阴凉,尽管有点儿臊烘烘的。哎哟,天这么热,我何必忙着赶路呢?能懒一下就懒一下吧!”于是它趴下不动了。

艾克抬了一会儿屁股,心想:这蝎子准走过去了,就一屁股坐了下来。“哎哟!”艾克顿时被蝎子的毒尾巴蜇了一下,疼得满地打滚。蝎子呢,刚蜇一下就被压扁了。

唉!世界上有多少事情都坏在这懒一下啊!

【备选指南】

俗话说“懒人自有懒人福”,但这则寓言告诉我们“懒人自有懒人祸”。狐狸在寓言故事中一般都是狡猾、奸诈的形象,而蝎子一般是毒辣的形象,但在这里,狡猾的懒狐狸终于得到了报应,毒辣的懒蝎子也自食其果了。朗诵时,注意把握好狐狸和蝎子的语言,两者都是内心的“懒”在作祟,叙述语言要读出讽刺意味。

此文考生均可选取为自备稿件。

两只笨狗熊

狗熊妈妈有两个孩子,一个叫大黑,一个叫小黑。他们长得挺胖,而且都很笨,是两只笨狗熊。

有一天,天气很好,哥儿俩拉着手一起出去玩儿。他们走着走着,忽然看见路边有一块很大的干面包,捡起来闻闻,嘿,喷喷香。可是只有一块干面包,两只小狗熊怎么吃呢?大黑怕小黑多吃一点,小黑也怕大黑多吃一点。这可不好办呀!

大黑说:“咱们分了吃,可要分得公平,我的不能比你的小。”小黑说:“对,要分得公平,你的不能比我的大。”哥儿俩正闹着呢,狐狸大婶来了。她看见干面包,眼珠骨碌碌一转,说:“噢,你们是怕分得不公平吧?来,让大婶帮你们分!”哥儿俩高兴地说:“好,好,咱们让狐狸大婶来分!”

狐狸大婶接过干面包,恨不得一口吞下去。可是她没有这样做,她把干面包一下掰成两半。哥儿俩一看,连忙叫起来:“不行,不行!一块大,一块小。”狐狸大婶说:“你们别着急呀!瞧,这一块大一点儿吧?我咬它一口。”狐狸大婶张开大嘴,“啊呜”咬了一口。哥儿俩一看,又叫起来了:“不行,不行!这块大的被你咬了一口,又变成小的了。”狐狸大婶说:“你们急什么呀,那块大了,我再咬它一口吧。”狐狸大婶张开大嘴,又“啊呜”咬了一口。哥儿俩一看,急得叫起来:“那块大的被你咬了一口,又变成小的了。”狐狸大婶就这样这块咬一口,那块咬一口,干面包只剩下小手指头那么一点儿了。

她把一丁点大的干面包分给大黑和小黑,说:“现在两块干面包都一样大了,吃吧,吃吧,吃得饱饱的。”

大黑和小黑你看看我,我看看你,一句话也说不出来。

【备选指南】

“鹬蚌相争,渔翁得利”的故事相信大家都不陌生,这则寓言同样也告诉我们:两兄弟如果不和睦，最后受益的反而是外人。朗诵时，把握好以下几点：首先，狐狸大婶性格精明狡猾，声音尖细高亮，发音时可以鼻腔共鸣为主；然后，大黑是哥哥，语气在憨厚的基础上可以表现得强势一些，发音可以胸腔共鸣为主；最后，小黑是弟弟，语气在憨厚的基础上可以表现得弱势一些，发音可以口腔共鸣为主。

此文适合音色多变的考生选取为自备稿件。

狗的友谊

〔俄〕克雷洛夫

黄狗和黑狗躺在厨房外的墙脚边晒太阳。它们已经吃饱了，于是攀谈起来。它们谈到人世间的各种话题，最后谈到了友谊。

黑狗说："幸福，就是能和忠诚可靠的朋友在一起生活，互相帮助，彼此相亲相爱，并且抓住机会使朋友高兴，让它的日子过得更加快乐，这样自己也能在朋友的快乐里找到快乐——天下还有比这更加幸福的事吗？假如你和我结成这样亲密的朋友，我们俩一定会非常幸福。""太好了，我的宝贝，就让我们做好朋友吧！"黄狗热情地说。

黑狗也很激动："亲爱的黄狗，过去我们两个白天黑夜都在一块，简直没有一天不打架，这是何苦呢？打架是完全没有道理的！人类把我们当作友谊的典范，就让我们用行动给人类证明：要结成友谊是没有什么障碍的！来吧，握握爪吧！"两个新朋友立刻热情地拥抱在一起，那个高兴劲儿，简直不知道拿什么来形容。

就在这时候，天哪！厨子扔出来一根香喷喷的骨头。两个新朋友立即闪电般地向骨头扑过去。"亲密"的朋友"亲密"地滚在一起，撕咬起来。

人世间充满了这样的友谊。听他们讲话，你以为他们是同心同德，丢给他们一根"骨头"，就全成另一个模样。

【备选指南】

《狗的友谊》是一个富含哲理的小故事，这个故事告诉我们，有些人之间的友谊只是表面的，在不触及个人利益时能唱友谊高调，一旦触及个人利益就会反目成仇。朗诵时，语气可稍夸张，以体现黄狗和黑狗之间的虚情假意。

此文考生均可选取为自备稿件。

狮子和老鼠

有一天，一只老鼠低声下气地来到狮子大王面前，要求准许它住在离大王家不远的大树下。

老鼠恳求道："狮子大王，您是最有本事的，谁也不敢和您比力气，还有，您只要吼一声，所有的动物都会吓得四处逃散，但有时候也许会有一些意外发生。我想虽然我很小，但也可以为您效劳，为您做些有用的事！"

"什么？"狮子大声吆喝道，"你这个混账东西，满脑子的骄傲自大，还敢跟我比，快滚，不然我吃了你。”

老鼠一听吓得要命,失魂落魄地撒腿就跑,一会儿便没了踪影。

然而,狮子的骄傲自大不久就得到了报应。有一天晚上,狮子饿了,就出去找些美餐吃,但不幸被猎人的罗网捕住了,任狮子怎么吼,怎么叫,怎么抓,都挣脱不了猎人结实的罗网。这时候狮子后悔莫及,早知道不吼老鼠走,那样的话就可以用老鼠锋利的牙齿咬破罗网了。

有时候,骄傲自大就等于自取灭亡。

【备选指南】

这则寓言告诉我们,这个世界上没有绝对的强者和弱者,再强的人也有需要他人帮助的时候,所以我们不要轻视他人,要学会善待生命中的人和事。朗诵时,应把握好老鼠真诚、谦卑、胆怯以及狮子狂妄自大的性格特点。

此文考生均可选取为自备稿件。

谦虚过度

水牛爷爷是森林世界公认的谦虚人,很受大家的尊重。小白兔夸它:“水牛爷爷劲儿最大了!”它回答:“唉,过奖了,犀牛、野牛劲儿都比我大。”小山羊夸它:“水牛爷爷贡献最多了!”它就说:“唉,不能这样讲了,奶牛吃的是草,挤出来的是奶,它的贡献比我多。”

狐狸艾克很羡慕水牛爷爷谦虚的美名。它想:“这谦虚太好学了,我也来学一下谦虚吧。”它想了想:“水牛爷爷的谦虚不就是这两点吗? 一是把自己什么都说小点儿,一是把自己什么都说少点。嗯,对! 就是这样。”

一天,艾克遇到一只小老鼠。小老鼠看到艾克有一条火红蓬松的大尾巴,不禁发出了由衷的赞美:“哎呀,艾克大叔,您的尾巴真大呀!”艾克学着水牛爷爷的口气,歪歪嘴说:“唉,过奖了,你们老鼠的尾巴比我大多了。”“啊,什么?”小老鼠大吃一惊:“你长那么长的四条腿,却拖根比我还小的尾巴?”艾克谦虚地说:“哎,不能这么讲了,我哪有四条腿,三条了,三条了。”小老鼠以为艾克得了精神病吓跑了。

艾克的谦虚不仅没有换来美名,倒换来一大堆谣言。大家说:“唉,森林世界出了一条妖怪狐狸,只有三条腿,还拖着一根比老鼠还小的尾巴……”

【备选指南】

凡事都要适度,过度则会过犹不及。谦虚是一种美德,但在这个寓言故事中,狐狸的谦虚却成了东施效颦,反而暴露了自己的无知和虚荣。朗诵时,重点是用不同音色、不同发音位置塑造好“水牛爷爷”“小白兔”“小山羊”“狐狸艾克”“小老鼠”的声音形象。水牛爷爷年纪较大,声音可略显苍老,语速较慢;小白兔和小山羊的声音天真稚嫩;狐狸艾克的声音有自作聪明的窃喜感;小老鼠的声音充满惊讶。

此文适合语言塑造能力强的考生选取为自备稿件。

时间与爱的故事

从前有一个小岛，上面住着快乐、悲哀、知识和爱，还有其他各种情感。

一天，情感们得知小岛快要沉没了，于是大家赶紧准备船只，想要离开小岛。只有爱留了下来，她想坚持到最后一刻。

过了几天，小岛真的要沉没了，爱想请人帮忙。

这时，富裕乘着一艘大船经过。爱说："富裕，你能带我走吗？"富裕回答："不，我的船上有许多金银财宝，没有你的位置。"

爱看见虚荣在一艘华丽小船上，说："虚荣，帮帮我吧！""我帮不了你。你全身都湿透了，会弄坏我这漂亮的小船。"

悲哀过来了，爱向她求助："悲哀，让我跟你走吧！""哦……爱，我实在太悲哀了，想自己一个人待一会儿！"悲哀答道。

快乐走过爱的身边，但是她太快乐了，竟然没有听见爱在叫她！

突然，一个声音传来："过来，爱，我带你走。"

这是一位长者。爱大喜过望，竟忘了问他的名字。登上陆地以后，长者独自走了。

爱对长者感恩不尽，问另一位长者知识："请问帮我的那个人是谁？"

"他是时间。"知识老人答道。"时间？"爱问道，"为什么他要帮我？"

知识老人笑道："因为只有时间才能理解爱有多么伟大。"

【备选指南】

俗话说：日久见人心。能够经受住时间考验的爱才是伟大的爱。朗诵这则寓言时，要重点把握富裕、虚荣、悲哀、长者们对待爱的态度：富裕表现出的是冷漠无情，虚荣表现出的是贪婪自私，悲哀表现出的是爱莫能助，长者们表现出的是宽厚慈爱，应用声音将这些态度展现出来。

此文考生均可选取为自备稿件。

乌鸦和狐狸

〔古希腊〕伊　索

森林里，乌鸦幸运地找到一块肉。它叼着肉，站在高高的树枝上，欢喜极了。

一只饿得头晕眼花的狐狸远远地闻到了肉的香味，迫不及待地跑过来。

狐狸站在树下，摇着尾巴向乌鸦问好："亲爱的乌鸦，您好啊！"乌鸦不作声。

狐狸又说："亲爱的乌鸦，您的孩子好吗？"乌鸦看了狐狸一眼，还是不作声。

狐狸眨眨眼，装出一副激动的样子对乌鸦说："啊，亲爱的乌鸦，我觉得您真美！您的羽毛像绸缎一样闪闪发光，森林里没有哪只鸟比您更漂亮！我听说，您的歌喉美妙动听，可惜我从没听您唱过。真想听到您美妙的歌声啊，您唱几句吧！"

听了狐狸这番话,乌鸦非常得意。它张开了嘴:“哇……”没想到肉一下子掉到了地上。

狐狸叼住肉,飞快地跑了。

【备选指南】

这个故事告诉我们:做任何事情之前,都要动脑筋,不要被别人的花言巧语所欺骗。朗诵时,声情并茂,气足声细,以夸张的语气来表现狐狸对乌鸦虽然言不由衷但不遗余力的赞美。

此文适合音色明亮的考生选取为自备稿件。

狼和小羊

狼和小羊碰巧同时到一条小溪边喝水,那条小溪的水是从山上流下来的。

狼非常想吃小羊,可是它想,既然当着面,总得找个借口才好。

狼就故意找碴,气冲冲地说:“你怎么敢到我的溪边来,把水弄脏,害得我不能喝?你安的什么心?”

小羊吃了一惊,温和地说:“我不明白我怎么会把水弄脏。您站在上游,水是从您那儿流到我这儿的,不是从我这儿流到您那儿的。”

“就算这样吧,”狼说,“你总是个坏家伙,我听说,去年你在背地里说我的坏话”。

“啊?亲爱的狼先生,”可怜的小羊喊道,“那是不可能的事,去年我还没出生呢!”

狼不想再找借口了,就龇着牙咆哮着,逼近小羊,说:“你这个小坏蛋!说我坏话的不是你就是你爸爸,反正都一样。”说着就扑到小羊身上,抓住它,把它吃掉了。

当凶残的人要干坏事时,是很容易找到借口的。

【备选指南】

《狼和小羊》告诉我们,当一个坏人想为自己做的坏事寻找借口时,他不会在乎这个借口是否恰当。这则寓言主要以狼和小羊的对话展开,朗诵时,应把握好两者的形象特点:狼凶狠残暴、不讲道理,小羊性格温顺、据理力争。最后一句话可将重音放在“凶残”和“容易”上,以突出作者的意图。

此文适合音色多变的考生选取为自备稿件。

秘　密

有一个丈夫,为了考验他的妻子能否保守秘密,趁一天晚上跟她在一起的时候,高声喊道:“天哪!是怎么回事?真受不了,疼得肠子都要断了!怎么?我生了一个蛋!”

“一个蛋?”

“是啊,你看,刚刚生下来的。请你不要说出去,人家会把我叫作母鸡的,总之不要作声。”

那位太太,对于这件事就像别的许多事一样,很是愚陋,便信以为真,并且大发誓言,答应保守秘密。可是这个誓言跟夜间的阴影一同消散了。太太多嘴且不甚懂事,天一亮就马上起床,跑到邻居家里。

"亲爱的邻居，"她说，"发生了一件大事，千万不要作声，否则我要挨打的。我的丈夫刚才生下了一个顶大的蛋。我恳求你，别把秘密泄露出去。"

"你开什么玩笑？"邻居说，"啊！你真不了解我是怎样的人。好吧，不用担心，我不会说的。"

可当那位太太一走，那位邻居立刻急着要把消息说出去。她到处去散布，她不是说生了一个蛋，而是说生了三个。这还不算多，因为另一位邻居说生了四个，并且交头接耳地谈着。

其实，没有这个必要，这已经不是一个秘密了。蛋的数目经口耳相传，越说越多，天还没有黑，已经说成生了一百多个，而且，是双黄的皮蛋。

【备选指南】

这则寓言告诉我们"眼见为实，耳听为虚"的道理，正所谓"好事不出门，坏事传千里"，面对丈夫的考验，答应保守秘密的愚昧的太太和口是心非的邻居把这个秘密变成了公开的流言。朗诵时，讲述的语气应轻松、自然、幽默，甚至略带调侃。丈夫的语气痛苦、哀求，太太的语气紧张、慌乱，邻居的语气假装淡定。

此文适合音色明亮、语言塑造能力强的考生选取为自备稿件。

乌鸦兄弟

金　江

乌鸦兄弟俩同住在一个巢里。

有一天，巢破了一个洞。大乌鸦想："老二会去修的。"小乌鸦想："老大会去修的。"结果谁也没有去修。

后来洞越来越大了，大乌鸦想："这下老二一定会去修理的，难道巢这样破了，他还能住吗？"小乌鸦想："这下老大一定会去修的，难道巢这样破了，他还能住吗？"结果又是谁也没有去修。

一直到了寒冷的冬天，西北风呼呼地刮着，大雪纷纷地飘落。乌鸦兄弟俩蜷缩在破巢里，哆嗦地叫着："冷啊！冷啊！"

大乌鸦想："这样冷的天气，老二一定耐不住，他一定会去修了。"

小乌鸦想："这样冷的天气，老大还耐得住吗？他一定会去修了。"于是他们谁也没有动手，只是把身子蜷缩得更紧些。

风越刮越凶，雪越下越大。结果，巢被吹到地上，两只乌鸦都冻僵了。

【备选指南】

这则寓言和"三个和尚"的故事有着异曲同工之妙。它告诉我们，与人相处时，不能总是把希望寄托在别人身上，只有自己动手，才能丰衣足食。尤其在这个竞争激烈的社会，我们不能各自为营、妥协等待，而要勤奋上进，并学会团队协作。朗诵时，除了要把握好两只乌鸦的年龄一大一小之外，还要把握好乌鸦兄弟三次对巢洞的想法。虽然三次想的内容差不多，但是受环境的影响语气不一样，第一次还比较轻松，第二次稍微有点坐不住了，第三次冷得直哆嗦。

此文考生均可选取为自备稿件。

第十五章　台词

原　野(话剧)

曹　禺

金　子:用不着你们叫！用不着你们母子喊,我来了,哼,你们逼我吧,逼我吧！我做了！我做了,我偷了人！养了汉！我不愿在你们焦家吃这碗厌气饭,我要找死,你们把我怎么样吧？你妈说的,句句对,没冤枉我,我是偷了人,我从进你们家的门,我就没想好好过,你爸爸把我押来做儿媳妇,你妈从我一进门就恨上我,骂我,羞我,糟蹋我,没有把我当作人看。我告诉你,大星,你是个没用的好人,可是,为着你这个妈,我死也不跟这样的好人过。我是偷了人,你待我再好,早晚我也要跟你散,我跟你讲吧,我不喜欢你,你是个窝囊废、受气包。你只配叫你妈妈哄,你还不配要金子这样的媳妇,你们打我吧,你们打死我吧！我认了,可是要说到你妈呀,天底下没有比你妈再毒的妇人,再不是人的婆婆,你看她(跑到香案前,掀开红包袱,拿起扎满钢针的木偶人)。大星,你看！这是她做的事,你看,她要害死我！想出这么个绝子绝孙的法子来害我,你看,你们看吧！今天咱们就来个鱼死网破吧！

【备选指南】

《原野》是中国戏剧大师曹禺先生的经典名著。故事发生在20世纪30年代的中国北方农村,仇虎的父亲仇荣被当过军阀连长的恶霸地主焦阎王活埋,仇家的土地被抢占、房屋被烧毁,仇虎的妹妹被送进妓院而惨死,仇虎的未婚妻金子被焦家的儿子焦大星强占,仇虎自己也被投进了监狱。于是,一个复仇的故事,夹杂着多重爱恨情仇,在原野上就此拉开了序幕。

本段台词的主人公金子是一朵带刺的野花,她纯真、热烈、泼辣,洋溢着浓厚的乡土气息;她的爱,热烈而纯真,爱之欲生,恨之欲死;她是时代的叛逆,同时又受到时代的制约。在这一片段中,金子在长期的情感压抑下最终如火山爆发,台词的处理上要体现出叛逆与制约之间的矛盾。

本段台词适合性格泼辣的女生选取为自备稿件。

我的一九一九(电影)

顾维钧:请允许我在正式发言之前,让大家看一样东西。进入会场之前,牧野先生为了讨好我,争夺山东的特权,把这块金表送给了我。(牧野发言:我抗议,这是盗窃,中国代表偷了我的怀表,这是公开的盗窃!无耻,极端的无耻!)

牧野男爵愤怒了,他真的愤怒了。姑且算是我"偷"了他的金表,那么我倒想问问牧野男爵,你们日本,在全世界面前偷了整个山东省,山东省的三千六百万人民该不该愤怒,四万万中国人该不该愤怒?!我想请问日本的这个行为算不算是盗窃?是不是无耻啊?是不是极端的无耻!!!

山东是中国文化的摇篮,中国的圣哲孔子和孟子就诞生在这片土地上,孔子犹如西方的耶稣。山东是中国的,无论从经济上、战略上还是宗教文化上,中国不能失去山东,就像西方不能失去耶路撒冷。

尊敬的主席阁下、尊敬的各位代表,我很高兴能代表中国参加这次和会,我自感责任重大,因为我是代表占全世界四分之一人口的中国在这里发言。刚才牧野先生说中国是未出一兵一卒的战胜国,这是无视最起码的事实。请看(拿出照片),战争期间,中国派往欧洲的劳工就达十四万,他们遍布战场的各个角落,他们和所有战胜国的军人一样在流血、在牺牲。我想请大家再看一张在法国战场上牺牲的华工墓地的照片,这样的墓地在法国、在欧洲就有十几处,他们大多来自中国的山东省。他们为了什么,就是为了赢得这场战争!换回自己家园的和平和安宁!因此,中国代表团深信,会议在讨论中国山东省问题的时候,会考虑到中国的基本合法权益,也就是主权和领土完整,否则,亚洲将有无数的灵魂哭泣,世界不会得到安宁!

我的话说完了,谢谢,谢谢!

【备选指南】

1918 年,历时四年的第一次世界大战结束。1919 年年初,中国驻美公使顾维钧作为中国政府代表赴法国参加巴黎和会。中国虽然是战胜国,但在和会上却处处受到歧视,野心勃勃的日本政府更企图继承德国在胶东半岛的特权。顾维钧作为一名外交家,勇敢、机智,具有极强的爱国情感。在和会上,他据理力争,阐明了中国必须收回山东的严正立场,揭露了日本的阴谋和野心。

本段台词的处理要把握好顾维钧外交官这一身份以及面对与会代表的不卑不亢、据理力争的形象,声音不要一味地激动与愤怒,要有起伏变化,严肃而自信地表达出中国在维护山东主权问题上的决心与意志。

本段台词适合声音成熟的男生选取为自备稿件。

秋天的二人转(话剧)

杨利民

二 平:老锁,你把门开开让我进去。我有话对你说,开门呐!我知道你在屋里,那天你过生日，我没来得及赶回来，是因为有特殊的事儿，真的。我失约，骗了你，我错啦！我向你道歉，你这样对我我真受不了啊。开门呐，开门，开门呐！你要再不开门，我喝农药自杀！你别装了，我二平从没向人道过歉。杀人不过头点地！你，你装什么！老锁，你就把门开开让我进去吧，啊，要不，你出来也行？啊，老锁，我再也不失约了，再也不会拿你不当回事儿了。我只想对你好！让你快乐，比任何时候都快乐。唉，别因为我使你变成这样。我不是个好女人，可我心不坏！我知道你在乎我，我求求你别对我这样。唉，老锁，你不是喜欢听二人转吗？我给你唱，你出来，啊！我给你唱，我给你唱。"一只孤雁往南飞，一阵凄凉一阵悲，雁飞南北知寒暑……"

(咳嗽声传出)老锁，你怎么啦？老锁，你怎么啦？你出来呀，开门呐！出来，出来，出来！老锁，我数到三，你要是不出来我真走了啊。一！二……三！你是真犟啊，我再也不理你了。

【备选指南】

话剧《秋天的二人转》讲述了这样一个故事：五十多岁的老锁是个很讲究的男人，他收废品戴白手套，衣服穿得干净利索，住在一处演二人转及小戏的小剧场后院里。他喜欢女人，也喜欢喝几盅，对二人转异常着迷。二人转演员二平，是个离了婚带着个孩子的女人。她的生活凄苦怅惘，然而其个性却十分泼辣洒脱。老锁暗恋二平，二平却被不法商人马老大威逼利诱拉到一起。经过是非善恶的碰撞淘洗，二平最终和老锁相爱。他们由反感、同情、接近到难舍难分，经历了一段情感历程，上演了一部人生的二人转。

在这一台词片段中，要把握好二平时而撒娇、时而撒野、时而希望、时而伤心的心理，要有一定的舞台调度。

本段台词适合声音明亮、情感丰富的女生选取为自备稿件。

杜十娘(电影)

〔明〕冯梦龙

杜十娘：(无限痛苦地)啊！夜深了……我杜十娘的命好苦啊！……想当初，我在行院之中，有多少王孙公子要赎我出去，是我执意不肯相从。可叹我无知瞎了双眼，错把李甲认作诚实的君子，轻信了他的甜言蜜语、海誓山盟。实指望，跟随他从此脱离苦海，重归良门，夫妻恩爱，同心偕老。……谁料想，他却是个薄情无义、人面兽心之徒。竟然为了一千两银子，就把我转卖给他人！……啊……(低泣)可怜我一片痴心，竟遭如此绝情！……到如今，满目凄凉，举目无亲，反复思量没有生路，只有一死了此残生吧！(痛不欲生，急步欲向舱外，忽然止步)不，我不能不明不白地死去。我要等到天明，当着众人之面，说明此事，再怀抱宝箱，投江一死，叫他落个人财两空。(稍停又转念)可是……我这样一死，又有何人替我申冤，哪个为我报仇？(略思)有了，我想这宝箱乃是能人所造，滴水不进，我不免写下申冤大状，放在箱内，待我死后，若有人把我的尸体打捞起来，宝箱权当谢礼，就请他与我十娘申冤诉苦！(立即取纸笔，边说边写)唉！杜薇呀，杜薇！想不到这滚滚长江，就是你葬身之地了！(写好后边哭边读)"家住绍兴府卢家村，自幼父母双亡孤苦伶仃，被人拐带进京卖入娼门，学习弹唱。

我名杜薇排行十娘，今与李甲结为夫妻同转家乡，来到这瓜州遇见了盐商孙富，李甲贪图银两，变了心肠把我卖掉。我满腹辛酸事无处诉说！天哪，天哪！叫天天不应，我只得怀抱宝箱，同葬长江。若有人把我尸首打捞上岸，这宝箱当谢礼，敬请义士为我申冤报仇啊！”（叠好放箱内，看舱外）啊！……天就要亮了，待我去梳妆起来。

【备选指南】

电影《杜十娘》根据明代冯梦龙的小说《杜十娘怒沉百宝箱》改编而成。影片讲述了这样一个故事：名妓杜十娘久有从良之志，后遇到了书生李甲，两情相悦，因而让李甲四处借贷，又拿出自己私蓄的银两，完成了自己从良的心愿。杜十娘与李甲回家，途中遇李甲旧交孙富，孙富垂涎十娘美貌，愿以白银一千两交换十娘。正因赴考不成、钱财散尽而苦于无颜面见双亲的李甲无奈下应允。十娘心如灰烬，怒沉百宝箱并投水自尽。

在影片中，杜十娘美丽热情，心地善良，轻财好义。但是当她发现自己看错了李甲后，痛不欲生。本段台词朗诵以悲凉、哀怨的基调为主，语言上如泣如诉，表达上要有层次。

本段台词适合情感丰富、声音成熟的女生选取为自备稿件。

桃花扇（电影）

李香君：大明亡了，曾经的朋友们也散了。我带着一片哀惋、一片深情，在这纷乱的大街上找寻着你的踪影。尽管人人都说你已降了大清，但是我绝不能相信那是真的。因为，我曾是那么地了解你。你把民族气节、信仰看得是那么重要，怎么会轻易地投靠异主呢？然而，在顾妈妈的带领下，我却看到你坐上了大清的轿子。我不愿相信地一路追喊，却一次次被护轿人推倒在地。顾妈妈将一袋银子递给我，说是你所赠。朝宗，我们那么深刻的感情，又岂是这些银子所能买清的？看着你坐的轿子消失在我的眼帘，我伤心欲绝，心灰意冷。

朝宗，难道你真的这么快就变了吗？这么快就忘了国仇家恨，忘了我吗？还是……我原本就看错你了呢？国破了，家亡了，你变了。我们的感情碎了。然而，我们曾一起看落日的那个悬崖，此刻，是那么地吸引着我。我竟不自觉地走到了崖顶。因为那里有太多我们在一起的回忆，也许现在只有回忆是最美好的，我多想就这么追着我们的回忆而去。

你却拨开人群，出现在了我的面前。我看到你眼中仍有真情，但是，我却不知道应该再如何面对一个背叛了自己的信仰，丢掉了民族气节，我却依旧深爱着的人。朝宗，如果我们从来不曾相遇，也许我们便不会有伤心和叹息，更不会有那么多值得我们留恋的美好时光了。想着那个时候，我们多幸福啊！原想能陪伴你一生一世，可是，现在看来已不可能了。但我却依旧将这份美好的等待留在心里。来生，我一定会找到你，因为，今生你的模样已深深地刻在了我心里！

我们含泪而视，当我将你送我的玉坠和那把桃花扇扔给你的时候。我知道，我们的心都已伤透！也许，你能忘了国仇家恨，去做大清的降臣，而我却只能与大明共存亡！更无法看到自己心爱的人，去向毁了自己国家的满清鞑子俯首称臣。朝宗，此刻，对你是恨是爱，我已难以言明！惟有以死明志，相信我的心你是明白的！

【备选指南】

《桃花扇》是清代文学家孔尚任创作的传奇剧本。全剧以侯方域(字朝宗)、李香君的悲欢离合为主线,展现了明末南京的社会现实和明朝遗民的亡国之痛,也歌颂了对国家忠贞不渝的民族英雄和底层百姓。该段台词选自根据《桃花扇》改编的同名电影。

李香君是《桃花扇》的女主角,她出身青楼,但性格善良、正直、勇敢,不贪慕虚荣,不畏惧强权,对国家、民族忠贞不二。侯方域是一名大才子,并克服了阶级偏见与李香君相爱,但由于出身、教养、社会地位等关系,他对国家更迭的态度更加复杂。

朗诵这段台词时要认真了解剧本的写作背景与主题,充分把握好李香君的人物形象,深刻感受香君对朝宗又爱又恨的情感,语言上如泣如诉,表达上要有层次。

本段台词适合感情丰富、表达技巧娴熟的女生选取为自备稿件。

雷　雨(话剧)

曹　禺

周冲:四凤,你不要为这一点小事来烦忧。世界大得很,你应当读书,你就知道世界上有过许多人跟我们一样地忍受着痛苦,慢慢地苦干,以后又得到快乐。

你不是个平常的女人,你有力量,你能吃苦,我们都还年轻,我们将来一定在这世界为着人类谋幸福。我恨这不平等的社会,我恨只讲强权的人,我讨厌我的父亲,我们都是被压迫的人,我们是一样的。我从来没有把你当作我的底下人,你是我的凤姐姐,你是我引路的人,我们的真世界不在这儿。

有时,我就忘了现在,忘了家,忘了你,忘了母亲,并且,忘了我自己。我想,我是在一个冬天的早晨,非常明亮的天空,在无边的海上,有一条轻得像海燕似的小帆船。在海风吹得紧、海上的空气闻得出有点儿腥、有点儿咸的时候,白色的帆张得满满的,像一只鹰的翅膀斜贴着海面上飞!飞!向着天边飞!那时,天边上淡淡地浮着两三片白云,我们坐在船头,望着前面。前面,就是我们的世界!

我同你,我们可以飞,飞到一个真正干净、快乐的地方,那里没有争执,没有虚伪,没有不平等,没有……(头微仰,好像眼前就是那么一个所在,忽然)你说好么?

【备选指南】

话剧《雷雨》由剧作家曹禺创作,被誉为“中国话剧现实主义的基石”。《雷雨》展示了一幕人生大悲剧,展示了命运对人残忍的作弄。该剧通过两个有着千丝万缕联系的家庭两代人之间的爱恨情愁,剖析了当时社会和历史的深重罪孽。

本片段讲述的是暗恋四凤的周家二少爷周冲向四凤描绘他理想中的那个世界,在闷热烦躁的现实世界里,他像一股沁人心脾的泉水,可四凤早已被大少爷周萍迷惑了双眼,看不到更感受不到他的心境。台词处理上要把握好周冲的性格特点,他单纯、天真、爱憎分明,对未来有着美好的憧憬,此时的他已经沉浸在自己想象的理想世界里。

本段台词适合声音明亮、性格单纯的男生选取为自备稿件。

城南旧事(电影)

林海音

秀　贞:(疯姑娘秀贞边叫喊着边上场)小桂子…小桂子……哎,你们看见我的小桂子了吗?……她的脖子后头有指甲盖大的一块青记,对,对,是青记。那是阎王老爷一生气呀,用手指头给戳到世上来的,你懂吗?啊?哈哈……

哦,这儿有好多花……这是薄荷叶,这是指甲草……对,染上红指甲,小桂子他爹思康就喜欢我染红指甲……

那年就是这个时节他来的。一卷铺盖,一只皮箱,穿一件灰大褂,大襟上别着一支笔。我正在屋里擦着窗户玻璃,擦着擦着就听见大门过道里我爹在跟人说话。他说:"会馆正院房子都住满了,你就在这跨院儿里将就住吧?"说着人就进来了。我爹帮他提着铺盖卷儿,他自己提着皮箱。我爹问他在哪家学堂,他说在北大。我爹说:"这道儿不近啊,沙滩去了,可是个好学堂啊!"他笑了……那一笑真甜啊。我就站在窗户那儿看着。他走过来,正巧走到窗户前面,他忽然那么一抬头……啊,缘分啊,缘分,这就是缘分……(陷入沉思,呆呆地)忽然,有一天夜里,我睡得死死地,突然来了好些人,带走了好几个学生,把思康也带走了。只听我爹说,外头风声很紧,北大也抓走不少人,等着过堂哪……什么叫过堂?我也不懂啊。

他这一去有……(扳着手指)有一个多月了,有六年了,不,还有一个月就回来了。还有一个月,一个月,哈哈……哦,小桂子来啦,在哪儿呢?啊?……哈……在那儿呢。……哈……他还没出生呢!哈……(忽然伤心地坐下)人家都说我得了疯病……我是疯子吗?……人家疯子都满地捡东西吃、乱打人,我怎么会是疯子。你们看,我疯不疯?我疯吗?啊?……(哭起来)

【备选指南】

电影《城南旧事》改编自著名女作家林海音同名自传体短篇小说《城南旧事》。这部电影通过一个小女孩纯真的眼光,展示了当时北京普通人的生活面貌,有极强的社会意义,是一部散文式的电影。本片段是疯女人秀贞在胡同口寻找女儿的场景。秀贞曾与一个大学生暗中相爱,后来大学生回了老家,再也没回来。秀贞生下的女儿小桂子又被家人送给别人,不知去向。台词处理方面关键要把握好一个"疯"字。她时而清醒地回忆,时而又胡言乱语,情感上时而甜蜜,又时而伤心。

本段台词适合声音明亮、情感丰富的女生选取为自备稿件。

北京人(话剧)

曹　禺

江　泰:袁先生,你看看我们过的什么日子?成天垂头丧气,要不就成天胡发牢骚,整天是愁死,愁活,愁自己的事业没有发展,愁精神上没有出路,愁活着没有饭吃,愁死了没有棺材睡!成天的希望,希望,而永远没有希望。

(指文清)他——我这位内兄,好人,一百二十分的好人,我知道他就有感情上的苦闷。他希望有一个满意的家庭,有一个真正了解他的女人共处一生。(兴奋地)这点希望当然是自然的、对的、合理的、值得同情的,可是多少年前他就发现了一个了解他的女人,但是他就因为胆小,而不敢找她;找到了她,又不敢要她。他就让这个女人由小孩而少女,由少女而老女,像一朵花似的把她枯死,闷死。他忍心让自己苦,人家苦,一直到今天,现在这个女人还在——你想,让这么一个女人,成天在这样一个家庭里朽掉,像老坟里的棺材里慢慢地朽,慢慢地烂,成天就知道叹气,做梦,忍耐,苦恼,懒,懒,懒得动也不动;爱不敢爱,恨不敢恨,哭不敢哭,喊不敢喊,这是堕落,人类的堕落。

(滔滔不绝地)自然,我决不尽批评人家,不说自己。比如我吧,我爱钱,我想钱,我一直想发一笔大财,我要把我的钱,送给朋友们,散给穷人花。我要像杜甫的诗说的,盖起无数的高楼大厦,叫天下穷朋友白吃,白喝,白住,研究科学,研究美术,研究文学,研究他们每个人所喜欢的,为中国,为人类谋幸福。可是,袁先生,我的运气不好,处处倒霉,碰钉子,事业一到我手里就莫名其妙地弄得一塌糊涂。我们成天在天上计划,而成天在地下妥协。我们只会叹气,做梦,苦恼,活着只是给有用的人糟蹋粮食,我们是活死人,死活人,活人死!一句话,像我们这样才真是人类不孝的子孙!

(拿起茶杯要喝茶)对了,比如喝茶吧,我这位内兄最讲究喝茶。他喝起茶来,要洗手、漱口、焚香、静坐,他的舌头不但尝得出这茶叶的性情、年龄、出身、做法,还分得出这杯茶用的是山水、江水、雪水还是自来水,烧的是炭火、煤火或是柴火。茶对我们只是解渴的,可一到他口里,就会有无数的什么雅啦、俗啦的这些个道理。然而,这有什么用?他不会种茶,他不会开茶叶公司,不会做出口生意,就会一样——喝茶!喝茶喝得再怎么精、怎么好,还不是喝茶,有什么用?请问,有什么用?比如我吧,我好吃,我懂得吃,我可以引你到顶好的地方去吃。

(颇为自负,一串珠子似的讲下去)正阳楼的涮羊肉、便宜坊的挂炉鸭、同和居的烤馒头、东兴楼的乌鱼蛋、致美斋的烩鸭条。小地方哪,像灶温的烂肉面、穆家寨的炒疙瘩、金家楼的汤爆肚、都一处的炸三角,以至于月盛斋的酱羊肉、六必居的酱菜、王致和的臭豆腐、信远斋的酸梅汤、三妙堂的合碗酪、恩元德的包子、砂锅居的白肉、杏花春的花雕,这些个地方没有一个掌柜的我不熟,没有一个掌灶的、跑堂的、站柜台的我不知道,然而有什么用?我不会做菜,我不会开馆子,我不会在人家外国开一个顶大的李鸿章杂碎,赚外国人的钱。我就会吃,就会吃!(不觉谈到自己的痛处,捶胸)我做什么就失败什么。做官亏款,做生意赔钱,读书对我毫无用处。(痛苦地)我成天在丈人家里混,好说话,好牢骚,好批评,又好骂人,简直管不住自己,专爱说人家不爱听的话,成天叫人家看着我不快活,不成材,背后骂我是个窝囊废,啊,文彩,我真是一个大废物,我从心里觉得对不起你!(突然情不自禁地哭出)累赘你!啊,我心里难过,我心里难过啊!

【备选指南】

话剧《北京人》是曹禺1941年在抗日战争时期继《蜕变》后写的又一部力作,也是曹禺自己觉得最满意的一部作品。《北京人》描写了旧中国北京的一个封建大家庭——曾家，从过去家运旺盛，逐步走向衰落直至最后彻底崩溃的过程。剧中人物都有他们自己的生活习惯和内心苦闷。在亲戚、家人之间的矛盾与相互倾轧中，观众可以感受到这些人物的昏聩自私已经完全不能适应时代，从而体会到封建社会腐烂死亡的必然性。

本片段是曾家姑爷江泰“酒后吐真言”的一段独白。我们可以从以下几点来把握江泰这个人物：他是一个留过洋的老学生，自视甚高，但又有些好吃懒做，年龄大概三十七八岁，觉得自己生活、事业、家庭都不顺畅，对自己的现状不满意。

本段台词适合声音成熟的男生选取为自备稿件，选用时，可把本段台词分成前后两个部分，从“对了，比如喝茶吧”这句开始可以作为第二个部分。

月牙儿（电影）

老　舍

韩月容：（铁栅内，一个女犯神经质地喊叫着）我不出去，我不出去！……哼哼，哈哈哈……我不出去！我知道我快死了，既然没有比这里更好的地方，那么死在哪儿还不是一样？（抬起头来，从那个小洞口看见了一线月光）啊……月牙儿，又看见你了，我的好朋友！……你们问我为什么总爱看月牙儿？……是的，看着它，我想起一切……

当我发现自己有了病，我非常痛苦，我觉得已经不必活下去了。我穿好了衣裳，擦上粉，躺在床上等死。忽然听到门外有很轻的脚步声，我看见一双眼睛从门上那块小玻璃往屋里看。我起来轻轻开门一看，是妈！……啊……我们母女怎么进的屋，哭了多久，我都说不清了，只见妈已经老得不像样了，原来是她的掌柜偷偷回老家了，没给她留下一个钱，她没有办法就到处找我，已经找了半个月了……哼哼，她找到了女儿，可女儿已经和她过去一样，是个暗娼了！哈哈……哦，天哪！这会儿我才明白，我从七岁死了爸爸，小学没毕业后爸又走了。那时候妈为了养活我，她只得那样！可我当时恨妈，我自觉着念过书，想靠自己做事来养活自己。……我也曾相信过一个人，他的甜言蜜语使我走入梦里，醒过来，不过是一个梦！我得到的是两顿饭、几件衣服……哼哼，我早就知道，我没有希望，一点儿云彩就能把月牙儿遮住，我的将来是黑暗的。果然，没有多久，我的春梦做到了头……

（惨笑）……我不后悔，只觉得空虚，无依无靠……我不想再这样挣饭吃，可是却又实在是挣不上饭吃，就连当年妈给人家洗臭袜子的活儿都找不到。哼！女人，就得承认自己是女人！……现在轮到我养活妈了，我也得像她那样，原来女儿的职业是世袭的，是专门的！（一阵痛苦地惨笑）我的妈就是我的影子，我最多不过和她一样，卖了一辈子肉，剩下的只是满头的白发和抽皱的黑皮，这就是生命……

（抽泣地）我并不是怕死得痛苦，我的痛苦早已胜过了死。我爱活着，可是不应当这样活着啊！……我并不愿意死，我还不到二十岁呀！（凄凉地哀哭起来）

【备选指南】

电影《月牙儿》根据老舍同名小说改编，主要讲述了这样一个故事：民国初年，韩月容丧父后，母亲改嫁给崔五，崔五待月容如亲生女儿，并且省吃俭用供月容上学。但后来崔五死于一场意外，母女俩又陷入困境。为供月容上学，母亲去做了暗娼。月容不能理解，愤然离家住进学校。月容毕业为找工作而发愁，一表人才的高俊生对月容一往情深，还提供食宿照顾月容，月容遂以身相许。但高俊生已有家室，他的妻子发现此事后找上门来，月容才知上当。离开高之后，生活的艰难使月容也走上了当暗娼的道路。她终于理解、原谅了母亲，并用卖身钱接济已沦为乞丐的母亲。影片着力表现了韩月容对命运和社会不公的反抗，但同时也揭示出，正是由于当时的社会环境和历史的局限性，她的反抗必然以失败告终。

影片营造出一种压抑、悲凉、令人窒息的氛围，给人一种心灵的震撼，引发人们对旧社会的认识和反思。处理本段台词时，内心要有视象，要把握好韩月容的心理活动，语气随着情绪的变化而变化，无助、空虚、绝望。

本段台词适合音域宽广、情感丰富的女生选取为自备稿件。

日 出(话剧)

曹 禺

黄省三：好，我起来，我起来，你们不用打我！(慢慢站起来)那么，你们是不让我活了！(疯狂似的又哭又笑地抽咽起来)哦，我太冤了。你们好狠的心呐！你们给我一个月不过十三来块钱，可是你们左扣右扣的，一个月我实在领下的才十块二毛五。我为着这可怜的十块二毛五，我整天给你们伏在桌上写；我抬不起头，喘不出一口气地写，我从早到晚地写；我背上出冷汗，眼睛发着花，还在写；刮风下雨我也跑到银行来写！(作势)五年呐！我的潘经理！五年的工夫，你看看这是我！(两手捶着胸)几根骨头，一个快死的人！我告诉你们，我的左肺已经坏了，噢，医生说都烂了！

(尖锐的声音，不顾一切地)我跟你说，我是快死的人，我为着我可怜的孩子，跪着来求你们。叫我还能够给你们写，写，写——再给我一碗饭吃。把我这个不值钱的命再换几个十块二毛五。可是你们不答应我！你们不答应我！你们要自己弄钱，你们要裁员，你们一定要裁我！(更沉痛地)可是你们要这十块二毛五干什么呀！我不是白拿你们的钱，我是拿命跟你们换呐！并且我也拿不了你们几个十块二毛五，我就会死的。(愤恨地)你们真是没有良心呐，你们这样对待我——是贼，是强盗，是鬼呀！你们的心简直比禽兽还不如——你说我疯了，(哭着)你才疯了！我现在不怕你们啦！我不怕你们啦！我太冤了，我非要杀了——(突然咳嗽不止……躺倒在地)

【备选指南】

话剧《日出》是曹禺先生的代表作之一，以鲜明的时代性和深广的历史内容在曹禺剧作中居于领衔地位。该剧把社会各阶层的人的生活展现在观众面前，揭露剥削制度“损不足以奉有余”的本质。

本片段是受欺压、剥削的小职员黄省三对攻于心计的银行经理潘月亭的一番控诉与谴责。处理本段台词时，要把握好黄省三这个小职员的形象：一副穷困潦倒、病恹恹的样子，情绪激动，语气既有强烈的不满和愤怒，又因身体不好而呼吸急促，语速时快时慢。

本段台词适合音色明亮、音域宽广的男生选取为自备稿件。

秀才与刽子手（话剧）

黄维若

徐圣喻：某秀才徐圣喻也，六岁开蒙，十五岁考上了县学生员，才学推为本府第一。可是自古文章无凭据，唯有朱衣暗点头哇。我时运不济，到如今连考十余次，每次都考得淋漓尽致，每次都名落孙山。弄得我孤零零家徒四壁，一个人过活。想我学富五车，满腹经纶，不坠青云之志，谨守圣人之言。诸位，每次落榜我心里都不服，就想着下一次要做得花团锦簇，一点儿毛病都没有。人活着就要考试，不考试就等于白活。所以我一年比一年考得有滋味，一年比一年考得好，想起考试，就睡不着觉，就吃不下饭。我喜欢考试，我盼望考试。眼看着今年考期将近，我不一定要中什么举人，夺魁也没什么好，我只要一走进这贡院里，坐在这考桌面前，我就浑身舒坦，血脉偾张，一看考题，我就双眼放光，如登仙境——哈哈，考考考，试试试，真好啊！真好……（说得兴奋，不禁手舞足蹈，满面红光）

【备选指南】

《秀才与刽子手》是一部充满怪诞色彩的黑色喜剧，编剧为中央戏剧学院教授黄维若。本片段是秀才徐圣喻的一段独白，徐秀才虽说困顿科场十数载，家徒四壁，孤身一人，却越考越来劲，沉醉痴迷其中，让人不禁想起吴敬梓笔下的“范进”。

处理本段台词时，要把握好秀才徐圣喻自负、迂腐、兴奋的语气，声音可稍夸张，带一点古装剧书生的味道，说话时要有一定的肢体语言辅助。

本段台词适合音色明亮的男生选取为自备稿件。

雷　雨（话剧）

曹　禺

鲁　贵：（对侧幕内）四凤。（内应：“爹，还有什么事啊，我忙着给太太准备药哪！”）我还告诉你一件事，有关你自己的事。我跟你说，太太这两天的神气有点不大对。我怕太太看见你就有点不痛快，我先提你个醒，老爷比太太岁数大得多，大少爷不是这位太太生的，这你都知道。可你知道这屋子为什么晚上没有人来，老爷在矿上的时候，就是白天也是一个人也没有吗？都说是半夜里闹鬼。哼，鬼？一点也不错，我可看见过。

（自负地）嗯，这是你爸爸的造化。那时候你还没有来，老爷在矿上，那么阴森的大院子，就太太、二少爷、大少爷住，那时候这屋子就闹鬼。二少爷是小孩，胆小，叫我在门口睡。是个秋天，半夜里二少爷忽然把我叫起来，说客厅又闹鬼，硬叫我去看看。我直发毛，可那会儿我刚来，少爷说了，我还能不去？我就喝了两口烧酒壮壮胆子，穿过荷花池，偷偷地钻到这门外的走廊旁边。到门口，就听见这屋子里啾啾地像一个女鬼在哭。哭得惨！心里越怕，越想看。我就硬着头皮，从这窗缝里向里一望。就在这张桌上点着一支要灭不灭的洋蜡烛，我恍恍惚惚地看见两个穿黑衣裳的鬼,并排地坐着,像是一男一女,背朝着我。这个女鬼像是靠着男的身边哭,那个男鬼低着头直叹气。我就趁着酒劲儿,朝着窗户缝,轻轻地咳嗽一声。这两个鬼就"嗖"一下子分开了,都朝我这边望,这一下子他们的脸清清楚楚地正对着我。这我可真见了鬼了!(停了一下,四面望望)我这才看见那个女鬼呀(回头,低声)——是我们的太太。那个男鬼——就是大少爷。他同他的后妈就在这屋里闹鬼呢!所以,孩子你看开点,别糊涂,周家的人就是那么一回事。我告诉你真话,叫你聪明一点。

【备选指南】

《雷雨》中的鲁贵,是资产阶级常见的小人物。他是周家的大管家,见钱眼开,很会察言观色。在这一片段中,因为想让女儿四凤给他钱去赌博,所以故意讨好四凤,装作很关心四凤的样子,给她讲述周家闹鬼的真相,以提醒四凤,大少爷和太太的"特殊"关系。处理本段台词时,要抓住鲁贵见钱眼开、唯利是图的性格特点,"说鬼"部分要营造出神秘、阴森的氛围,语言要绘声绘色,尽量做到情景再现。

本段台词适合音色低沉的男生选取为自备稿件。

尊 严(话剧)

沙叶新

金小雪:(接过支票,捏在手上,向全场抖了抖)华盛顿的大律师,你们真不愧是法学界的权威,刚才被告不得不向我公开道歉之后,你们又非常及时地给我递上了这张支票,并且也是在法庭上公开地递给我。你们这样做,是想造成这样一种印象:这个中国姑娘之所以旷日持久地坚持要打这场官司,无非就是为了这张支票,就是为了这几千块钱;让人觉得钱是这场官司的目的,也只有钱才能为这场官司画上句号。你们以为给我 5250 美元,我就可以心满意足了,我就一定会感激涕零了?我想请问三位大律师先生,要是一个白人被打成像我这样,你们就能用 5250 美元打发掉吗?前不久,一个白人老太太在麦当劳被烫伤一点嘴皮,索赔 60 万美元!在你们眼里,中国人就这么不值钱!可你们错了,至少我这个中国人,当然还有许许多多中国人,决不会在你们的美元面前低下自己高贵的头!我打这场官司,是为了讨回做人的尊严!尊严!

我们来美国,大部分美国人是友好的,对我们平等相待,也给了我们很多支持和帮助。就在我打这场官司的四年里,也有不少美国朋友给过我帮助,我非常非常感激。但也有一些人,以为有钱就可拥有一切,有钱就可以歧视别的民族,有钱就可以为非作歹,有钱就可以伤害无辜,有钱就可以打赢官司。可我要正告他们,有钱绝不能收买我一个小小的中国女子的尊严!我之所以打这场官司,还想告诉这些歧视我们的先生们,别以为我们中国留学生漂洋过海到这里,是来乞求施舍的,是来抢你们饭碗、赚你们钱的,是低你们一等,是没有人格尊严的。不,我们留学生带到这块土地上来的是青春和智慧,带来的是奉献,我们并不比任何人差!就是在我打官司的这四年里,我还在极为艰苦的条件下,带着难以忍受的心灵和肉体的创伤,攻读了社会学硕士和计算机管理学博士的双学位。我完全可以自豪地说,我干得一

点也不差！美元在我的尊严面前一分不值，见鬼去吧，美元！（将5250美元的支票一点一点撕碎，抛向法庭的上空）

【备选指南】

话剧《尊严》根据沙叶新同名报告文学改编，讲述的是这样一个故事：中国女留学生金小雪赴美求学，在一个名叫露易莎的老妇人家做管家。露易莎寡居多年，性情古怪，并有种族偏见，善解人意的小雪先是百般忍让，最终不堪忍受对方的侮辱提出辞职。露易莎为了挽留小雪，召回正在竞选议员的儿子、大银行家爱德华帮助说服，但遭到小雪拒绝。爱德华恼羞成怒，对其言辞侮辱，并大打出手。为了维护尊严，金小雪决定状告爱德华。美籍华人律师李岩为她出庭辩护，金小雪不屈不挠的精神和李岩义正词严的辩护终于征服了陪审团。在法庭上，败诉的爱德华向金小雪赔礼道歉，并将一张赔偿支票交给金小雪。本片段就是金小雪在接过支票后的一段台词。处理这段台词时，要把握好金小雪坚决维护自己尊严的心态以及讨回公道的决心。语言要有条不紊、有理有据，语气要不卑不亢，情感要层层递进。

本段台词适合音色明亮的女生选取为自备稿件。

自来水龙头（谐剧）

王永梭

他：（舞台正中，一张木椅背对观众，表示是自来水管的位置。自来水龙头一直在淌水，左右方有通路。他从右方上场，看见自来水龙头，手一指）嘿，这墙边的自来水管一直在流水，龙头都不关！（看看左右方）哪个用了水就该关嘛，太不自觉了！还在哗哗地流……（慨叹）自来水，公共财物，一直让它哗哗地流，哪个看了都痛心——哎呀，还在流！（又看看左右方，看表）我今天就专门花点时间，看看有没有一个稍微有点觉悟的人。（摸摸额头，自己都气出汗了）唔，自己也要用自来水嘛。（走近水龙头，洗手、洗脸，然后摸出手帕揩脸和手，嘴里不停地发表议论）要是没有自来水多恼火呀，井里头扯，河里头挑，说不定还要在浑浊浊的秧田里头去一瓢一瓢地舀……还在哗哗地流！（抄起双手，来回踱步）一滴水，在沙漠地区就是一条生命！（高谈阔论）红岩，在渣滓洞监狱里，龙光华斗争的就是水！这些大道理不说，一秒钟、一磅水、一度电……细水长流这个经济账够算喽！

（看右方）啊，有人来了。（退过一旁，注视着来人从右方穿过到左方去，愤然）他居然看都不看就走过去了！（看左方）啊，又有人来。（又退到一旁，不见来人走上来。冲到左方一看，原来来人已经掉头走开了）（对着背影嚷）嘿，这个人才怪，走着走着又转回去了！你就不关心自来水一直在哗哗地流吗？你就不晓得水龙头一直没人关？（猛然意识到自己，悄声）我？我为啥不去关？（理直气壮）这龙头又不是我打开的！

（挺起腰板）实事求是，我在这里整整五分钟一直看到自来水在哗哗地流！（准备离去）嗯，我是该走了，要不然，那些不讲理的人，还硬说是我把水龙头打开的呢！（感慨万分）浪费就是极大的犯罪呀！（看龙头）还在哗哗地流……哎呀！（连连摇头，反身自右方急下）

【备选指南】

谐剧是一种喜剧性的表演艺术，主要形式是：一名演员在台上扮演固定的角色，通过与虚拟人物的对话，向观众叙述一个故事。谐剧融合了话剧的写实、戏曲的写意和曲艺的虚拟，寓庄于谐。《自来水龙头》以诙谐幽默的方式生动地刻画了一个满嘴大话、空话，“严于律人、宽以待己”的假君子形象。处理这段台词时，语言可稍夸张，带有一点喜剧色彩，说话时要有对象感，语气中充满指责与教育。

本段台词适合语言幽默的考生选取为自备稿件。

走着瞧(电影)

王　松

马　杰：行，你行，你还真行，我都有点佩服你了。你做的这一切，每一件事都出乎我的意料，事后你还跟没事儿似的。你的目的是什么啊？你的目的，就是要置我于死地而后快，对吗，嗯？但是，但是每一次我都挺过来了。我历经磨难，我依然站在你的面前。

看着我，看着我！头一回，你弄倒牲口棚，幸亏我命大，我掉在井里逃过一劫；二一回，二一回你用大粪浇我，你让我恶心，你害得我一个月都不敢看绿色，可是现在呢？我不怕了，我粉碎了你的阴谋；三一回，三一回你让我和彩凤，在那样一种特殊的环境下当众出丑，你让全村人民耻笑我们，人彩凤是一姑娘啊，你有什么坏你冲我使啊，你干吗要捎带着她呀？缺德不缺德呀你，嗯？你这是在犯罪啊！

树欲静而风不止。我知道，我知道你做这一切都是为了你哥。在你哥这事儿之后，我本想息事宁人。可你呢？可你就是不肯放过我！为什么？我跟你哪儿来那么大仇哇？啊，我问你呢？你觉得是我要杀你哥，对吗？我现在告诉你，我也是被逼的，是大莲让我杀你哥！我替你哥求过情，没用。你知道你哥临死之前，我跟它说什么吗？我跟它说我用铡刀杀它是为了让它死得痛快！多仁义呀！你知道吗？你不知道，你哥知道！

我再说说你那哥，你那哥也不是什么好东西！成天骄奢淫逸无所作为，冒充皇帝以配种为生，那姑娘换的，一年一拨、一年一拨啊，自己有多少儿子它都不知道，这就是你那哥！什么东西！

我原来以为你就是一头驴，可是后来我发现你不是一头驴，但是现在我一看，你丫还是一头驴！你把你那驴眼睁开看看，这些东西哪个不能要了你的驴命？我告诉你，你在我头上撒尿、拉屎、拉稀我都认，但是你丫不能拉痢疾呀，这会传染！一会儿你见了你哥，你跟它说说，你让它评评理！

【备选指南】

电影《走着瞧》由李大为执导，改编自作家王松的小说《双驴记》。影片讲述了一个20世纪70年代上山下乡的知识青年马杰与生产队中的黑六、黑七两头驴之间相互纠结、相互影响的故事。本片段是马杰在经历了数次被驴戏弄之后，终于忍无可忍地训斥驴，给驴算总账的一段台词。处理这段台词时，要把握好马杰郁闷、气愤的心态，语言节奏的快慢变化要符合人物的性格特点，说话时要像和驴交流一样，语气是不解的、愤怒的，切忌自言自语。

本段台词适合音色明亮的男生选取为自备稿件。

霓虹灯下的哨兵（话剧）

沈西蒙

春 妮：指导员，我非常难过，不是为自己，是为陈喜。我们俩从两小无猜到参加革命，没有斗过一回嘴、生过一回气。我觉得有这样一个好丈夫，真是幸福。婚后第三天，我亲自送他参加自己的队伍。听说他常立战功时，欢喜得我啊，挑着担子唱着歌把军粮送往前方。谁想到刚刚胜利，刚刚进入大城市，陈喜的思想就起了变化。多大的变化呀！我细针密线给他缝的布袜扔掉了，那绣着一对鸳鸯的针线包，是我做姑娘时背着人偷偷给他缝的，也当着我的面扔掉了！……指导员，他是把部队的老传统扔掉了，把解放区人民的心意扔掉了，把他自己的荣誉扔掉了！……指导员，我多么为他难过！党培养他这么多年，没倒在敌人的枪炮底下，却要倒在花花绿绿的南京路上了！……我真为他的前途担心！指导员，我知道，你一直对他很好，你拉他一把吧！

【备选指南】

话剧《霓虹灯下的哨兵》以“南京路上好八连”的事迹为题材，反映了解放初期在霓虹灯闪烁的大上海，中国人民解放军在南京路上站岗、保卫大上海的三排官兵经历的一场“特殊”的斗争。继承革命优秀传统，抵制资产阶级的“香风”侵袭是全剧的主题。作为三排排长的陈喜，在这霓虹灯闪烁的十里洋场，他的思想、行为变化最大。在阵阵香风的侵袭下，他失去了警惕，甚至被吹得晕头转向。本片段就是他的妻子春妮在发现了陈喜的这些迹象后，写给指导员的一封信。朗诵这封信时，语气恳切，纯朴真挚，又爱又恨，注意把握好情绪的层次变化。

本段台词适合情感丰富、细腻的女生选取为自备稿件。

复　活（话剧）

〔俄〕列夫·托尔斯泰

玛丝洛娃：您说什么？要跟我结婚？哈哈……什么，什么？您要不跟我结婚就对不起上帝？哈哈……上帝！公爵先生！我又从您的嘴里听到上帝了，可那是多么残忍的、吃人的上帝啊！我倒记起那天晚上的事了，您要听吗？

我从您姑妈那里听到了您要从前线回来的消息，我是多么欢喜，多么高兴啊！我相信您一定会到我们村子来的。可是您给您姑妈的电报上却说有公事要到彼得堡去。这可把我急坏了。我决心到车站去见您一面，我怎么能不见您呢？肚子里的孩子已经有好几个月了。我打听到你们的火车是夜里两点到我们这儿的。我等您姑妈睡着了，就换上一双胶鞋，用围巾蒙着头，提起裙子就赶到车站去了。

那是一个好闷热的晚上啊！大颗大颗的秋雨，下一阵又停一阵，路上一两尺远的地方就看不大清楚,树林里黑得跟炭炉子似的,平常很熟悉的道儿也走迷糊了。等我赶到车站,已经响过第二遍铃了。我一跑到月台就赶到头等车那边去。

车厢里是雪亮的,桌子上点着手臂粗的蜡烛,天鹅绒的安乐椅上坐着两位军官在打扑克。我一眼就看见了您——那靠着椅背同人家笑着说话的,不就是我日夜思念的人吗?我一看见您,就用冻僵的手敲那窗子。第三遍铃又响了,火车就要开了,我急了,一边用手敲着窗子,一面把脸贴在玻璃上,但是我扶着的那节车厢也动起来了!我就一面望着车子里面,一面跟着车子走……正在这个时候,我看见您站起来了,并且朝着窗子走来了,我的心扑扑直跳,我以为您该叫我了,谁知道您是过来放窗帘的……

正在这个时候,列车长推开我跳上车了,我还是沿着月台跑……风是那样厉害。跑,我一滑一滑地跳下台阶在平地上跑……风是那样厉害,我头上的围巾快给吹掉了……头等车已经走了,二等车也走了,三等车也很快地过去了……在那风雨中,我拼命地追呀,追呀……一下子跌倒在泥水里,我坐在那里放声大哭……我想:啊!他走了,待会火车来了,我就钻到车子下面去,就什么都结束了……

正当我打着这样的主意的时候,我肚子里的孩子突突地动了起来,我那时候真是好为难啊!死吧,为了这个小东西,我又怎么能死呢?我只好慢慢地站起来,凄凄凉凉地走回去了……哼,不到一个月,我就被你姑妈赶出来了。

从那天晚上起,我才认识了你们的上帝,认识了男人!哼!我再也不受上帝的骗了!再也不受你们的骗了!十年前,我做了你快乐的牺牲品,如今,你又想用我来拯救你的灵魂吗?哈哈……公爵老爷!现在,我已经是一个女犯人了,您用不着到这种地方来,请回去吧!……走开!我讨厌你,讨厌你的脸、你的样子、你的眼泪,什么都是假的。我恨!我恨那时候为什么没有死!……(哀怨地哭泣)

【备选指南】

列夫·托尔斯泰是19世纪俄国伟大的批判现实主义作家。《复活》是他的代表作之一,主要讲述的是公爵聂赫留朵夫引诱姑妈家女仆玛丝洛娃,使她怀孕并被赶出家门。后来,她沦为妓女,因被指控谋财害命而受审判。男主人公以陪审员的身份出庭,见到从前被他引诱的女人,良心深受谴责。他为她奔走申冤,并请求同她结婚,以赎回自己的罪过。

本片段中,聂赫留朵夫来到监狱中看望玛丝洛娃并向她求婚,但是被玛丝洛娃拒绝。处理这段台词时,要注意把握玛丝洛娃的心理,她曾深深地爱过眼前的这个男人,但是也被深深地伤害了。所以,如今在狱中面对这个男人的求婚,往事的一幕幕又在她心头浮现,她的心情是爱恨交错的。语言中饱含着讽刺、伤心、厌恶、悔恨。

本段台词适合情感丰富的女生选取为自备稿件。

阮玲玉(话剧)

阮玲玉:来吧,敌人们、友人们、仇人们、爱人们,都来吧,来呀!四少爷、四先生、四达,对你,我爱过,我恨过、悔过、羞过,这一切都是最深最深的,因为我是第一次。谢谢你,谢谢你把我推向了明星的宝座。去吧！

和你（指茶商唐文山），我开始于一团说不清、道不明的情感纠葛，是前世的善缘，是后世的孽根，是秋千上的游戏，是梯架上的攀登。丈夫，谢谢你给了我汽车、洋房、珍珠翡翠，足以使任何一个女人骄傲的一切。去吧！

朴导演，弥勒佛一样的大善人，要不是你在自己的作品中像配药方一样地来上几分瞒和骗，世上那些信又不信的人们又怎么能够乐乐呵呵地活下去呢？干杯！

黄委员、黄记者，这个世界一点儿也少不了你，为了你极称职、极有光彩的表演，为了你的舌头，干杯！

梦露姐，请大家举杯吧，为了女明星世界神神秘秘的生活、光光彩彩的表演、轰轰烈烈的下场，干杯！

亲爱的马大哥，谢谢你为了医治我的失眠症，把做道具用的三瓶安眠药送给了我，让我找到了自己的归宿。

穆先生、天培兄，你说，你说我是个好女人吗？你说，你说我是个坏女人吗？你、你……

明天就要开庭，明天就要对一个强者中的强者、弱者中的弱者，进行缺席审判。

人们，请用你们的善心和良知听我说一句话：在这个叫作人世的地方，我活了25年，检点我的所作所为，一丝一毫无愧于心。我应该是原告、原告。

好心的影迷们，你们爱着的阿阮去了。在今后无穷的岁月里，我将睡在黑暗的胶片上，躺在冰冷的盒子里。若有机缘，我的容貌能在银幕上重现的时候，那眯眯的眼、甜甜的笑，总是对你们的祝福。

【备选指南】

阮玲玉是中国早期电影界一位著名女演员。她16岁投身影坛，在短短的9年中拍摄了29部影片。她饰演的角色涵盖面极广，有正派角色也有反派角色，但基本上都是以悲剧为结局。阮玲玉美丽的外表、认真的态度以及自我要求甚高的表演哲学，使她拥有众多的观众。然而她与张达民、唐季珊、蔡楚生三者之间的恋爱关系，却使她倍感苦恼，亦成为市民和新闻界关注的对象。1935年3月8日，阮玲玉在遗书上写满“人言可畏”后服安眠药自尽。

本段台词是话剧《阮玲玉》中阮玲玉自杀前说的一段话，处理时要注意几点：说话时要有女明星的气度，边喝酒边说话，酒后语言略有夸张；情感要发自内心，由于她和每个人的关系不一样，因此对待每个人的态度是不一样的。

本段台词适合声音成熟、情感丰富的女生选取为自备稿件。

大　腕（电影）

精神病人：我要是买房，一定得选最好的黄金地段，雇法国设计师，建就得建最高档次的公寓。电梯直接入户，户型最小也得四百平方米，什么宽带呀、光缆呀、卫星呀，能给它接的全给接上。楼上边有花园儿，楼里边有游泳池，楼子里站一个英国管家，戴假发、特绅士的那种。业主一进门儿，甭管有事儿没事儿都得跟人家说：“May I help you，sir?”一口地道的英国伦敦腔儿,倍儿有面子。社区里再建一所贵族学校,教材用哈佛的,一年光学费就得几万美金。再建一所美国诊所,二十四小时候诊,就是一个字儿——贵!看感冒就得花个万八千的。周围的邻居不是开宝马就是开奔驰,你要是开一日本车呀,你都不好意思跟人家打招呼。

你说这样的公寓,一平方米得卖多少钱?我觉得怎么着也得两千美金吧。两千美金?那是成本!四千美金起!你别嫌贵,还不打折。你得研究业主的购物心理,愿意掏两千美金买房的业主,根本不在乎再多掏两千。什么叫成功人士,你知道吗?成功人士就是——买什么东西都买最贵的不买最好的。

所以,我们做房地产的口号就是:不求最好,但求最贵!

【备选指南】

由冯小刚导演的电影《大腕》主要讲述了这样一个故事:一位蜚声国际的大导演泰勒将其新作的外景地选在了中国。谁料天有不测风云,泰勒在拍戏中一病不起。眼看大腕命在旦夕,大家决定为他操办一场体面风光的葬礼。于是,电影厂下岗摄影师优优和木讷迂腐的商人路易·王揽上了这活儿。就在葬礼准备得如火如荼的时候,令人惊讶的事情发生了——大腕原来是在装病。本段台词是片中精神病院里一个精神病人所说的,处理时要注意:塑造出一个成功的商人形象,语气相当自信,神情非常自我,感觉是公司老总对下属的谈话。但由于他是一个精神病人,眼神应时而呆滞,时而犀利。

本段台词适合声音成熟、语言幽默风趣的男生选取为自备稿件。

蒲田进行曲(电影)

〔日〕塚公平

安 次:小夏……小夏……我回来了!哈哈……图章……图章,我的图……章……(打开抽屉,盖了章)瞧瞧盖上章就齐全了……这是我的合同书,滚……滚楼梯的合同书……哈哈……小夏……小夏,咱们有了这笔钱……就什么也不愁了……小夏……(以为她在里屋)你说说(低语)咱们有了这么大笔钱以后,你打算怎么用?你说啊,你怎么不说话?……(以为小夏不理他,发火大叫起来)我说你哑巴了吗?我为什么签合同?……还不是为了你和孩子?……你那孩子并不是我的……是那阿银的……和我安次有什么关系?你说,你说!(摔东西,发泄地)这么多年来,我为什么挨他们的打骂?连他们抛弃的女人和孩子都要我来承受……为什么?……为什么!

(突然摔倒在地,酒醒了)已经晚了……公司已经决定了啦!(低声哭泣)今天经理和导演请我喝了酒,说我是为电影事业献身的典范……你说,我还能不干吗?……(由哭转为惨笑)噢噢……(转狂笑)哈……哈……我是跑龙套的,人家让你跳你就得跳……让你滚你就得滚……(在地上翻滚起来)哈哈……让你往火里钻……你就得钻……让你滚楼梯你就得滚……哈……哈……(继续在地上翻滚)给你三千给你五千……哈哈……跑龙套的就是这样……就是这样……哈哈……(笑转哭,趴在地上低泣。恢复了理智,声音低沉、冷静)我也不知是怎么啦……以前我都无所谓，不管干什么，我都乐呵呵地去干了，我从来也没有想过死……也不怕死，可今天……小夏……我越是和你在一块儿生活，我就越觉得离不开你……我越是爱你呀，我这心里就越是难受……我越想和你好好生活下去呀，（转低泣）就越是和你难舍难分……我今天这是怎么啦？我真是……（趴在地上隐泣）

【备选指南】

电影《蒲田进行曲》是日本导演深作欣二最出名的作品，主要讲述了这样一个故事：时代剧演员银四郎是当时风靡万千观众的大明星，为了搏求上位，他劝说已经怀孕的女友小夏，委身其貌不扬但为人善良的龙套小演员安次，自己则转而追求电影巨鳄的女儿。小夏出现妊娠中毒症状，为保母子平安，安次不惜接受各种危险动作的拍摄，以赚钱购买营养品。经过一段时间相处，小夏的天平渐渐向安次倾斜……

在与公司老板签完电影搏斗中非常危险的"滚楼梯"的合同后，经理请安次痛饮了一顿。本段台词是安次喝醉酒后，回到家中对小夏说的一段话。处理这段台词要注意：把握好酒后醉语的感觉；台词的开始部分情绪是高兴的，状态是兴奋的；以为小夏不理他时情绪是不满的，对小夏发脾气；酒醒了后情绪悲伤，继而失去理智；最后恢复正常，伤感地表达出内心对小夏深深的爱。

本段台词适合情感丰富、音域宽广的男生选取为自备稿件。

卧薪尝胆（电视剧）

李森祥

勾践：列祖列宗，勾践来看望你们了。面对列祖列宗，勾践有四大罪状：罪其一，不自量力，以弱国之兵力抗击强国，造成了黎民百姓的生灵涂炭；罪其二，国有良士却不听劝告，一意孤行，把越国送上了覆亡之路；这罪其三，面对吴国，居然屈膝投降，藏辱纳耻啊；罪其四，也是罪不可赦之处，居然沦为吴国之奴！

列祖列宗啊，是你们流血流汗，开辟了这片蛮荒之地；你们刀耕火种，经历了百年的沧桑，经历了礼乐的教化，才形成了当今之越国。我们越国之弱小啊，是你们让它仍然挺立于诸强的环伺之地，这是何等的不易！是勾践，是勾践不应该啊，葬送了列祖列宗的千秋伟业。列祖列宗在上，越国的王位是勾践夺来的。因为勾践以为，只有勾践才能富国强兵，只有勾践才能保全社稷之长存！

但是，列祖列宗容许勾践说一句不敬之语吧，他们给勾践留下的是怎样的一个越国？越国的光辉早已暗淡无光，先民死地求生的欲望早已荡然无存。剩下的是什么？剩下的是朝中的奢靡，剩下的是后宫无耻的浪笑。更可怕的是，面对强势举国上下悲诿以退让。所以，面对吴国的凌辱勾践该如何是好呢？勾践选择了抗拒！虽然经过拼死一搏，但还是把越国送上了覆亡之路。面对这一切，勾践应该粉身碎骨，以死来谢罪列祖列宗，谢罪国人。但是，勾践不想死，勾践也不能死，不是勾践怕死，也不是勾践贪生。因为，勾践心存不服！难道：弱，一定要被强所欺凌吗？小，一定要被大所吞并吗？仁德一定要败给暴政？天理一定要输给强权吗？勾践不服！

今天面对列祖列宗勾践发下誓，只要勾践一息尚存，一定要强兵富国，拯救黎民百姓于水火之中，逆转乾坤之倒转，还天理之公平。如若勾践不能实现此诺言，再让勾践黄沙遮面，尸骨不全吧，勾践在此别过了！

【备选指南】

电视剧《卧薪尝胆》由侯咏担任导演、李森祥担任编剧，其中陈道明在片中饰演越王勾践。“卧薪尝胆”这个典故讲述了春秋时期越王勾践励精图治以图复国的事迹。处理这段台词时，首先，要把握好勾践的性格特点：面对列祖列宗，他是谦卑的，面对失败，他是不服输的；其次，说话时要有王者风范，语言要有力度，注意气息的运用与变化技巧。

本段台词适合声音厚实、形象大气的男生选取为自备稿件。

康熙王朝(电视剧)

康　熙：当朝大学士，统共有五位，朕不得不罢免四位；六部尚书，朕不得不罢免三位。看看这七个人吧，哪个不是两鬓斑白，哪个不是朝廷的栋梁，哪个不是朕的儿女亲家，他们烂了，朕心要碎了！祖宗把江山交到朕的手里，却搞成了这个样子，朕是痛心疾首，朕有罪于国家，愧对祖宗，愧对天地，朕恨不得自己罢免了自己！还有你们，虽然个个冠冕堂皇站在干岸上，你们，就那么干净吗？朕知道，你们有的人，比这七个人更腐败！朕劝你们一句，都把自己的心肺肠子翻出来，晒一晒，洗一洗，拾掇拾掇！

朕刚即位的时候以为朝廷最大的敌人是鳌拜；灭了鳌拜，以为最大的敌人是吴三桂；朕平了吴三桂，台湾又成了大清的心头之患。啊，朕收了台湾，噶尔丹又成了大清的心头之患。朕现在是越来越清楚了，大清的心头之患不在外边，而是在朝廷，就是在这乾清宫！就在朕的骨肉皇子和大臣们当中，咱们这儿烂一点，大清国就烂一片，你们要是全烂了，大清各地就会揭竿而起，让咱们死无葬身之地啊！想想吧，崇祯皇帝朱由检，吊死在煤山上才几年啊？忘了！那棵老歪脖子树还站在皇宫后边，天天地盯着你们呢！

朕已经三天三夜没有合眼了，老想着和大伙说些什么，可是话，总得有个头啊 。想来想去，只有四个字(“正大光明”匾升起)……这四个字，说说容易啊，身体力行又何其难？这四个字，朕是从心里刨出来的，从血海里挖出来的。记着，从今日起，此殿改为正大光明殿！哦……好好看看，你们都抬起头来，好好看看，想想自己，给朕看半个时辰……

【备选指南】

大型电视连续剧《康熙王朝》浓墨重彩地刻画了康熙充满传奇的一生。画面气势磅礴，人物刻画深刻，剧情紧扣历史，有狼烟四起的战场，有深闱莫测的宫廷，有勾心斗角的官场，也有情真意切的情感生活。这段台词展示了康熙怒斥朝廷大臣腐败堕落、无能不为的场景，朗诵最大的难点是想象自己的身份，体会人物的内心感受。康熙身为天子，语言应该庄重、大气、沉稳有力。这段话是他在忍无可忍之后的爆发，回忆功绩的语速稍慢，怒斥大臣的语速加快，声音提高，愤怒之情溢于言表，最后几句话暗含了帝王的隐忍与无奈，表达时应注意体会。

本段台词适合声音大气、深沉，表达技巧娴熟的男生选取为自备稿件。

千年巨变（纪录片解说词）

在世界的东方，屹立着一个历史文化从未间断的国家——中国。几千年来，勤劳、勇敢的中华民族创造的灿烂文明对人类文明的发展、进步作出了不可磨灭的贡献。当历史的脚步进入公元1661年的时候，随着清朝第三个皇帝康熙的登基，中国迎来了封建王朝的最后一段盛世。此时，人类社会正在发生着前所未有的巨变。15世纪末，欧洲的航海家们开始征服海洋。伴随着资本主义的对外扩张和贪婪掠夺，世界逐渐联接在一起，从此，任何一个国家，都无法孤立于世界之外而存在。

18世纪后期，英国的工业革命、美国的独立战争以及法国的大革命，深刻地改变了人类文明的进程。人类社会的现代化，已成为不可阻挡的历史潮流。这股汹涌的浪潮，不可阻挡地逼近了中国。沉浸在康乾盛世中的人们，全然不知这盛世亦正面临着一场厄运。正在全球范围内，争夺利益和霸权的西方殖民主义势力已经扩张到东方，三千年未遇之大变局即将到来，中华民族百余年艰苦卓绝的伟大复兴历史，由此拉开了大幕。

【备选指南】

解说词是播音、配音、表演等专业考生选择自备稿件时的好素材，它可以很好地展示出考生的声音表现力。这则解说词是自备稿件的佳作，选自纪录片《复兴之路》第一集。

朗诵这则解说词首先要确定好声音的合适位置，声音偏高，运气到位，以强音为依托，气满音亮，语速稍慢，稳稳推进，扎实而行。全篇起伏变化不大，重音运用不可太多，语调以平直调为主，可适度上扬，忌用虚声。

本段解说词适合音色纯正、音声响亮、气息饱满的考生选取为自备稿件。

参考文献

[1] 中央戏剧学院台词研究室. 演员艺术语言基本技巧[M]. 北京：文化艺术出版社，2000.
[2] 罗莉. 文学作品演播[M]. 北京：北京广播学院出版社，2003.
[3] 付程. 播音主持教学法十二讲[M]. 北京：中国传媒大学出版社，2005.
[4] 曾致. 朗诵艺术指要[M]. 北京：中国传媒大学出版社，2007.
[5] 赵兵，王群. 朗诵艺术创造[M]. 上海：格致出版社，2008.
[6] 谢伦浩. 文学作品朗诵艺术[M]. 北京：中国广播电视出版社，2009.
[7] 张颂. 朗读美学[M]. 修订版. 北京：中国传媒大学出版社，2010.
[8] 张洁，霍焈白. 朗诵指导与作品精选[M]. 北京：中国传媒大学出版社，2011.
[9] 李俊文. 播音主持艺考朗诵教程[M]. 2 版. 北京：中国传媒大学出版社，2020.
[10] 胡爱民. 台词——表演中台词阐释的艺术[M]. 北京：中国电影出版社，2010.
[11] 谢伦浩. 千古名篇朗诵指导[M]. 北京：石油工业出版社，2005.
[12] 谢伦浩. 中外美文佳作朗诵指导[M]. 北京：石油工业出版社，2005.
[13] 谢伦浩. 新课标必背古诗文诵读指导[M]. 北京：石油工业出版社，2005.
[14] 谢伦浩. 普通话水平测试朗读指导[M]. 北京：石油工业出版社，2005.
[15] 谢伦浩. 学生朗诵艺术[M]. 北京：石油工业出版社，2013.
[16] 谢伦浩. 朗诵比赛与活动指南[M]. 北京：石油工业出版社，2015.